순교의 교회사적 고찰

기조강연 및 토론

장동하 신부 | 가톨릭대학교 학부대학장, 역사학
황치헌 신부 | 수원가톨릭대학교
렌소 데 루카 신부 | 예수회·일본 26성인 순교기념관 관장
김병수 신부 | 한국외방선교회
최선혜 연구교수 | 가톨릭대학교(성신교정) 신학과

순교총서 2
순교의 교회사적 고찰

2018년 10월 01일 인쇄
2018년 10월 10일 발행

발행인 | 전진욱
발행처 | 도서출판 형제애
지은이 | 세르지오 탄자렐라, 가와무라 신조, 진방중, 조성을
주소 | 서울 성북구 성북로 143
전화 | 02-744-4702
홈페이지 | http://www.brotherhood.or.kr
등록번호 | 제307-2018-11호

만든곳 | 흐름(www.heureum.com)

ISBN 979-11-963522-1-9 (94230)
　　　 979-11-963522-0-2 (세트)

값 25,000원

*출판 승인: 천주교 전주교구 No. 2018-02
*이 책의 저작권은 한국순교복자성직수도회가 소유합니다. 저작권자의 허락 없이 이 책의 일부 혹은 전체를 무단 복제, 전재, 발췌하면 저작권법에 의해 처벌받습니다.

이 도서의 국립중앙도서관 출판예정도서목록(CIP)은 서지정보유통지원시스템 홈페이지(http://seoji.nl.go.kr)와 국가자료종합목록시스템(http://www.nl.go.kr/kolisnet)에서 이용하실 수 있습니다. (CIP제어번호 : CIP2018021264)

순교총서 2

지금부터 풀어 놓을 세 번째 이야기는 교회사적인 관점에서 순교의 의미는 어떤 것인지에 관한 주제를 다루고 있습니다. 특히 이번 심포지엄을 통해 다루어질 순교의 교회사적 고찰은 그리스도교가 전파되는 과정에서 발생한 박해와 순교가

순교의

그 사회에 미친 영향을 규명하는 데 초점이 맞춰져 있습니다. 이를 통해 역사의 오늘을 사는 신앙인인 우리들이 자신의 역할을 고민하는 기회가 될 것이라고 믿습니다. 그리스도교가 전파되는 과정 속에서 신앙을 받아들인 사람들과

교회사적 고찰

그것을 철저히 거부하는 이들 사이의 갈등 속에서 발생한 순교가 갖는 교회사적 의미의 조명은 믿는 이들에게는 보다 더 큰 확신을, 그리고 믿지 않는 이들에게는 삶에 관한 새로운 고민을 던져 줄 것이라고 확신합니다. - 황석모 신부 | 한국순교복자성직수도회 총장 -

세르지오 탄자렐라 외

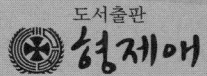

| 축사 |

　병인순교 150주년을 기념하는 올해, 한국순교복자성직수도회에서 개최하는 제3회 '순교' 국제 학술 심포지엄을 교구장이신 염수정 추기경님을 대신해서 축하드립니다.
　이 심포지엄 행사를 오랫동안 준비해 오신 황석모 세례자 요한 총장 신부님, 준비위원장 백남일 신부님과 심포지엄 준비위원 모든 분들, 그리고 한국순교복자성직수도회 모든 수사님들과 가족 수도회 모든 분들에게 축하와 감사의 인사를 드립니다.
　한국순교복자성직수도회에서 열리는 이 심포지엄이 우리 모두에게 축복의 시간이 되도록 주님께 은총을 청하며, 한국의 모든 순교자들께서도 천상에서 전구해 주시기를 함께 기도하겠습니다.

　잘 알다시피, 제1회 '순교' 국제 학술 심포지엄은 '순교의 신학적 고찰'이라는 주제로 2012년에 진행되었습니다. 처음으로 '순교'라는 하나의 주제를 가지고 4일 동안 펼쳐졌던 이 행사는 한국 교회에서도 매우 획기적인 일이었고, 그날의 관심과 열기도 매우 뜨거웠다고 저 역시 익히 들어서 알고 있습니다.
　제1회 심포지엄에서 다뤄진 순교에 관한 다양한 신학적 고찰은 오늘날 순교가 지니는 가치와 중요성을 새롭게 인식하고, 그리스도교 신앙의 탁월한 증거로서 순교가 어떻게 신자들의 삶으로 구체화될 수 있는지 보다 심도 깊은 논의를 지속해 나가기 위한 토대가 되었습니다.

이어서 제2회 심포지엄은 '순교의 철학적 고찰'이라는 주제로 2014년에 있었습니다. 기존의 순교라는 개념은 철학적인 관점과는 무관한 주제로 여겨지거나, 혹은 사회적으로 집단의 이익을 쟁취하기 위한 행위로 이해되기도 하는 등 그 해석과 적용이 남용되어 온 부분도 있는 것 같습니다.

이러한 문제의식에 대해서 지난번 제2회 심포지엄은 인간적 한계인 고뇌와 갈등, 죽음 앞에서 순교자들이 끊임없이 직면해야 했던 인간 본질에 대한 물음과 응답, 순교라는 행위의 기준과 의미에 관한 존재론적 성찰을 통해 그리스도교의 순교가 지니는 고유성에 대해 철학적 관점에서 규명해 보고자 노력했습니다.

이처럼 앞서 두 차례 열렸던 '순교' 국제 학술 심포지엄은 한국 교회뿐 아니라, 21세기를 살아가는 그리스도교 신앙인들에게 '순교'의 신학적, 철학적 의미를 선명하게 제시함으로써 '순교'의 가치를 새롭게 재조명하는 데 기여했다고 봅니다.

병인순교 150주년을 기념하는 올해, 이제 '순교의 교회사적 고찰'이라는 주제로 제3회 '순교' 국제 학술 심포지엄을 개최합니다. 이번 심포지엄은 보편교회와 동아시아 3개국의 지역교회 안에서 그리스도교가 전파되는 과정 중에 발생한 박해와 순교의 역사가 가지고 있는 공통성과 특수성을 비교분석하는 것에 중점을 두고 있다고 알고 있습니다.

역사적으로 이들 동아시아 지역의 세 나라 안에서 그리스도교가 전해지는 과정에서 사회, 문화, 정치적 상황에서 빚어진 충돌과 수용, 갈등과 박해의 체험이 당시 사회구조와 사람들의 의식에 어떠한 영향을 미쳐 왔는지 살펴보는 이 작업은 이 시대를 살아가는 모든 그리스도인들에게도 중요한 의미를 지닌다고 생각합니다.

이러한 연구를 통해서 그리스도교와 아시아의 고유한 문화 사이에 상호 존중에 바탕을 둔 대화의 지평을 더욱 확대하고, 현 시대의 상황 안에서 교회의 선교 사명을 수행하기 위해 필요한 자세와 방향성, 토착화 문제 등에 대한 새로운 관점을 가늠해 볼 수 있으리라 여기기 때문입니다.

나아가 이번 심포지엄이 아시아 교회의 새로운 복음화를 향한 영적인 갈망을 충족시켜 주며, 순교정신을 통해서 교회 발전의 비전을 제시하는 데 밑거름이 되어 주기를 희망합니다.

아무쪼록 행사가 진행되는 이틀 동안 심포지엄의 열기가 밝게 피어오르기를 바라며, 어려운 연구를 수락해 주시고 논문을 발표해 주시는 신부님들, 교수님들의 수고에 이 자리를 빌려 진심 어린 감사의 인사를 드립니다. 또한 심포지엄 준비에 많은 기도와 관심으로 함께해 주신 분들과 오늘 이 자리에 참석해 주신 분들 모두에게 주님의 은총이 함께하시기를 기원합니다.

그리고 이러한 심포지엄의 성과가 학문적 영역에만 머무는 것이 아니라, 순교정신의 구체적인 실천을 통해 우리 각자의 생활이 예수 그리스도의 복음의 빛을 전하는 참된 복음화의 중심 자리로 변화되는 값진 결실로 이어지기를 바랍니다. 감사합니다.

정 순 택 주교
서울대교구 수도회 담당 교구장 대리

| 개회사 |

　우리 주 예수 그리스도의 축복이 이 자리에 함께 계신 모든 분들에게 가득하시기를 청합니다. 교회는 올 한 해를 자비의 특별 희년으로 선포하여 교회의 모든 구성원들이 이웃들에게 우선적으로 사랑과 용서를 실천할 것을 주문하였습니다. 그리고 올해 한국 교회는 병인순교 150주년을 기념하는 특별한 한 해를 보내고 있습니다. 여러분도 잘 아시다시피, 병인박해는 1866년부터 1873년까지 일어났던 긴 박해로 일만 명에 가까운 순교자들이 하느님과 교회의 가르침에 따라 온전히 자신을 봉헌했습니다. 그리고 그 혈업의 후손들인 우리들은 그 기억의 증인입니다. 그렇기에 더더욱 오늘 이 시간, 여러 내빈들을 모시고 순교에 관한 국제 학술 심포지엄을 개최하는 것이 오늘을 살아가는 우리 모두에게 뜻깊은 시간이 되리라 믿어 의심치 않습니다.

　애초에 순교에 관한 심포지엄을 기획하고 준비하면서 기대보다는 두려움이 더 많았음을 고백합니다. 하지만 해를 거듭해 어느새 세 번째 심포지엄을 준비하면서 보다 분명히 깨닫게 된 점이 있었습니다. 하느님께서는 오늘에 이르기까지 저희가 느껴 왔던 인간적인 두려움조차 우리에게 서로 나눌 수 있는 선물로 바꾸어 주셨다는 사실입니다. 이 선물로 인해 우리는 참으로 많이 변화되었습니다. 무엇보다도 '순교자 현양'을 주 목적으로 창설된 수도회로서, 순교의 보다 깊은 의미를 알아 가는 과정을 통해 이 시대에 우리에게 주어진 사명을 깊이 생각하는 시간이 되었기 때문입니다.

그리고 대외적으로는 순교에 관한 올바른 이해와 순교영성을 실천하기 위한 신학적 기반을 다지는 데 도움이 되었음을 확신합니다. 동시에 인간의 모든 역사 안에서 하느님의 역사하심이 무엇을 위한 것이고, 이 부르심에 인간은 어떻게 응답해야 하는지 순교자 개개인의 신앙고백을 통해 확인했던 시간이기도 했습니다. 순교로 증거한 이러한 신앙고백은 순교자들의 신앙생활과 그 사회를 이해하는 데 주요한 해석의 틀을 제공할 뿐만 아니라, 지나간 역사 속 사회의 흥망과 변천을 함께 조망함으로써 하느님의 역사하심을 생생하게 바라볼 수 있게 해주었습니다.

한편 이런 역사적 사실을 통해, '오늘' 우리가 더 고민해야 하는 것은 역사란 단절된 어떤 사건을 재생하는 것이 아니며, 단절됨 없이 현재에도 지속적으로 영향을 미치고 또한 끊임없는 성찰과 변화를 이끌어내는 보물 창고라는 사실입니다. 특히 역사라는 보물 창고에서 순교라는 한 사건을 끄집어내어 아직 밝혀지지 않은 그 가치를 되살리고자 합니다. 앞서 두 차례에 걸쳐 우리는 신학적이고 철학적인 관점에서 순교에 관해 파헤쳐 보았습니다. 이는 순교를 이해하기 위한 기초 작업이었다고 하겠습니다.

그리고 지금부터 풀어 놓을 세 번째 이야기는 교회사적인 관점에서 순교의 의미는 어떤 것인지에 관한 주제를 다루고 있습니다. 특히 이번 심포지엄을 통해 다루어질 순교의 교회사적 고찰은 그리스도교가 전파되는 과정에서 발생한 박해와 순교가 그 사회에 미친 영향을 규명하는 데 초점이 맞춰져 있습니다. 이를 통해 역사의 오늘을 사는 신앙인인 우리들이 자신의 역할을 고민하는 기회가 될 것이라고 믿습니다. 그리스도교가 전파되는 과정에서 신앙을 받아들인 사람들과 그것을 철저히 거부하는 이들 사이의 갈등 속에서 발생한 순교가 갖는 교회사적 의미의 조명은 믿는 이들에게는 보다 더 큰 확신을, 그리고 믿지 않는 이들에게는 삶에 관한 새로운 고민을 던져 줄 것이라고 확신합니다.

이러한 확신은 박해와 순교를 통해 그리스도교가 수용되는 과정 속에서 믿는 이에게든 믿지 않는 이에게든 순교가 삶의 의미를 찾는 데 많은 영향을 미쳤으며, 그 시대에 불의한 사회구조에 대한 변화의 요구를 촉발시키는 데 한몫을 했다는 역사적 사실에서 비롯합니다. 저희가 준비한 심포지엄은 바로 이 점을 보다 선명하게 밝혀내고, 오늘날 신앙인으로서의 역할을 재조명하고자 하는 데 근본 목적이 있습니다. 덧붙여서 역사의 생생한 증거자이신 순교자들의 모범을 통해 오늘을 사는 신앙인으로서 우리는 이웃과 사회에 어떠한 영향을 미치고, 변화의 증거자로 살고 있는지에 관한 물음을 던지고 싶습니다.

이 도전적인 물음에 도움을 주시기 위해 어려운 부탁을 기꺼이 수락해 주신 로마 그레고리안대학교 역사신학 교수이신 세르지오 탄자렐라 교수님, 일본 상지대학교 사학 교수이신 신조 기와무라 교수님, 대만 보인대학교 역사학 교수 진방중 교수님, 아주대학교 사학 교수이신 조성을 교수님께 이 자리를 빌려 감사의 인사를 드립니다. 그리고 이 심포지엄의 발표와 토의 진행을 이끌어 주실 가톨릭대학교 장동하 신부님과 논평을 준비하신 여러 신부님과 교수님들께도 감사의 인사를 드립니다. 저희가 준비한 이 자리에 귀중한 시간을 할애해 참여해 주신 청중분들께도 감사의 마음을 전하며, 더불어 이번 심포지엄을 통해 이 시대의 신앙 증거자들인 우리에게 맡겨진 사명을 새롭게 인식하는 시간이 되기를 진심으로 바랍니다.

황 석 모 신부
한국순교복자성직수도회 총장

| 차례 |

축사 | 4
개회사 | 8

기조강연
천주교 전파 과정에서 박해와 순교가 미친 상관관계 비교분석
_ 장동하 ——————————————— 15

순교의 결과 _ 세르지오 탄자렐라 ——————— 37
1. 선의 아무것도 헛되지 않다 / 38
2. 순교는 행위의 결과요 행위로의 초대이다 / 45
3. 증거가 지닌 모범으로서의 가치 / 50
4. 하느님께서 보살피신다 / 59
5. 그들은 우리에게 빛과 기쁨의 길을 가르쳐 주었다 / 65
6. 육화와 십자가에 충실한 순교자들 / 71
7. 기억의 임무로서의 순교 / 75
8. 생명을 위한 증거 / 80
9. 용기와 인내 사이의 순교 / 82

논평 _ 황치헌 / 89

일본 그리스도교 역사와 순교의 역사적 고찰(16, 17세기)
_ 가와무라 신조 ──────────────── 99

1. 들어가는 말 / 100
2. 사회·정치적 상황과 그리스도교 / 103
3. 일본 그리스도교의 성쇠의 요인 / 112
4. 순교자로 살아난 교회 / 130
5. 어떤 순교자의 프로필 : 188위 복자 베드로 카스이 키베의 경우 / 132
6. 순교자의 의지를 이어받은 공동체 : 잠복공동체에서의
   '성사'의 메모리아 / 138
7. 1865년, 개국 후와 그리스도교의 관계 / 145
8. 맺는말 / 147

논평 _ 렌소 데 루카 신부 / 149

중국 순교성인의 역사 배경 _ 진방중 ──────── 155

1. 들어가는 말 / 156
2. 남경교안과 력옥 / 163
3. 1746년의 복안교안 / 177
4. 아우구스트 사건 / 188
5. 귀양 사건 / 200
6. 의화단 반교 / 211
7. 결론 / 225

논평 _ 김병수 / 230

한국 천주교 내에서 박해와 순교가 미친 영향 _ 조성을 ─ 247

1. 서언 / 248
2. 박해 및 순교의 원인 / 250
3. 지도층 구성과 교세 확장에 미친 영향 / 254
4. 교인의 의식과 신앙에 미친 영향 / 269
5. 결어 / 278

논평 _ 최선혜 / 283

종합토론 ──────────────────── 291

기조강연

천주교 전파 과정에서 박해와 순교가 미친 상관관계 비교분석

장 동 하 신부
가톨릭대학교 학부대학장, 역사학

축사를 해 주신 존경하는 서울대교구 정순택 주교님과 신부님, 수녀님, 수사님, 발표해 주시고 토론에 참석해 주시는 교수님들, 그리고 이 자리에 참석해 주신 형제·자매 여러분께 감사의 인사를 먼저 올립니다.

한국순교복자성직수도회는 제1회 국제 학술 심포지엄 '순교의 신학적 고찰'을 통해, 성서학, 역사학, 교의신학, 영성신학과 종교학 제 분야의 석학들의 연구를 중심으로, 순교에 관한 신학적 이론의 근거를 형성하고, 재확립하는 데 크게 기여하였습니다. 그리고 제2회 국제 학술 심포지엄 '순교의 철학적 고찰'을 통해 동양철학, 한국철학, 윤리철학, 실존철학 제 분야의 연구를 개진하여, 인간의 존엄성을 드러내며 인격적 행위를 하는 인간에게 순교는 무엇을 의미하는 것이며, 현대의 순교란 무엇인가에 대한 의미를 탐구하는 데 크나큰 기여를 아끼지 않았습니다.

오늘 제3회 국제 학술 심포지엄은 그동안 순교와 관련된 연구 여정을 바탕으로, 아시아 여러 나라 역사 현장에서 구체적으로 일어난 무력적 탄압과 박해에 자신들의 생명을 천주 신앙으로 품고, 천주 사랑과 이웃 사랑으로 풀어낸 순교자들의 모습을 '순교의 교회사적 고찰'이라는 주제로 진행하게 되었습니다. 이처럼 목숨을 내어 하느님 사랑을 실현한 신앙 선조들에 관한 중요한 만남이 이루어지는 심포지엄에서 전체적인 소개를 해 드리는 것은 저에게 큰 영광입니다. 이번 심포지엄은 보편교회와 중국, 일본, 한국에서 천주교 전파 과정에서 발생한 박해와 순교가 교회 역사에 미친 직·간접적 영향과 결과들로 구성되어 있습니다. 저는 기조강연을 통해, 심포지엄이 갖는 목적에 이르도록 연구자들의 연구 내용에 대한 간략한 소개를 중심으로 진행을 시작하고자 합니다.

I

첫 번째 연구 발표는 세르지오 탄자렐라(Sergio Tanzarella) 교수님께서 해 주십니다. 세르지오 탄자렐라 교수님께, 먼저 기조강연자로서 고마움의 인사를 드립니다. 교수님께서는 이번 제3회 심포지엄의 전체 목적을 감싸 안으며, 우리가 이렇게 함께 모여 머리를 맞대어 되찾고 일으켜 세우려는 주제들에 대해, 일관된 길잡이 역할을 해 주셨습니다. 저의 마음이 한결 가벼워짐에 다시 한번 감사를 드립니다.

교수님께서는 현대사회에서 다양한 이유로 발생한 박해로 순교하신 그리스도교와 이웃 종교 순교자들의 삶과 고백을 씨줄로, 우리가 기억 속에 간직한 수많은 순교자들·신학자들·순교를 목격한 사람들·순교자와 함께하였던 사람들·교종의 메시지와 말씀들을 날줄로, 순교와 순교자들이 걸어간 역사의 옷감을 지어내면서, 그 옷감에 아로새겨진 순교와 순교자들의 꽃과 그 열매들을 침묵의 목소리로 보여 주셨습니다. 나아가 교수님께서는 우리로 하여금 일상의 현장에서, '그리스도인들의 하얀 순교'로 각자에게 걸맞은 의복을 갖추어 입으라고 초대하십니다. 이 초대장 안에서 교수님은 순교와 순교자들이 우리에게 남겨 준 선물을 아홉 가지로 정리하여 제시하셨습니다. 우리가 어찌 이 초대를 거절할 수가 있겠습니까?

첫째, 선물은 "선(善)의 아무것도 헛되지 않다"라는 주제 아래, 1996년 알제리의 티브히린 수도원에서 죽임 당한 씨토회 수도승 일곱 명, 엘 살바도르의 이냐시오 에야꾸리아(Ignacio Ellacuría)와 예수회원인 그의 다섯 형제 수도승들, 시리아 홈스의 네덜란드인 예수회원 프랑스 반 데어 룩트(Frans van der Lugt) 신부 등의 생명과 삶의 나눔을 통해, "순교자의 증거는 결코 죽음을 위한 것이 아니고 생명을 위한 것이며, 결코 증오나 원한을 키우기 위한 것이 아니고 평화를 촉진하기 위한 것이다. 순교자들은 무장하지 않은 증거자들이요, 악의 모든 정당화를 꺾을 수 있는 행위를 실행할 능력이 있는 가장 참된 비폭력의 촉진자로 나타난다."고 강조하셨습니다.

둘째, "순교는 행위의 결과요, 행위로의 초대이다"라는 주제를 통해서는 1996년 8월 1일 주교관 앞에서 공격으로 희생된 오라노(Orano)의 삐에르 끌라베리(Pierre Claverie) 주교와 1993년 9월 15일 마피아에게 죽임을 당한 시칠리아 빨레르모 브랑카쵸의 복자 삐노 뿔리지(Pino Puglisi) 신부의 직접적인 발언을 통해 우리를 초대하십니다. "원래의 의미에서 순교는 가장 큰 사랑의 증거입니다. …… 순교는 오히려 삶의 어려움을 짊어지고 우리가 하는 일의 결과를 받아들이는 데 있습니다. …… 그것이 예수님에게 일어난 일입니다. 그분은 당신 행동의 결과를 짊어지셨습니다."라는 주교님 말씀 그대로.

셋째, "증거가 지닌 모범으로서의 가치"라는 주제를 통해서는 초기 그리스도교의 순교자들과 로메로 주교님의 삶을 보여 주면서, 순교가 가져온 결과에 대해 네 가지를 중요하게 지적하셨습니다. '기억을 보존하고, 그 기억을 다른 공동체들에게 전달하기 위해 노력'하게 하였으며, 순교가 일어났던 자리에 있었던 '사람들을 무관심하게 두지 않았으며', 주변에서 '개종자들을 낼 정도로 본보기(exemplum)'로 드러났으며, 마지막으로 '순교에 대한 그리스도교적 체험은 미래로 던져진 또 다른 가치를 지니는데, 그것은 한 개인이 드러나는 것이 아니라, 공동체의 삶의 중심이 드러나는 것'이라는 점을 강조하셨습니다.

이어서, 넷째, "하느님께서 보살피신다" 다섯째, "그들은 우리에게 빛과 기쁨의 길을 가르쳐 주었다" 여섯째, "육화와 십자가에 충실한 순교자들" 일곱째, "기억의 임무로서의 순교" 여덟째, "생명을 위한 증거" 아홉째, "용기와 인내 사이의 순교"라는 주제로 우리를 초대하셨습니다.

교수님의 발표를 통해 아주 상세하게 초대 내용을 들으며 만나게 될 것입니다. 이 자리에 참석하신 모든 분들께서 반드시 꼭 교수님의 내용을 오늘 들으시고 집에 가셔서 정독해 주시기를 간곡히 부탁드리면서, 교수님의 글 가운데 한 사례를 나누고자 합니다.

"2015년 12월 21일, 버스에서 알 샤바압(Al-Shabaab)의 지하디스트들에게 공격당한 케냐의 초등학교 교사 쌀라 파라(Salah Farah). 승객들을 그리스도교 신자들과 이슬람 신자들로 나누어, 그리스도교 신자들을 죽이겠노라는 이들의 말에, 쌀라 파라는 테러리스트들에게 모두 죽이거나 모두 가게 하라고 요구하면서 맞섰는데, 그의 말에 다른 이슬람 승객들도 그리스도인들을 방어했다. 그러자 테러리스트들은 달아나기 전에 그에게 중상을 입혔는데, 그 상처로 인해 거의 한 달 동안 고통 받다가, 쌀라 파라는 죽었다. 그는 그렇게 나섬으로써 수많은 그리스도교인 승객들의 목숨을 구했고, 입원해 있던 병원에서 이렇게 말했다. '사람들이 평화롭게 살아야 할 텐데요. 오직 종교만이 우리를 그리스도인들로부터 구별합니다. 하지만 우리는 형제들이에요. 그래서 저는 제 형제 이슬람 신자들에게 그리스도인들을 돌보라고 요청합니다. 또 그리스도인들도 이슬람 신자들을 돌보아야 합니다. 그렇게 해서 함께 평화롭게 살아야 합니다.'"

II

이제부터는 일본, 중국, 한국에서 박해와 순교가 교회사에 끼친 영향과 결과에 대해 살펴보게 됩니다. 우리는 세 분 연구자들의 연구를 통해, '다르면서도 같고, 같으면서도 다른 역사의 사실'들을 만나게 됩니다. 우리의 물음은 두 가지로 요약되어 진행될 것입니다.

첫째, 천주교 수용과 신앙공동체의 조직화와 전파 과정에 따른 다양한 문제들입니다. 누가, 언제, 어디서, 어떻게, 왜, 수용하게 되었는가? 유교적 통치질서 아래 신분제로 유지되던 당시 사회에 어느 계층에 의해, 왜 수용하게 되었는가? 천주교를 수용한 후, 어떻게 신앙공동체가 조직되었으며, 지도층은 누구이며, 이 조직의 활동 방법은 무엇이었으며, 어떻게 전개되었는가? 신앙공동체 전개 과정에서 수용 계층과 반발 계층은 누구이며, 왜 그리고 어떻게 수용하였으며, 무슨 근거로 반대하였는가?

둘째, 천주교에 반대하는 정치권력과 향촌 기득권 세력이 반대의 근거로 내세우는 논리와 사상은 무엇인가? 그들은 반대의 논리와 근거를 어떤 과정과 방법을 이용하여 신앙공동체를 탄압하거나 박해하였는가? 신앙공동체가 탄압과 박해에 대응한 순교를 통한 증거와 배교의 양상은 어떠하였는가? 배교한 후 다시 신앙을 되찾은 이들은 차치하고, 겉으로 배교하였으나 속으로 신앙을 지켜 나간 사람들의 삶은 어떠하였으며, 그들을 우리는 어떻게 이해하여야 하는가?

1

가와무라 신조(川村信三, Kawamura Shinzo, 예수회) 신부님께서, "일본 그리스도교 역사와 '순교'의 역사적 고찰"이라는 주제 아래, "천주교가 왜 일본에 받아들여지게 되었는지", "국가의 위정자들은 천주교를 왜 금지했는지"라는 두 가지 질문을 중심축으로 연구를 진행하셨습니다. 일본에서 천주교가 받아들여지던 시기는 '파괴'와 '건설'이 함께 공존하던 전국시대 말기이자, 문화적으로 '아즈치 모모야마(安土桃山) 시대임을 전제한 후, 선교사들의 활동을 중심으로 일본 그리스도교 역사를 7단계로 정리해 주셨습니다.

신부님께서는 교회사적 사건에 대한 주요 흐름을 중심으로 일목요연하게 개관하여, 우리들로 하여금 일본 그리스도교 역사를 개괄적으로 이해하는 데 큰 도움을 주고 있습니다.

(1) 신부님께서는 일본에서 그리스도교가 다이묘를 비롯하여 일반 주민들에게 받아들여지게 된 주요한 요인으로, 그리스도교 신앙의 '주신 숭배적 신앙(主神崇拜的信仰)' 형태와 '신앙공동체 조직 형성과 활동'을 제시하셨습니다. 특히 일본 신자공동체의 형성과 조직화 그리고 활동은 13세기 유럽에서 시작된 '형제회(confraternita-s, confaria) 조직의 시스템 도입'이 큰 영향을 주었음을 밝히고 있습니다.

(2) 일본의 위정자들이 왜 그리스도교를 금지하였으며, 어떤 과정을 통하여 하였는지를 역사적으로 개관하여 밝혀 주었습니다. 도요토미 히데요시(豊臣秀吉)의 '바테렌 추방령'에 대한 분석을 통해, 전국 통

일을 위해 '다이묘와 주민들에 대한 철저한 분리통치 방법'을 관철시키고, 기리시탄 다이묘와 영속국 주민들의 상호 네트워크를 통한 결속을 경계하는 데서 비롯되었음을 보여 주셨습니다.

(3) 아울러 신부님께서는 천주교와 일본 불교 사상 사이의 종교 사상의 대립이라는 측면에서 두 번째 탄압의 근거를 제시하고 계십니다. 선과 악, 참과 거짓, 아름다움과 추함, 성과 속 등 모든 것을 이원화하고 대립하여 식별하고 분별하는 것으로 성립된, 합리주의적이며 구별하는 그리스도교의 '구별의 사상'과 일본에서 '천태본각론(天台本覚論)' 사고로 대표되는 아시아 전체에 두루 퍼진 절대일원론, 즉 '통합의 사상'과의 사상적 충돌 역시 탄압의 요인이 되었다고 제시하셨습니다.

(4) 신부님께서는 집단적인 순교가 많이 발생하였다는 특징을 지닌 일본의 순교자들 가운데, 엔도 슈사쿠(遠藤周作)의 소설『총과 십자가(銃と十字架)』의 모티브가 된 '베드로 카스이 키베(예수회 사제)'의 삶의 방식과 죽음을 추적하여, 일본 그리스도교 역사에서 가장 두드러진 '순교'의 형태가 드러난 일본 순교자들의 모형으로 그를 소개하고 있습니다. '흔들림 없는 강한 의지와 온 생애를 하느님께 대한 신앙'으로 살고자 하였던 모습, 동료들을 위해 자신의 목숨을 내어놓는 마지막 결단에서 '하느님이 키베에게 주신 증거는 신앙 증거의 형태이자, 마지막으로 주어진 은총'이었으며, 이런 이유에서 키베는 '믿고 있음을 목숨으로 증거'한 신앙인이었다고 밝혀 주셨습니다.

(5) 신부님께서는 박해와 순교로 형성된 일본 가톨릭 역사의 독특한 특징을 '잠복 기리시탄 공동체'와 박해시대 순교자들의 기억(메모리아) 성사에 의한 신앙의 기억'이라는 두 가지 특징에 대해 소개해 주십니다.

먼저, 순교자들의 신앙과 사랑을 이어받은 신앙공동체인 일본의 '잠복 기리시탄 공동체'가 지닌 주요한 특징을 아주 새롭고 흥미롭게 밝혀 주고 계십니다. 1614년 에도막부에 의한 금교령을 시작으로 250년에 걸쳐 금지정책이 시행되었으나, 기리시탄 신앙을 계승하고자 하는 사람들에 의해 다양한 시도들이 이어졌는데, 이들이 '잠복 기리시탄'입니다. 이들은 ① 개인이 아니라 공동체를 형성하며, 그 공동체 안에서 '형제회(콘프라리아)'의 조직과 형태를 적절하게 유지하고 이용하면서, ② 에도시대 당시 사람들이 지닌 '복수의 종교적 속성'을 적절하게 이용하여, 자신들의 기리시탄 신앙을 위장하면서, 신앙과 공동체 조직을 존속시켜 나갔으며, ③ 선조들이 소중히 여겼던 종교활동과 신앙 행위를 자신들이 종결시키는 것과 '타타리(祟り)'에 대한 두려움으로 이 신앙활동을 포기할 수 없었던 '잠복 기리시탄'으로 살았음을 밝혀 주셨습니다.

두 번째로, '잠복 기리시탄'들은 살아남아 위정자들의 감시와 탄압을 경계하면서, 박해시대의 순교자들의 기억(메모리아)을, 특히 '성사에 의한 신앙의 기억'을 간직하고 있었음을 밝혀 주고 계십니다. ① 고해성사와 관련된 것으로, "부교쇼(奉行所)에서 '에후미'를 행한 뒤, 마을로 돌아와 곳간에 처박혀 몇백 번이고 이 '콘치리상노리야쿠(こんちりさんのりやく)'의 '오라쇼'를 눈물을 흘리며 반복했던 '코로비' 신자들, 이들이 '잠복 기리시탄'의 기원이 되었으며, 대대로 기리시탄 신앙의 기억을 계승한 근본이었으며, 이들에게 '성사'의 기억(메모리아)은 생명줄이었다." ② 성체성사와 관련된 것으로 "'오타이야(お大夜)'에서, 한 장로가 심야에, 단독으로 밥상 앞에 앉아 기도를 올리고, '오미키(御神酒)'와 '하쿠마이(白飯)'를 먹는데, 이때에 거행하는 동작은 오직 그것뿐인데, 이 의식이 미사에서 영성체를 할 때의 행위에 대한 기억에 의한 것으로, 장로들이 이 '미사'의 동작을 대대로 전하고 있었다. 또한 장로가 장례(葬り) 예식을 거행할 때, 관에 '순교자들의 옷자락'을 넣어 두는데, 신앙 때문에 돌아가신 먼 선조들의 옷을 자른 조각을 '잠복 기리시탄'들이 소중하게 보관하고 있었고, 이는 '천국으로의 여권'이라는 의미로 전해져 왔다."는 것이다.

　신부님께서는 이러한 특징들이 '잠복 기리시탄 공동체'를 유지하고 견고하게 하였으며, 지속화시키는 원동력으로 작용하였는데, 이러한 특징들이 '순교자'와 '성사'에 대한 잠복 기리시탄들의 신앙의 기억(메모리아)이었음을 밝혀 주고 계십니다.

　(6) 끝으로 신부님께서는 1865년 막부에서 메이지 정부 시대로 이어지며 그리스도교가 공인된 과정을 역사적 특징들을 중심으로 간략하게 소개합니다. 파리외방전교회와 프랑스 수녀회의 활동, 그리고 나가사키(長崎) 이와사키 마키(岩崎マキ)를 중심으로 한 여성들, 요코하마(横浜)의 일본인 수녀 야마가미 카크(山上カク) 등의 활동은 16세기 기리시탄 시대의 '자비의 조직' 활동을 재현하는 사람들로서, 하비에르의 입국으로부터 시작한 신앙인들과 에도막부 250년의 압정(圧政)을 견디어낸 '잠복 기리시탄'들의 전통을 계승한 사람들이었다. 이들은 가장 커다란 힘을 '순교자'들로부터 전해 받고 있었는데, '목숨을 걸고 신앙을 증거한 사람들'의 존재 자체가 바로 일본 천주교 역사 안에서 그리스도인의 생명으로 연결되어 있다고 밝히고 있습니다.

2

　진방중(대만 보인대학교 역사학과 교수) 선생님은 중국 천주교회의 역사를 '교난(敎難)'과 '교안(敎案)'들을 중심으로 검토하면서, 천주교에 대한 반교(反敎)의 이유와 원인을 밝히는 가운데, 순교자들이 발생한 원인을 추적하고자 하셨습니다. 이 문제를 해결하기 위하여, '반교의 박해 중에 중국이 왜 천주교를 반대하게 되었는지'와 서양과의 조약 체결 후, 천주교의 '포교권(布敎權) 획득 시기에 중국 정부는 이것을 어떻게 이해하였는지'라는 두 가지 질문을 축으로 연구를 진행하셨습니다. 선생님께서는 여러 교난을 분석하면서, 천주교 반대(반교)의 논리와 근거를 밝혀 주고 있습니다.

(1) 남경교안(南京敎案, 1616)의 분석을 통해 실제로 교난을 일으킨 심최(沈㴶)가 내세운 반교의 주장들을 요약하여 제시해 주셨습니다.
① 서교(西敎)는 '중화(中和)의 근본인 유가사상에 위배'하는 사교(邪敎)이므로 오랑캐가 중화의 땅에 못 들어오게 하여야 하며 ② 서교는 '혹세무민하는 주술 종교'라는 것. ③ 달력 제작에 참여한 선교사들과 심최의 우주관에 대한 이해의 차이로, 선교사들의 주장은 '자연에 어긋나는 것으로, 중국 사회 기강에 악영향'을 주며, 선교사들은 중국의 기존 가치관과 사회체제를 붕괴하려 하며, ④ 서교가 이단이자 윤리성에 문제가 있고, 조상 숭배를 거부하고, 천주만 공경하면 천당에 들어간다고 주장하는 '불효의 종교'라는 것이다. ⑤ 심최 주장의 밑바탕에는 선교사들의 활동으로 황실과 중국 사회에서의 선교사들의 영향력의 증대로 자신들의 기득권에 대한 위기감을 느껴, 이를 지키려는 심최를 비롯한 기존 세력들의 반작용에서 비롯된 것이라 밝히고 있습니다.

(2) 력옥(曆獄, 1664)을 일으킨 양광선(楊光先)은 1659년부터 출간한 『선택의(選擇議)』, 『적류론(摘謬論)』, 『벽사론(闢邪論)』의 책을 근거로, 흠천감(欽天監)으로 서양 책력을 만들어 황제의 신임을 얻은 아담

샬(湯若望, John Adam Schall)을 공격하였다.

아담 샬의 서양 책력은 200년만을 내다볼 뿐인데, 이는 만수를 누리는 중국 황제에게 해가 된다는 것이다. 그는 유교 본위의 입장에서 천주교 교리를 폄하하고, 천주교를 반대하기 위해 이론적으로 정리한 대표적인 반교서(反敎書)인 「벽사론」에서의 주장을 근거로 내세우며, 천주교를 사교로 규정하였다. 성모마리아의 동정녀 잉태설(만물의 이치에 어긋나는 행위이자 유가사상에 위배), 천당지옥설(중국 민간 풍습에 어긋나는 행위)에 대해 공격하였다. 력옥의 박해는 책력 문제라기보다, 서양인 아담 샬 신부에 대한 반발에서 작용한 것이다. 양광선은 '서양인은 나라를 찬탈하고자 하는 무리로서, 일본과 려송(呂宋)의 경우'를 예로 들며, '서양인들이 중화의 땅에 들어와 통할하려 들지만 이는 오랑캐의 수법일 뿐이다. 이에 편승한 천주교도들은 사교와 무속의 잔당으로서, 혹세무민하지 않도록 정부가 조치를 취해야 한다.'고 주장하며, 반교의 이유를 분명히 하였다고 밝혀 주고 계십니다.

(3) 복안교안(福安敎案, 1746)은 주학건(周學健)이 서양 선교사들의 활동과 주민들이 신앙을 받아들이는 것을 보고, 유가 본위의 입장에서 서양 세력의 침투에 위기를 느낀 위기감에서 비롯하였다.

그는 먼저 세 가지 근거를 가지고 천주교를 공격하였다. ① 선교사들은 자국의 정부로부터 지원을 받아 중국에 잠입한 간첩이며, ② 천주교는 고해성사, 성체배령 등을 통해 마법과 술수를 부려 군중을 유혹하는 사교이며, ③ 이 사교에 입교한 중화인들이 자국민의 신분을 망각하고, 사교에만 집착한다[主我中邦]고 주장하며 박해하였다. ④ 천주교는 '부도덕적인 행위를 하는 사교'인데, 동정녀가 실은 선교사들의 정부일 뿐이고, 사죄 행위는 구차한 변명에 불과할 뿐이며, 성체성사라는 행위로 마술을 부리고 사람을 유혹한다. ⑤ 민심을 유도하여 단결하도록 만드는 사교는 무서운 힘을 지니고 있어, 사람들이 일단 이 종교에 한번 빠지게 되면, 어떤 어려움도 감수하게 만드는 힘이 있으니, 이 사교는 미혹하는 힘이 대단하다. ⑥ 선교사들은 외국의 간첩으로, 각 지방에 숨어 들어가 민심을 교란하게 만들고 있다. 이처럼 그가 천주교를 사교로 단정하는 심리 속에는 외국의 세력이 중국의 유가 전통을 무너뜨릴지도 모른다는 위기감이 깊게 자리 잡고 있었다고 밝히고 있습니다.

(4) 아우구스트 신부 사건[馬賴事件]을 통해 선교사 활동으로 인한 갈등의 원인을 찾고 계십니다. 1816년부터 파리외방전교회(Missions trangres de Paris)는 중국에 진출하기 시작하였고, 1817년 사천 지역(사천대목구)에 선교사를 파견하였다. 1846년에는 광동과 광서 지역에도 진출하였는데, 1850년 태평천국의 난이 발생한 광서는 혼란스럽고, 다양한 비밀종교들이 성행한 지역이었다. 특히 천지회(天地會)는 이 지역 도적들과 연합하여 정부에 항거하였고, 이에 따라 청 정부는 광서 지역에 대해 대대적인 통제를 실시하였다. 따라서 선교사들은 실제로 광서 지역에 들어갈 기회마저 없었다. 그런데 이때 선교사들이 광서 지역에 선교를 감행하였는데 그 책임자가 아우구스트(馬賴)였다.

1852년 중국에 입국한 그는 1854년부터 귀양(貴陽)에서 지방 토속어를 배우면서 만난 중국인 노정미(盧廷美)를 입교시켰으며, 그는 아우구스트 신부의 선교활동에 중추적인 역할을 하였다. 아우구스트는 전교활동 중에 관원에 체포되어 투옥되었으나 석방되었고, 여러 곳에서 다시 선교활동을 전개하였다. 그가 선교활동을 한 지역은 청수교(淸水敎)가 민간 주류 신앙으로 자리 잡고 있는 지역이었다. 그런데 천주교 선교활동으로 신자들이 생기자, 서로 간의 세력 다툼이 발생하였다. 따라서 이 지역에서의 박해의 원인은 가족과 주민 공동체 안에서의 상호 대립에서 찾을 수 있다. 아우구스트는 선교활동 중 다른 신자들과 함께 순교하였고, 후에 시성되었다.

(5) 귀양 사건(貴陽事件)은 대목구 주교의 행동이 반교의 원인이 되었음을 보여 주는 사건입니다. 1853년 바티칸은 호박리(胡縛理, Louis Faurie) 신부를 귀주(貴州)의 대목구 주교로 임명하였다. 1861년 5월 23일, 후 주교는 임국주(任國柱)와 함께, 4인 가마를 타고 앞에는 십자가를 세우고, 뒤에는 깃발을 나부끼며, 귀주의 암행어사 격인 순무(巡撫) 하관영(何冠英)과 귀주 제독 전흥서(田興恕)를 방문하였다. 전흥서 제독은 군부의 힘을 입어 득세한 신흥세력인데, 귀주에서 일어난 각종 민란을 평정한 사람이다. 1861년 5월 24일 후 주교와 임국주(任國柱)를 체포하려 했으나 실패하자, 성당을 포위하고 부수기 시작하였다. 그는 신자들과 예비 신자들을 관청에 등록하게 하면서, 교회를 대대적으로 통제하였다. 1861년 단오절에 귀주의 풍습에 따라 행진을 하면서 돌림병을 방지하는 행사가 있었는데, 신학교 앞에서 시위를 하기도 하였다. 시위대들은 '천주당을 불태우라! 서양인을 감옥으로 보내라!'는 구호를 외쳐 댔다. 이 과정에서 신학생들과 신자들이 잡혀갔고 몇몇은 참수를 당하였다.

(6) 의화단 반교(義和團反敎)를 통해 반교의 직접적 원인이 무엇인지를 밝혀 주고 계십니다. 1898년부터 의화단 사건이 발생하기 시작했는데 이때는 국부기(局部期)로 분류되고, 1900년 4~5월부터는 광범위하게 확산되어 광란기(狂亂期)로 불려진다. 이 시기에 의화단이 크게 일어난 원인으로 제국주의자들의 침략 행위가 실제로 있었는지, 그리고

선교사들과 신자 대표들이 그들의 앞잡이 노릇을 하였는지는 분명하지 않다. 그러나 많은 사람들이 군중심리에 휩싸여 사태가 더 확장되고 잔인하게 진행되었다.

　선생님은 세 가지의 개별 안건들을 분석하면서 다음과 같은 점들을 밝혀 주고 있습니다. ① 신자들과 신자들이 거주하던 지역의 다른 주민 집단과의 충돌이 있었다. ② 신자들은 힘이 없는 사람들이었으나, 일상생활에서 발생한 문제들을 해결하기 위하여 선교사들의 힘에 의탁하여 해결하고자 하였다. 소송 사건에서 신자들은 선교사의 도움으로 문제를 해결하였으나, 반대로 소송에서 진 비신자 집단은 불만이 쌓여 있었다. ③ 이 시기, 선교사들이 향촌에 선교하러 들어갈 때, 대부분 향촌의 기존 세력들과의 마찰과 충돌이 자주 발생하였다.

　선생님은 개별 안건을 분석하여 얻은 결과를 중심으로, ① 반교운동의 배경에는 '제국주의의 침략 행위'에서 비롯된 것이 아니라, 향촌 내의 기존 사회 기득권 세력과 교회 세력 간의 이해관계와 지배권에 대한 마찰과 충돌이 있었음을 밝혀 주고 계십니다. ② 천주교를 반대하는 게첩(揭帖, 내걸리는 문구)이나 노래의 내용을 통해 반교에 대한 분석을 통해 확인한 바 의화단이 반교에 나선 이유는 선교사들이 신자들을 감싸 준다고 해서가 아니라, '중국의 풍습을 해치는 사교'이기 때문이라는 점을 밝혀 주고 있습니다. 이러한 점은 의화단운동 당시, 가장 폭넓게 유행하던 신조권(神助拳)을 분석해 보아도 알 수 있는데, '천주교를 불효, 간음, 조상에 대한 제사 거부를 하는 종교로 중국의 민간 풍습을 해치는 사악한 종교라고 규정하고 고발하고 있다'는 점을 통해 명확히 알 수 있다고 합니다. 의화단은 천주교(예수교를 포함하여)를 외국에서 전해 온 이단 사교이며, 마술과 묘법을 사용하여 인륜을 저

버리는 종교라서 반교한다고 주장하고 있었다고 강조하십니다. 따라서 의화단운동 당시의 반교 행위는 '서양 종교와 선교사들이 중국인의 가치체계와 생활을 파괴시키는 것이므로, 모두 없애는 것이 상책'이라는 주장에 근거하고 있음을 밝혀 주셨습니다.

(7) 선생님께서는 남경교안(1616)부터 의화단 사건(1900)까지 중국에서 발생한 대형 반교 사건을 분석하면서 다음과 같은 결론을 도출하고 계십니다. ① 반교세력들은 천주교를 마법과 마술을 부리는 이단 사교로 지속적으로 규정하고 있으며, ② 반교운동이 진행되면서 양학, 양물, 양교 등에 대한 거부감과 배타성이 반교 사건들 속에 극명하게 반영되어 나타나고 있다는 점이다. ③ 이러한 관점과 가치체계를 지닌 반교 운동자들은 서양 외국인에 대해서도 의구심을 갖게 되었고, 이는 당연히 서양 선교사들에게 전가되었으며, 그 결과가 천주교 탄압과 박해로 이어졌다는 것이다. ④ 그렇다면 오늘날 중국 정부는 천주교를 비롯한 서양 선교사들을 어떻게 규정하고 있는가? 이 점은 2000년 바티칸이 120위 중국 순교자들을 시성하자, 이에 대해 중국 정부가 취한 조치와 주장에 잘 드러나 있다고 합니다. 2000년 9월 28일부터 중국 관방에서는 각종 매체를 통해 시성 계획을 반대하였고, 9월 29일 『인민일보』에는 선교사들의 모든 선교활동에 대한 중국 정부의 기본적 시각이 담겨 있습니다. '서양 선교사들은 아편 판매에 참여하였고, 간첩 행위로 침략 전쟁의 정보 수집, 불평등 조약에의 협조, 서양 8개 열강들의 침략에 참여했다.' 중국에서 활동하였던 선교사들은 '서양 제국주의자들의 앞잡이'들이었다는 것입니다.

3

조성을(아주대 사학과) 교수님께서는 한국 천주교 역사 안에서 박해와 순교가 교회에 미친 영향을 탐구하기 위하여, 1785년 3월 발생한 '을사추조적발 사건'부터 1839년 '기해교난'까지를 중점 시기로 하여, 세 가지로 접근하여 분석을 시도하셨습니다. 첫째, 천주교 수용에 따른 박해와 순교의 원인에 대한 역사를 개관하고, 둘째, 박해와 순교가 신앙공동체 지도층 구성과 교세 확장에 미친 영향, 신자의 의식과 신앙에 미친 영향은 무엇인가? 셋째, 한국 천주교의 특징적이며 고유한 성격은 무엇이며, 이를 바탕으로 천주교회가 앞으로 나아갈 방향은 무엇일까? 하는 고민을 모색하였습니다.

(1) 교수님께서는 '한국 천주교 박해와 순교의 원인'에서 조선의 지배층이 천주교와 충돌하였던 요인으로, ① 군주에의 절대복종과 부모에 대한 효도 중시, 상하관계적 신분 질서 등 유교의 삼강오륜(三綱五倫)적 질서인 당시 조선 사회의 유교적 명분 질서에 천주교의 교리가 충돌한다는 데 있었다. ② 박해의 가장 직접적인 충돌 요인은 '조상 제사의 거부 문제'이다. ③ 내면적으로는 당시 당쟁(黨爭)으로 인한 정치세력 간의 갈등이다. 즉 남인과 노론 벽파(박해 강경파) 사이의 정치적 대립과 남인 내부 자체 내에서의 신서파와 공서파 사이의 권력 다툼 때문이다.

(2) '신자공동체의 지도층 구성의 변화와 박해와 순교가 교세 확장에 미친 영향'을 통해 먼저, 박해로 신자들은 ① 끝까지 신앙을 버리지 않고 순교(殉敎)하거나, 순교하지는 않았으나 끝까지 신앙을 지킨 사람들(김범우, 이벽, 권일신, 윤지충, 권상현), ② 일시 교회와 거리를 두고 배

교(背敎)까지도 한 부류와 천주교를 떠난다고 공표하였으나 내면적으로 신앙을 유지하고 있던 사람들(특히 이들에 대해서는 진정한 의미에서의 배교라고 볼 수 없으며, 이들이 다시 교회에 돌아왔느냐 안 돌아왔느냐 하는 문제는 별개로 보아야 한다고 주장-정약전, 정약용, 이승훈), ③ 진정한 의미의 배교를 한 사람들로, 신앙을 완전히 버렸을 뿐 아니라 같은 신자들을 고발한 사람 등으로 분류하셨습니다. 그리고 나서 신앙공동체의 지도층의 변화와 선교 지역의 변화를 1784년 교회 창설 시기, 1785년 을사추조적발 사건, 1787년 정미반회(丁未泮會) 사건, 1791년 신해교난, 1785년 주문모 신부 체포 미수 사건, 1801년 신유교난의 특징들을 중심으로 검토해 주셨습니다.

이러한 연구를 진행한 후, 교수님께서는 초기 한국 천주교회사에서 거듭된 박해와 순교는 ① 살아남은 신자들 사이에 신앙공동체를 더욱 굳건하게 동시에 역설적으로 교세의 급증을 초래하였으며, ② 지도층도 초기의 양반 중심에서 점차 중인층, 일반민, 여성으로 확대되었으며, ③ 지역적으로도 서울과 양근 지역에서, 내포 지역과 전주 지역 등 전국적으로 확산되었음을 밝혀 주셨습니다. 지도층의 변화와 교세 확장, 선교 지역의 확대를 통해 신자들은 자신들의 신앙을 더욱 굳건히 하는 한편, 천주교회는 점차 민중적·평등 지향적 성격의 신앙공동체로 변화되었다고 밝혀 주셨습니다.

(3) '박해와 순교가 신자의 의식과 신앙에 미친 영향'에서는 순교자 정약종과 박 루시아(朴喜順, 궁녀)를 박해에 대해 가장 올바른 자세를 지닌 신앙인으로 제시해 주고 계십니다. 그리고 배교자들의 경우, 완전 배교자도 있지만, 일시적으로 교회를 떠났었으나 대개는 다시 교회에 돌아오는 경우가 많았으며(회심자), 이들은 배교하였던 경험 때문에

오히려 교회에 더 헌신적일 수 있었으며, 박해와 배교와 회개의 과정을 통해 이들은 신앙을 더욱 굳건히 할 수 있었다는 견해를 밝히고 있습니다. 박해를 벗어나 신앙의 자유를 얻는 문제를 외세에 의지하여 해결하려는 생각을 가진 황사영(黃嗣永)의 제안들을 분석하셨으며, 달레의 병인양요(丙寅洋擾)식 선교의 자유를 얻고자 하는 의견도 소개하고 있습니다.

  교수님께서 특히 강조하고 주목한 것은 박해와 순교가 새로운 철학을 형성하게 하거나, 성숙한 교회로 발전하는 계기가 되었다는 점입니다. ① 정약용은 공식적으로 배교를 두 차례 선언하였고, 다른 신자들에게도 배교를 권유하였으며, 교회에 다시 돌아왔다는 증거도 찾을 수 없지만, 상제(上帝)에 대한 믿음을 끝까지 버리지 않은 채, 그는 자기 방식으로 상제를 중심으로 한 철학체계를 형성하고, 이를 토대하여 철저한 사회 개혁의 비전을 제시하는『경세유표(經世遺表)』를 저술하였는데, 이처럼 그의 철학은 '중세를 극복하는 철학'이었다고 소개해 주셨습니다. ② 정부의 탄압에 대해 자신의 정당성을 정연하게 정리하여 반박하는 이론적 모색을 시도하여「상재상서(上宰相書)」를 저술한 정하상(기해교난(1839), 순교)은, 천주교의 가르침이 윤리적으로 유교의 가르침보다 더 우월하다는 것을 당당하게 주장하였는데, 이 사실은 천주교회가 박해에 대해 얼마나 성숙하게 대응할 수 있었는지를 잘 보여주고 있는 사례라 밝히고 계십니다. 정하상은 정약종이나 박 루치아와 같이 죽음에 이르기까지 자신의 신앙을 유지하면서, 같이 잡혀온 신자들을 격려하는 모습에서 가장 올바른 신앙인의 자세를 볼 수 있으며, 특히「상재상서」에서 보여 준 관점은 기존의 천주교가 보여 준 보유론(補儒論)적 관점에서 한 걸음 더 나아간 것임을 힘주어 강조하고 계십니다.

한편, 교회 조직 내의 지도자들은 다양한 사회 계층으로 확대되었고, 신분제 사회 내에서 인간 존엄과 인격 평등이라는 평등의식의 사회적 실천을 이루어 나갔음을 밝혀 주셨으며, 신자들이 형장에 끌려와서도 자신의 신앙을 적극적으로 고백하고 당당하게 천주교의 가르침을 설명하는 자세는 신자 이외의 사람들에게 영향을 주었음을 밝혀 주고 계십니다. 따라서 박해와 순교는 역설적으로, 신자가 아닌 이웃 주민들(신자들을 취조하는 형리들, 옥중의 일반 죄수들, 박해와 순교를 묵묵히 지켜보던 사람들)에게 교회의 가르침을 전할 수 있는 좋은 기회였다고 밝혀 주고 계십니다.

(4) 교수님께서는 교회 창설 직후부터 거듭된 박해와 이에 따른 천주교회의 순교는 오히려 믿음을 더 굳건하게 하도록 하고, 교세를 더욱 확장하게 하였으며, 교회 지도자층이 양반 중심에서 점차 중인층, 일반민 출신의 지도자들이 늘어가는 가운데, 교회 내에서 평등의식은 더욱 진전되었으며, 여성 지도자도 나타나게 되었다고 보았습니다. 이런 가운데 한국 천주교는 민중운동적(民衆運動的) 성격으로 점차 강화되어 갔는데, '평등의식을 기초로 민중운동적 성격'을 지닌 것이 바로 한국 천주교회의 전통이며 성격이었고, 이런 점에서 한국 천주교회는 신앙공동체 출발 단계부터 조선적 중세사회(=중세 후기)를 뛰어넘으려 하였다고 제시해 주셨습니다.

III

　순교는 목숨을 다해 한 생을 살아가고자, 살아내고자 한, 한 사람의 양심적 삶에 대해 폭력으로 그의 생명을 빼앗는 자에 대해, 자기 삶을 온전히 내어 바치는, 인간에 의한, 인간에 대한, 인간의 자기 증거 행위입니다. 그러하기에 순교와 박해자와 순교자를 밝히고 이해하고자 하는 모든 노력들은 순교가 발생하였던 그 역사적 시간과 공간 안에 전개된, 인간이 존재하고 펼쳐냈던, 인간의 모든 존재 양식과 행위들을 만나야 합니다. 이른바 역사성을 지닌 존재인 역사적 인간이 펼쳐 나갔던 모든 역사적 행위들을 만나야 합니다. 그래서 역사, 인간이 만들고, 인간이 기록한 이 역사는 우리로 하여금 다름 아닌 인간을 만나게 합니다.

　오늘 심포지엄의 신부님과 선생님, 교수님들이 펼쳐 보여 주시는 연구들과 토론들을 통해서도, 우리는 자기 삶을 충실하고 겸손하게 인내하며 용감하게, 지혜롭고 사랑스럽게 살아간 사람을 만나게 됩니다. 한편으로는 인간이기를 거부하는 모순과 역설로 가득한 행위와, 관습과 제도와 법과, 사회와 권력의 사슬들을 단호하게 끊어 버리고자 하는 용기 있는 사람을 만나는가 하면, 이 모든 것들을 또한 깊은 침묵과 사랑으로 품고 인내하는 아름다운 사람을 만나기도 합니다.

　바로 박해자 눈앞에서, 나와 너로 마주하는 인간 안에 도사리고 있는 내면의 욕망과 분노, 교만을 극복하고자 인내하는 당당한 모습에서, 나와 너 사이의 구분과 단절, 이기주의와 상호간의 증오의 고리를 끊어내려는 단호한 용기로부터, 나아가 이 모든 상황과 행위들을 끌어안는 용서와 사랑 안에서, 우리는 그저 아프고 아름다운 한 사람을 만납니다.

감옥 안에서 자신도 상처에서 피고름이 나는데, 바로 옆 형제의 피고름을 닦아내 주며 보듬는 관심과 연민을 통해서, '나와 너'라는 구체적이며 실천적인 일상적 관계로 이어지는 삶 안에서, 사랑은 시작되고 사랑은 완성된다는 창백한 푸른빛(pale blue)을 머금고 있는 숭고한 인간의 아름다운 생명의 발자취를 발견합니다. 바로 우리들은 그러한 길을 걸어간 삶을 만나고 마주하면서, 다시금 묻게 됩니다. 사람은 누구입니까? 사람은 무엇입니까?

사람이, 우리들이 만들어내는 이 세상의 어처구니없는 모든 모순과 역설, 지옥 같은 고립과 단절, 소외와 분리들을 무한하고 너른 애정과 함께 깊은 침묵으로 끌어안고, 언제나 다시, 묵묵히 온전하게, 지금 여기서 자기 삶을 끌어안고 살아가는 십자가 위의 한 사람, 우리들의 모습 예수 그리스도를 우리는 만납니다. 오늘 우리들은 지금 이 자리에서, 한 사람으로 한 사람을 만나게 됩니다. 아니, 한 사람으로 한 사람을 만나야 합니다.

순교의 결과

세르지오 탄자렐라((Sergio Tanzarella) 교수
로마 그레고리안대학교 역사신학과

1. 선의 아무것도 헛되지 않다
2. 순교는 행위의 결과요 행위로의 초대이다
3. 증거가 지닌 모범으로서의 가치
4. 하느님께서 보살피신다
5. 그들은 우리에게 빛과 기쁨의 길을 가르쳐 주었다
6. 육화와 십자가에 충실한 순교자들
7. 기억의 임무로서의 순교
8. 생명을 위한 증거
9. 용기와 인내 사이의 순교

1. 선의 아무것도 헛되지 않다

교종직의 강령이요 거의 선언이라고 할 만한 권고 문헌 「복음의 기쁨」 중 강도 높고 시사하는 바가 많은 한 부분에서, 교종 프란치스코는 생명을 내주는 일의 깊은 의미를 묵상하도록 초대한다. 이는 예견할 수 없고 결과를 조종할 수 없는 일이요, 그로써 이루어진 선(善)의 그 어느 것도 삶에서 헛되지 않다는 확신을 신앙 안에서 재확립해 주고 있다.

> "우리에게는 내적 확실성이, 곧 하느님께서는 어떤 상황에서도, 실패로 보이는 상황 안에서도 활동하실 수 있다는 확신이 필요합니다. '우리는 이 보물을 질그릇 속에 지니고 있기(2코린 4,7)' 때문입니다. 이 확실성은 '신비 감각'이라고 불리는 것입니다. 이는 사랑 때문에 하느님께 자신을 바치고 자신을 내드리는 사람은 틀림없이 풍부한 열매를 맺으리라는 것을 분명히 아는 것입니다(요한 15,5 참조). 이 풍부한 결실은 흔히 눈에 보이지 않고 파악하기 힘들며 수치로 계산될 수 없습니다. 우리는 우리의 삶이 열매를 내리라는 것을 잘 알지만 어떻게, 어디서, 언제에 대해서는 안다고 장담하지 못합니다. 우리는 사랑으로 이루어진 우리의 모든 활동은 결코 헛되지 않다는 것, 다른 이들을 향한 진심 어린 염려는 결코 헛되지 않다는 것, 하느님을 향한 사랑의 행동은 헛되지 않다는 것, 관대한 수고는 헛되지 않다는 것, 그 어떤 고통스러운 인내도 헛되지 않다는 것을 확신합니다. 이 모든 것이 생명의 힘으로 세상을 관통하여 휘돌고 있습니다. 이따금 우리의 노력으로 아무런 결과도 얻지 못한 것처럼 보이기도 합니다. 하지만 선교는 거래나 사업 계획도 아니고, 인도주의적 조직도 아니며, 우리의 광고에 얼마나 많은 관중이 모였는지를 헤아리기 위한 공연도 아닙니다. 선교

는 그보다 훨씬 더 심오한 것이며 모든 척도를 벗어나는 것입니다. 어쩌면 주님께서는 세상의 어딘가 우리가 결코 가 보지 못할 곳에 축복을 부어 주시려고 우리의 활동을 활용하시는지도 모릅니다. 성령께서는 당신께서 원하시는 대로, 원하시는 때에, 원하시는 곳에서 일하십니다. 우리는 눈에 띄는 결과를 보겠다고 나서는 일 없이 헌신적으로 투신합니다. 우리는 오로지 우리 자신을 내주는 것이 필요하다는 것만 알고 있습니다."1(역자의 사역)

순교에 이르기 위해서는 생명을 내어줄 필요가 있다. 그것은 20세기 동안 수많은 그리스도인들이 지속적으로 증언해 온 것이다. 하지만 그런 증거의 깊은 의미에 대해서는 우리가 평가할 처지가 못 되며, 그 최종적 결과를 본다는 장담도 할 수 없다. 프란치스코는 모든 것을 수치로 계산하려 하고 결과 위주의 무자비한 논리와 늘 잠복해 있는 영적 세속성의 유혹에 끌려가는 종교적 성과주의라는 지배적 모델들 앞에서, 척도에 대한 하나의 교훈을 제안한다. 그리스도교적 사랑과 특히 순교는 항상 순전히 손해를 본다. 정의를 위한 모든 활동이 항상 손해를 보듯이. 순교는 경축할 만한 그 어떤 개선주의도 허용하지 않는데, 디트리히 본회퍼(Dietrich Bonhoeffer)가 말하듯 순교는 십자가 없는 사이비 그리스도교의 환상에 비해 항상 값비싼 대가를 치르기 때문이다.

"싸구려 은총은 (그리스도를) 따름이 없는 은총, 십자가 없는 은총, 살아 계시고 육화하신 예수 그리스도가 없는 은총이다.

---

1 프란치스코, 「복음의 기쁨」 279항.

값비싼 은총은 밭에 묻힌 보물로서, 인간은 그 보물을 차지하려고 가서 자기가 가진 모든 것을 기꺼이 판다. 값비싼 은총은 또 보석상이 자기 전 재산을 다 내주며 사들이는 보석이요, 인간이 자신을 죄짓게 하는 눈을 빼 버리면서 들어가고자 하는 그리스도의 왕정이며, 예수 그리스도의 부르심으로서 제자는 그물을 버리고 그분을 따라 나선다.

값비싼 은총은 항상 새롭게 추구해야 하는 복음이요, 항상 새롭게 청해야 하는 선물이며, 항상 새롭게 두드려야 하는 문이다. 그것이 값비싼 것은 (그리스도를) 따름의 길로 부르기 때문이요, 은총인 것은 예수 그리스도를 따르라고 부르기 때문이다. 그것이 값비싼 것은 인간에게 목숨을 대가로 요구하기 때문이며, 은총인 것은 바로 그런 방식으로 그에게 생명을 내주기 때문이다. 그것이 값비싼 것은 죄를 단죄하기 때문이요, 은총인 것은 죄인을 의롭게 하기 때문이다."[2]

그럼에도 순교자는 예수 그리스도의 참된 증인으로서 무엇보다 먼저 하느님 백성과 함께 나누는 소임을 이행한다. 현대의 순교자들의 이야기에서는 흔히 도피하는 길이 정당화되어 제시되고 그리스도교를 증언하는 변방의 장소들을 떠나는 신중한 가능성들이 제시된다. 하지만 미래의 순교자는 자기 자리에 그대로 머무는데, 두렵지 않아서나 목숨을 경멸하거나, 혹은 위험이나 잠재적 박해자에게 도전하는 것이 아니다. 그는 단순히 자신이 유기적으로 소속해 있음을 느끼는 백성의 운명을 공유해야 함을 알고 있는 것이다. 그리스도교적 순교의 첫째 결과는 이 깊은 참여라는 가르침이요, 여권, 국적, 사회적 역할에 따르는 특전을 물리치는 교훈이다. 현대의 순교자들에 대한 많은 이야기에

---

2 D. Bonhoeffer, *Sequela*(따름), Queriniana, Brescia 2008, pp. 27~28.

서는 잔혹한 죽음에 이를 수 있지만 백성의 운명을 그 밑바닥까지 함께 나누기 위해 머물 필요가 있다는 인식이 이렇게 자주 나타난다.

1996년 알제리의 티브히린 수도원에서 죽임 당한 씨토회 수도승 일곱 명은 이 고통스럽고 의식적인 결정의 증거이다.3 여권상으로 그들은 여전히 프랑스인이었지만 마음으로는 현재 이미 알제리인들이었던 것이다. 이 참여는 여러 해가 지난 후 계속해서 신비스럽게 세상에서 인정받았을 뿐 아니라 그 지역의 이슬람 공동체에게도 인정받는다. 프랑스 선교회 사제로 그곳 수도원에 새로운 수도승 공동체를 시작하는 일이 불가능한 현실을 고려하여 그 수도원을 계속 열어 두는 임무를 맡은 쟝 마리 라쏘스(Jean Marie Lassausse)는, 한때 수도승이 60년 동안 살면서 가꾸어 온 담장 너머 정원에서의 특별한 삶을 묘사한다. 수도승들은 그 지역의 가난한 이슬람 가족들을 맞아들이고 그들과 함께하며 대화하는 일을 자기네 삶으로 삼았던 것이다.

"두드리는 이에게는 누구에게나 문은 열렸다. …… 수도승들의 무덤에 와서 마음을 모으는 이슬람교도들이 많다. 죽은 자들은 아직도 자신들이 내준 생명을 증언하고 있는 것이다."4

중앙아메리카의 호세 시메온 까냐스(José Simeón Cañas) 대학의 이

---

3 B. Olivera, *I sette monaci di Dio. Un testimone racconta la vicenda dei martiri di Tibhirine*(하느님의 일곱 수도승. 한 증인이 티브히린의 순교자들의 사건을 이야기하다), Ancora, Milano 2012.
4 J.-M. Lassausse, *Il giardiniere di Tibhirine*(티브히린의 정원사), San Paolo, Cinisello Balsamo 2011, p.96.

냐시오 에야꾸리아(Ignacio Ellacuría)와 예수회원인 그의 다섯 형제 수사들의 경우도 마찬가지였다. 물론 그들은 위험을 알아차리고 있었지만 엘살바도르 국민과 대학의 학생들을 버리고 떠나서는 안 된다는 것을 확신하고 있었다. 학문 연구를 통해 일생을 헌신했던 그들이었다. 여러 해 동안 엘살바도르의 인권 검사였던 베아트리스 알라만니 데 까리요(Beatrice Allamanni de Carillo)는 이렇게 쓴다.

"에야꾸리아 신부님은, 그리고 다섯 분의 동료 신부님들은 바로 진리를 증언하기 위해서, 항상 진리를 추구하기 위해서 일했고 돌아가셨다. 그것은 참되고 이론의 여지가 없는 학문적, 과학적 연구에 기초한 진리였으며, 그래서 평등과 사회정의라는 명제를 주장하기에 타당한 진리요, 그리고 인법(人法)과 신법(神法)의 위반을 고발하기에 타당한 진리였다. 그러한 위반이 불행하게도 엘살바도르의 사회정치적 조직을 이루고 있는 상황이었다."[5]

그러니까 1989년 11월 12일 그들이 암살단의 군인들에게 살해당한 것은 자신들의 학문적 작업을 계속하기로 한, 엘살바도르에 남기로 한 이 결정 때문이었다.[6] 더 가까운 시기에 내전으로 찢긴 시리아의 홈스에서 네델란드인 예수회원 프랑스 반 데어 룩트(Frans van der Lugt) 신부가 2014년 4월 7일에 살해당했을 때도 그러했다. 그는,

---

[5] Beatrice Allamanni de Carillo, "Postfazione", in E. maspoli, *Ignacio Ellacuria e i martiri di San Salvador*, Paoline, Milano 2009, pp.167~168.

[6] S. Tanzarella, "교회사적 관점에 따른 순교의 해석", in *Theological Studies on Martyrdom*(순교에 관한 신학적 연구), 형제애, 서울 2013, p.224 이하.

"장상들의 권고에도 불구하고 결코 자기 백성을 홀로 남겨 두려고 하지 않았다. '저는 여기 남아 있는 유일한 사제입니다. 이곳에는 수만 명의 그리스도교 신자들이 있었는데 지금은 겨우 66명이 남았을 뿐입니다. 제가 어떻게 이들을 두고 떠나겠습니까? 시리아 백성은 저에게 그토록 많은 것을, 자신들이 가진 모든 것을 주었습니다. 이제 사람들이 고통 받는다면 저는 그들의 아픔과 그들의 시련을 함께 나누고 싶습니다.'

그는 그리스도교 신자들과 이슬람 신자들 모두에게서 존경받았다. 그가 그 모든 사람을 도와주었기 때문이다. 위기가 닥쳐왔을 때 '이슬람 가족 다섯 세대가 그의 수도원으로 옮겨 왔고 그가 그들을 보살폈다.' 하고 그의 친구들은 기억한다. '그는 항상 이렇게 말하곤 했다. 난 그리스도인이거나 이슬람교인을 보는 것이 아니라 인간을 본다네.' 하지만 프랑스 신부는 이슬람 테러리스트들에게는 호감을 주지 못했다. '그는 항상 자기가 그리스도교인들의 아버지이기도 하고 이슬람교인들의 아버지이기도 하다고 말했다.' 여러 번 반역자들이 그를 샤리아(역주: 코란에 기초한 이슬람 법률)의 법정에 끌고 가서 그의 신앙에 대해 논하려 했으나 그는 이렇게 말하며 거부했다. '나는 정치나 종교에 대해서는 당신들과 말하지 않겠소. 우리는 모두 인간이오. 오직 인간에 대해서만 말하겠소.' 4월 7일 무장을 하고 복면을 한 두 사람이 경비원의 저항을 진압한 후 그가 살던 수도원에 들어왔다. 그들은 힘을 들이지도 않았다. 이 선교사는 늘 이렇게 말했던 것이다. '나는 모든 사람을 맞아들입니다. 내 문으로 들어오는 사람은 누구나 환영받습니다.' 그들은 그를 밖으로 끌어내다가 얼굴을 때리고 머리에 총을 두 방 쏘고 나서는 사라졌다. 오늘날 홈스의 구(舊) 도시에 있는 그의 무덤은 '하나의 기념 성전이 되었다. 폐허가 된 이 지역으로 돌아온 그리스도교 신자들에게 순례의 목적지가 된 것이다.'"[7]

위에서 이야기한 순교자들은 그리스도교인들에 대한 박해가 널리 퍼진 현실이 된 최근 여러 해 동안에 가장 잘 알려진 순교자들 중 일부이다. 사실 지난 수십 년 동안 그리스도인들은 세상 안에서 점점 더 확산된 형태로 박해 받고 있다. 그들에 대한 불관용은 재판과 처벌에서의 차별로, 그리고 드물지 않게 죽음에서의 차별로 이어졌다.[8] 그들이 흘린 피는 물론 선한 결과를 낳을 수 있겠지만 누군가 그 피를 모아들일 자세가 된 사람이 있어야 한다. 그것이 같은 장소에서 동시에 이루어져야 한다는 말이 아니다. 특히 그 피를 모아들이는 사람은 결코 앙갚음이나 복수심에 빠져서는 안 된다. 순교자의 증거는 결코 죽음을 위한 것이 아니고 생명을 위한 것이며, 결코 증오나 원한을 키우기 위한 것이 아니고 평화를 촉진하기 위한 것이다. 순교자들은 무장하지 않은 증거자들이요, 악의 모든 정당화를 꺾을 수 있는 행위를 실행할 능력이 있는 가장 참된 비폭력의 촉진자로 나타난다.

---

7 http://www.tempi.it/veglie-per-i-martiri-contemporanei-cinque-grandi-testimonianze- di-cristiani-perseguitati-oggi-non-nei-primi-secoli#ixzz4DCB01lKa

8 이 주제에 대해서는 R. Vinerba (ed.), Cristiani perseguitati. Cristianofobia a cavallo tra secondo e terzo millennio, Cittadella, Assisi 2013 참조.

2. 순교는 행위의 결과요 행위로의 초대이다

그런데 잊어서는 안 되는 두 번째 요소가 있다. 순교는 증오와 박해 앞에서 체념하는 수동성과는 아무런 관계가 없다는 것이다. 순교는 오히려 악을 낳는 악이라는 대칭을 뒤집어엎는 그리스도교적 행동과 존재의 결과이다. 순교는 실제로 그리스도에게서 영감을 받아 비폭력 행위가 되는 어떤 행동으로서 되돌릴 수 없는 폭력의 악순환을 끊는다. 이는 결정적으로 1996년 8월 1일 주교관 앞에서 공격받아 살해당했던 오라노(Orano)의 주교 삐에르 끌라베리(Pierre Claverie)에게서 대단히 효과적인 방식으로 드러났다. 그가 1년 전 여름, 작은 자매회 수녀들에게 했던 강의에서 말하듯 그에게 있어서는 순교의 결과는 무엇보다도 그것이 어떤 행위의 결과라는 사실에 달려 있다.

"원래의 의미에서 순교는 가장 큰 사랑의 증거입니다. (죽음이나 고통) 그 자체를 목적으로 죽으러 가거나 고통을 찾는 것이 아니며, 피를 흘리는 것이 우리를 하느님께 가까이 가게 해 주기 때문에 스스로 피를 흘리는 것도 아닙니다. 그것은 오히려 삶의 어려움을 짊어지고 우리가 하는 일의 결과를 받아들이는 데 있습니다. 그것이 예수님에게 일어난 일입니다. 그분은 당신 행동의 결과를 짊어지셨습니다."[9]

다른 말로 하면 순교는 추구해서도 안 되고 갈망해서도 안 된다. 순

---

9 P. Claveri, "Conferenze alla Piccole Sorelle", citata in J.J. Pérennés, *Vescovo tra I musulmani*. Pierre Calveri martire in Algeria, Città Nuova, Roma 2004, 334.

교자가 되려고 연구하는 것이 아니며, 지난 세기에 특히 선교의 분야에서 어떤 영성들이 그릇된 방식으로 제안했던 것처럼, 순교가 자기 성소의 중심으로 대두되는 것도 아니다.[10] 반대로 지난 세기의 순교자 이야기들 중 많은 이야기에는 이 공통된 요소가 들어 있다. 곧 순교는 우연히 일어난 일로써, 받아들여진 것이지 물론 갈망했던 것도 아니고 도발한 것도 아니다. 어쨌거나 순교의 참된 핵심은 박해자의 악의이기보다는 그리스도인의 행위의 자유이다. 바로 여기에 그의 증거가 지니는 모범이 있는데, 이 모범은 우리 시대와 같은 무관심과 개인주의의 시대에 다른 사람들도 생명과 책임을 회피하지 않도록 도와줄 수 있다. 시칠리아의 빨레르모에 위치하고 인구가 많은 지역인 브랑카쵸의 본당신부 복자 삐노 뿔리지(Pino Puglisi) -1993년 9월 15일 이곳에서 마피아가 그를 살해했는데- 를 여러 해 동안 알아 오고 접촉해 왔던 사람들은, 특히 그의 동료 사제들은, 자기들이 미래의 순교자를 곁에 두고 있다는 생각을 결코 해 본 적이 없노라고 경탄과 찬탄으로 말했다. 뿔리지에게는 특이하거나 특별한 것이라곤 하나도 없었고, 그저 온유함으로 유명했으며, 당시 장상들의 거절로 인해 전공하던 성서 공부를 마칠 수 없었던 것을 유감스러워하면서 계속해서 열정적으로 성서를 공부하던 신부였다.[11]

그는 교구에서 중요하고 출세하게 해 주는 자리들로부터 멀리 떨어

---

10 P. Evangelisti, "Martirio volontario ed ideologia della Crociata. Formazione e irradiazione dei modelli francescani a partire dalle matrici altomedievali", in *Cristianesimo nella storia* 27 (2006) pp.161~248 참조.

11 C. Torcivia, *Pino Puglisi*, Prete e santo, il pozzo di Giaccobbe, Trapani 2013, pp.49~53 참조.

진 고드라노(Godrano)의 산속에 있는 본당에서 살았다. 이미 아주 젊은 나이는 아닌 때 마침내 도시에 있는 한 본당의 주임으로 부름 받았었는데, 우아한 빨레르모의 중상류층 본당이 아니라 브랑카쵸처럼 가장 힘들고 마피아에 의해 직접적으로 조종당하는 지역의 하나였다. 그곳에서는 마피아가 마약 판매와 다른 범죄행위들을 위해서 노동자들을 고용하여 막강한 권력을 휘두르고 있었다.

마피아는 국가의 부재를 대치하면서 그 지역을 통제하고 있었고 스스로 본당의 대화 상대로도 자처하고 있었는데, 마피아는 본당에 공모와 침묵의 대가로 자선금과 신심행사를 제공했다. 돈 뿔리지가 이 상호 승인과 신심행사의 공동 운영이라는 계약을 깨뜨린 것만으로도 마피아 대원들은 예기치 못했던 이 새로운 관계 방식에 당혹감을 드러냈는데, 신심행사의 공동 운영의 정점은 본당 주보성인인 성 가예따노 축일의 행사[12] 자금을 마피아가 대는 것과 축제를 기획하는 임무를 맡은 위원회에 대한 직접적 조종이었다. 시민들이 지역 마피아에게 완전히 종속되어 있는 관계를 뿔리지 신부가 깨기 시작했을 때 이 관계 단절은 이미 되돌릴 수 없는 것이 되었다. 그가 시민들로 이루어진 위원회들과 (학교, 약국, 긴급 의료 서비스, 오락시설에 대한) 권리 주장을 촉진했을 때 그는 마피아에게만이 아니라 그 지역의 행정 당국과 '양식 있는' 그리스도교 신자들 자신들에게도 불편한 신부가 되었다. 학생들이 학교를 떠나는 데 맞서고 마피아 대원들이 젊은이들과 어린이들을 이용하던 방식에서 그들을 빼내서 자신이 맡음으로써 그 지역에 해방

---

[12] 축제에는 약 8천만 리라가 소요되었으며, 모든 것이 부족한 지역에서 그런 금액을 낭비한다는 것은 뿔리지에게는 물론 받아들일 수 없는 일이었다.

과 독립과 자율의 가능성에 불을 붙였는데, 마피아는 이를 용납할 수 없었고 결국 그를 죽이기로 결정하기에 이른다.

뿔리지는 자기 직무에 충실했을 뿐 아무것도 특별한 일을 하지 않았다. 그는 부활을 선포하라고 부름 받은 이상 체념을 설파하기를 받아들이지 않았다. 뿔리지는 공동체의 삶과는 동떨어진 채 성무를 행하는 일에, 통상적인 전례주의에 봉사하는 일에 태평하게 머물 수도 있었다. 하지만 우리에게 본보기가 되는 것은 바로 그를 순교에 이르게 한 동기들로서, 곧 자신에게 맡겨진 백성이 살아가던 어려움과 비극을 스스로 짊어진 것이다. 코지모 스코르다또(Cosimo Scordato)가 다음과 같이 쓴 것처럼 말이다.

"돈 삐노는 밖으로 나왔다. 그는 제의방에서 나와 자기 백성들의 문제들과 위험과 희망을 바닥까지 살기를 선택했다. …… 또 그는 본당신부로서, 자기네 영역에 대한 방해받지 않는 통제권을 가지고 있다고 주장하는 자들을 상대해야 할 하나의 선택이 가져오는 모든 위험을 받아들이면서 자기 백성의 해방과 향상을 원했다. 그런데 이 예수 그리스도를 증언하고 제시하는 것은 그 영토에서 유일한 권력자들인 보스들로 대표되는 마피아 세계에 가장 근원적인 공격이 되지 않겠는가? 돈 삐노는 복음의 진리에 관심이 있었다. 하지만 예수 그리스도의 하느님의 이름으로 마피아 대원들이 내세우는 신심은 그들 나름의 형태와 함께 위기에 처한 것이 분명하다."[13]

오늘날 그를 기념한다는 것은 특히 아직도 마피아에 의해 조종되

---

13 C. Scordato, *Dalla mafia liberaci o Signore*. Quale l'impegno della Chiesa?, di girolamo, Trapani 96.

는 남이탈리아에서는 고통 없는 찬양조의 성인전을 포기하는 것을 의미한다. 그의 순교가 이탈리아 남부의 사회와 교회에 아직도 근원적인 변화를 이루지 못했다면 물론 "순교자들의 피는 교회라는 몸에서 빈혈에 걸린 부분들을 위한 일종의 수혈이며, 성인들의 미소는 유린당한 피조물 안에 하느님을 낳아 줄 수 있다. 그의 순교로 브랑카쵸의 작은 본당신부의 약한 목소리는 성령에 의해 커져서 이제 온 세계에 도달한다."[14] 그렇게 해서 뿔리지의 순교는 분명히 범죄 집단들의 우두머리들에게 주어진 몇몇 형태의 승인을 불가능한 것으로 만들었다. 행렬 중에 성모상이나 어떤 성인의 상을 지역 보스의 집 앞으로 모셔가서 존경의 표시로 성상에 고개 숙여 절을 하게 하는 일이 벌어지곤 했다(그가 감옥에 갇혀 있다 해도). 뿔리지의 순교는 일부 수도자들이 은둔자들에게 제공하는 영적 원조를 정당화될 수 없는 것으로 만들었는데, 그들은 어떤 형태의 신심행위를 하거나 성사를 받으면서 그와 동시에 살인을 계획하거나 (무기 매매, 인신 매매, 마약 매매 등) 범죄활동을 지휘하곤 했던 것이다. 그런 식으로 그들은 가장된 그리스도교 신앙과 잔인하기 짝이 없는 범죄들을 저지르도록 투표를 하는 잔혹한 활동 사이의 혼합을 이루었다.[15] 하지만 무엇보다 뿔리지의 순교는 그를 기억하여 공개적으로 범죄 집단들에 대항하고 특히 희망의 이름으로 공유되는, 희망의 이름으로 체념을 거부하는 적지 않은 그리스도인들의

---

14 G. Anzalone, "La grammatica della tenerezza per leggere il caso di don Puglisi", in M. Naro (ed.), Pino Puglisi per il Vangelo. La testimonianza cristiana di un martire siciliano, Salvatore Sciacca Editore, Caltanissetta - Roma 2014, pp.45~46.

15 Cf. A. Cavadi, Ildiodeimafiosi, SanPaolo, CiniselloBalsamo 2009.

삶과 선택을 지탱해 주었다. 그것은 초세기 그리스도교의 순교자들의 증거에서도 나타나는 것과 똑같은 희망이다. 165년경 로마에서는 그리스도교로 개종한 유명한 철학자 유스티노와 그의 공동체의 구성원 몇 사람에 대한 재판이 열렸다. 유스티노를 심문하고 나서 "행정관 루스티코(Rustico)는 에우엘피스토(Euelpisto)에게 말했다. '그런데 당신은 누구요?' 그러자 에우엘피스토가 말했다. '나도 그리스도인이고 같은 희망을 공유하고 있소.'"16

3. 증거가 지닌 모범으로서의 가치

1세기 말과 4세기 초 사이의 고대 그리스도교의 삶에서 순교자들의 증거는 그 시대의 공동체들이 큰 주의를 기울였던 근본적인 체험이었다. 이는 그리스도인들이 당했던 재판과 심문, 구류와 형벌에 관해 나온 자료들의 양으로 광범위하게 드러난다.17 주지하다시피 오늘날 고대 순교문학이라 일컬어지는 문헌집은 기록 방식, 출처, 이야기의 구성에 있어 서로 다른 자료들로 이루어져 있다. 여러 세기에 걸쳐 설교자들에게 영감의 원천이 되고 여러 형태의 영성에 모범적 모델이 되어 온 이 이야기들 중 적지 않은 이야기들이 학문적 연구를 통해 역사적 근

---

16 *Martirio di San Giustino e altri* 4,3.
17 S. Tanzarella, "Atti e Passioni dei martiri", in L. Orabona - S. Tanzarella (edd.), *Luciano di Antiochia tra storia e agiografia*, Aracne, Roma 2013, pp.63~79.

거가 없고 그것들이 이야기하고자 하는 사건들보다 훨씬 늦은 시대의 작가들의 작품이라는 것이 드러났다. 그 작가들은 흔히 자유분방한 상상력과 무시무시한 것들에 대한 뛰어난 감각을 갖추고 있었다. 아마 그 때문에도 -하지만 꼭 그것 때문만은 아닌데- 교부학 교재들은 이런 문학 유형을 제외시키면서 그것을 소홀히 하거나 종종 대중문학의 딱지를 붙여 사소한 부분에 배치했을 것이다. 그럼에도 그것은 중대한 잘못이었다. 주지하다시피 성인전 방식의 전설들과 명백히 허위인 그 사본들을 혹은 그 사본들로 이루어진 부분을 제거하고 나면, 참되고 소중한 이야기를 묘사하는 실속 있는 문서 그룹이 항상 남아 있게 된다. 이는 그리스도인들이 당했던 박해를 재구성하고 그 행전이나 수난기들이 자기네 순교자들을 기억하여 기록했던 바로 그 공동체의 프로필과 감수성을 이해하기 위한 것이다.

처음 몇 세기의 그리스도인들의 순교가 가져온 결과는 결국 무엇보다 먼저 기억을 보존하고 그 기억을 다른 공동체들에게 전달하기 위한 노력으로 이해되어야 한다. 순교자의 증거는 어떤 개인의 행위라기보다는 공동체에 주어지는 은총의 증거로 인식되었다. 바로 이런 이유로, 동시대인들과 뒤따라오는 세대들에게 지주와 모범을 제공할 수 있도록 그 이야기들을 전달하고 기억을 생생하게 보존하는 일이 요구된다. 어쩌면 대체로 우리를 고대 그리스도교 공동체들의 영성으로부터 갈라놓는 요소들 중 하나는 이것일 것이다. 곧 우리 시대의 순교자들은 언제나 (기억에서) 지워질 위험에 처해 있는 것이다. 그들의 현존은 권력자들에게는 방해 요소였기 때문에 그들을 공식 기억에서 지워 버리기 위해 바로 권력이 작용하는 것이다. 그들의 육신을 죽인 다음에는 기억에서 죽일 필요가 있는 것이다. 이는 순교자에 대한 기억이 위험한 결과를 가져올 것으로 이해되기 때문이다. 우리의 현대 역사에서 가장 명백한 경우는 아마도 로메로 주교의 경우로, 미사를 거행하는 동안에 제대에서 일어난 그의 죽음을 순교로 인정하는 데 대한 끝없는 반대였다.

고대 그리스도교의 순교가 가져온 결과의 또 다른 면은 사람들이 순교자들의 증거를 무관심한 채로 두지 않는다는 사실이다. 그 증거는 대조적인 감정을 불러일으키고 혹 그들을 향한 박해와 군중의 소요가 다시 일어나면 이는 로마제국 안에서 그들을 더 유명하게 만드는 데 기여하는 실천 중 하나가 되기도 했다. 에피테토(Epitteto)[18]와 마르꼬 아우렐리오(Marco Aurelio)[19]는 그리스도인들에 대한 짧고 부정적인 언급에서 오로지 죽음 앞에서 보여 주는 그들의 태도에 대해서만 말한다. 가장 널리 확산된 형태이긴 하지만 미누쵸 펠리체(Minucio Felice)가 『오따비오(Ottavio)』[20]에서 인용한 이교도 체칠리오(Cecilio)도, 『진리에 대한 강화』[21]에서 첼소(Celso)도 같은 방식을 취한다. 그리스도교인 순교자는 『순례자의 죽음』[22]에서 루치아노가 빈정대며 조롱할 정도로 문제가 되었다. 인간의 생명이 거의 의미가 없는 가치를 가진 한 제국에서 그 죽음들은 사형선고를 내리는 것을 거부하기에 이를 정도의 반응을 불러일으킨다. 떼르뚤리아노(Tertulliano)는 이렇게

---

18 Epitteto, *Diatribe*(통렬한 비난), 4,7,6 참조. 역주: 라틴어로는 '에픽테투스'이다. 이하 고유명사는 원문에 표기된 이탈리아어식 발음을 그대로 옮긴다.

19 Marco Aurelio, *A sé stesso*(자기 자신에게) 11,3,1-2 참조.

20 Minucio Felice, *Ottavio* 9,6ss 참조.

21 Origene, *Contro Celso* 8,49와 65 참조.

22 Luciano, *La morte di Peregrino*, pp.11~12 참조.

말한다.

> "아리오 안또니오가 아시아에서 그리스도인들을 상대로 휴전 없는 추적전을 벌이자, 그 지역의 그리스도인들은 함께 모여서 단체로 그의 법정에 나갔다. 그는 그들 중 일부를 처형하게 했고 다른 이들은 이렇게 조롱했다. '오, 바로 너희들이 목을 매달거나 어떤 협곡에 뛰어내려 죽기를 원한다면 너희는 불행한 자들이로다.'"[23]

그런데 특히 바로 이어지는 시대에 확산되었던 고대 그리스도교 순교의 또 다른 결과가 있는데, 그것은 순교자들이 개종자를 낼 정도로 본보기(exemplum)로 드러났다는 것이다. 당연히 이 대목에서 "그리스도인들의 피는 씨앗이다.(Semen est sanguis Christianorum)"[24]라는 떼르뚤리아노의 유명한 말을 기억할 수 있다. 떼르뚤리아노의 말은 시사하는 바가 있긴 하지만, 그의 책에서 논란의 여지가 있는 부분은 맥락 안에서 보아야 하며 절대적인 말로 이해되어서는 안 된다. 이는 그 말을 모든 시대를 위한 포교 선언문으로 삼으려는 사람이 별로 고려하지 않는 바다. 최근에 안나 까르포라(Anna Carfora)가 이 주제에 바쳐진 역사 기술 방법론의 진화를 특별한 관심을 기울여 재구성하였다. 그녀는 그리스도교의 전파와 개종을 위한 순교의 근본적 역할에 대한 무비판적인 포괄적 인정에서 현상을 더 신중하게, 그리고 한계를

---

23 Tertulliano, *Ad Scapula* 5,1b.
24 상동, *Apologeticum* 50,13.

두어 고려하는 방식으로 건너갔음을 보여 주었다.[25] 이는 순교가 그리스도교의 전파에 있어서의 특별한 가치를 지닌다는 것을 인정하지 않는다는 것을 의미하지 않고, 복합적인 현상을 순간의 개종으로 축소하는 단순화의 전형적인 방식을 피하는 것을 의미한다. 사실, 순교 문헌 자체에도 순교자들의 증거가 개종에 기여한 바에 대한 증거는 빈약하다. 그렇다고 그 증거들이 덜 중요한 것은 아니지만. 리옹의 『순교자 행전』에는 심문과 고문을 당하는 그리스도인들을 보는 것이 베띠오 에빠가또(Vettio Epagato)의 반발을 불러일으키는데 그는,

> "우리를 그렇게 말도 안 되는 재판에 부치는 것을 용납할 수 없었다. 그는 분노에 가득 차서 무신론과 불신앙이라는 고발로부터 우리 다른 형제들을 변호하기 위한 말을 할 허락을 청했다. 법정에서 그에게 항의하는 소란이 일었는데, 사실 그는 꽤나 유명한 인물이었던 것이다. 총독은 그가 제기한 지극히 정당한 요청을 받아들이지는 않고 그도 그리스도인인가를 묻기만 했다. 크고 분명한 목소리로 그는 그렇다고 고백했고 그도 역시 순교자들의 선택된 대열에 받아들여졌다."[26]

유스티노가 다른 순교자들 앞에서 보인 자신의 반응에 관해 하는 이야기에서는 다른 말들도 발견된다. "나는 그들이 죽음 앞에서 겁을 내지 않는 것을 보았다."[27] 또 『뻬르뻬뚜아 수난기』에서는 그리스도인

---

[25] A. Carfora, *I cristiani a lleone*. I martiri cristiani nel contesto mediatico dei giochi gladiatori, il pozzo di Giacobbe, Trapani 2009, pp.21~26 참조.

[26] Eusebio, *Storia ecclesiastica* V, 9b-10.

[27] Giustino, *IIApologia* 12,10.

들의 정신력에 감동받은 병사 푸덴떼(Pudente)라는 인물이 나타나는데,[28] 순교자 싸투로(Saturo)는 경기 중에 맹수에게 물려 죽어 가면서 그의 반지를 자기 상처에서 솟아나는 피에 적신다.[29] 이 출처들 외에도 에우세비오(Eusebio)는 알렉산드리아의 교회와 순교자들에 대해 말하면서, 사색가로서 그리스도교인 뽀따미에나(Potamiena)를 형장으로 인도하는 임무를 맡았던 병사 바실리데(Basilide)라는 인물을 우리에게 보여 준다. 뽀따미에나가 군중으로부터 공격을 받는 것을 보자 바실리데는 그녀를 보호하면서 "그녀에게 지극한 연민과 인간미를 보였다."[30] 그래서 장차 순교자가 될 그녀는 그를 위해 기도하겠노라고, 그리고 그에게서 받은 호의를 갚아 주겠노라고 약속했다. 사실 며칠 후 뽀따미에나는 그의 꿈속에 나타나 그의 머리에 관을 씌워 주고 그를 위해 바친 자신의 기도가 들어졌음을 보장해 주었다. 그러니까 바실리데는 뽀따미에나 덕분에 그리스도인이 되었으며 얼마 안 가서 자신의 개종을 공개적으로 고백하게 되는데 그로 인해 체포되었다. 그리스도교인들이 그의 이러한 결정에 대해 묻자 그는 뽀따미에나의 기도 약속과 꿈 이야기를 하면서 그들에게서 세례를 받았다. 그렇게 그는 사형선고를 받았으며 그에게 순교의 관이 확증되었다. 이 이야기는 대단히 중요한 내용으로 귀결되는데, 뽀따미에나의 증거가 어떤 개인만 끌어들인 것이 아니라 많은 집단을 개종으로 이끌었던 것이다.

---

28 *Passio Perpetuae* 9,1 참조.
29 *Ib.*, 21,1-5 참조.
30 Eusebio, *Storia ecclesiastica* VI, 5,3.

"다른 많은 알렉산드리아 사람들이 …… 떼를 지어 그리스도의 가르침에 다가갔다고 전해지는데, 그들의 꿈에 뽀따미에나가 나타나 그들을 초대했던 것이다."31

하지만 순교자들의 증거가 지닌 본보기로서의 가치는 고대 시대로 한정되지 않으며, 그리스도교의 역사 전체에 걸쳐 드러난다. 여기서 1977년 3월 9일 엘살바도르 정부의 특수부대에게 살해당한 예수회원 루틸리오 그란데(Rutilio Grande)의 순교가 로메로 주교에게 어떤 영향을 끼쳤는지를 기억해 보라. 로메로의 생애에서 완전히 잘려진 부분을 거부하는 주장32을 고려하더라도, 그 죽음이 몇 달 전만 해도 잔인한 지방정부에게 협력의 보존과 계속을 위한 보장으로 간주되던 주교에게 전환점이자 다시는 돌아갈 수 없는 지점이 되었다는 것은 의심의 여지가 없다. 몇 달 동안 보좌주교로서 그의 긴밀한 협력자였던 아르투로 리베라 다마스(Arturo Rivera Damas)는 이렇게 기억한다.

"로메로는 항상 가난한 사람들 곁에 있었고 항상 그들을 사랑했으며 항상 그들을 도와주었다. 예수님의 죽음에 결합하여 대속적(代贖的) 사랑으로 그들에게 자신을 내주는 '때'는 루틸리오 그란데의 시신 앞에 섰을 때 촉발되었다. 로메로에게 그 강력한 인상은 깊은 충격이었다. 그 순간부터 그는 가장 친한 친구들에게서까지 협박과 의혹을 받으면서 확실한 죽음을

---

31 Ib., VI, 5,7.
32 R. Morozzo della Rocca, *PrimeroDios*. VitadiOscarRomero, Mondadori, Milano 2005, pp.129~130 참조.

향해 충만한 정신적 자유로 걸어가기 시작했다."33

순교의 그리스도교적 체험은 미래로 던져진 또 다른 가치를 지니는데, 그것은 한 개인이 드러나는 것이 아니라 공동체의 삶의 중심이 드러나는 것이다. 순교자는 "자신의 길을 가는 것만은 아니다. 곧 그 운명을 맞이하도록 그리스도로부터 부름 받은 그 길은 그분이 앞서 가신 길이며 한편으로는 그가 속한 교회라는 몸이 동행하는 길인 것이다."34 그것은 순교자가 바로 그 교회의 건설에 제공하는 공헌과 긴밀한 관계를 가진 동행이다. 이는 『뻬르뻬뚜아 수난기』의 서문에서부터 분명하게 나타난다.

"같은 방식으로, 똑같이 우리에게 약속된 대로 새로운 예언과 새로운 비전을 알고 기린다. 또 성령의 다른 선물들도 우리는 교회의 건설을 위한 수단으로서 존중하는데, 주님께서 그 선물들을 각자에게 맡겨 주셨듯이 성령께서는 그 선물들을 각자에게 나누어 주는 과제가 맡겨졌다. 우리는 하느님의 영광을 위하여 이것들을 읽음으로써 그 새로운 예언과 새로운 비전들을 이야기하고 선포하는 것이 필요하다고 본다. 이는 이미 약해진 신앙이나 희망의 시련 때문에 고대인들에게 풍성하게 내린 하느님의 은총이 마치 거의 초기 순교자들이나 초기 계시들에게만 해당되는 특전이기라도 한 것처럼 판단하는 일이 생기지 않도록 하기 위함이다. 사실 하느님께서

---

33 A. Rivera Damas, "Presentazione", in J. Delgado, *Monseñor. Vita di Oscar Arnulfo Romero*, Edizioni Paoline, Cinisello Balsamo, 1986, pp.5~6.
34 P. Siniscalco, "I martiri della Chiesa primitiva", *in Martiri giudizi e d ono per la Chiesa*, Marietti, Casale Monferrato 1981, p.25.

는 당신이 약속하신 바를 모든 시대에 이루신다. 비신자들을 위한 증거로서, 믿는 이들을 위한 선익으로서. 자녀들과 형제들이여, 그렇게 우리가 듣고 손으로 만졌던 것을 여러분에게 알린다. 여러분 중에 그 사건들에 참여했던 이들은 주님의 영광을 기억하도록, 그리고 이제 들어서 알게 된 사람들은 거룩한 순교자들과 친교를 이루고 그들을 통해 우리 주 예수 그리스도와 친교를 이루도록 하기 위함이다. 그분께 광채와 영예가 영원 무궁히."35

여러 세기가 지난 후 1977년 3월 14일 루틸리오 그란데와 정부의 탄압으로 인한 다른 두 희생자의 장례식에서 로메로가 한 강론 중 명료하게 떠오르는 것은 거의 이 말의 메아리이다.

"사랑하는 형제 여러분, 만약 이것이 단순한 장례식이라면 지금 저는 저에게는 형제와도 같았던 루틸리오 그란데 신부님과의 인간적이고 개인적인 관계에 대해서 말할 것입니다. 제 삶의 대단히 중요한 순간들에 신부님은 제 곁에 계셨고 이런 몸짓들은 결코 잊히지 않습니다. 하지만 지금은 개인적인 사실들을 생각할 순간이 아니고 이 시신들로부터 순례를 계속하는 우리 모두를 위한 메시지를 모아들일 순간입니다. …… 그런데 신부님이 설교하던 해방은 신앙에서 영감을 받은 것입니다. 우리에게 영원한 생명에 대해 말하는 신앙에서, 이제 그분이 두 농부와 함께 얼굴을 하늘로 향한 채 온전하고 완전한 모습으로 제공하는 신앙에서 말입니다. 그리고 그것은 하느님 안에서의 행복에서 절정에 달하는 해방입니다. …… 사랑하는 형제 여러분, 대교구의 이름으로 그리스도교적 해방의 이 협력자들에

---

35 *Passio Perpetuae* 1,5.

게, 곧 루틸리오 그란데 신부님께, 그리고 영원으로 가는 순례길에 그분과 함께하는 두 분의 동료들에게 감사드리고 싶습니다. 이분들은 교회의 이 모임에 …… 우리 사명의 참된 차원을 부여해 주고 계십니다. 우리는 그것을 잊지 않을 것입니다. 우리는 몰이해와 박해에 노출된 순례하는 교회입니다. 하지만 평온하게 걸어가는 교회입니다. 자신 안에 이 사랑의 힘을 지니고 있기 때문입니다."[36]

4. 하느님께서 보살피신다

  마틴 루터 킹(Martin Luther King)은 1956년, 미국에서 흑인들의 해방을 위한 투쟁이 아직 알라바마의 버스 항의로 이루어지는 초기 단계일 때, 깊은 긴장의 순간을 통과해 갔다고 이야기한다. 자신의 일이 야기한 협박 전화와 위협이 증가했고 체포당하기까지 했던 것이다. 모여든 군중에게 이야기하고 난 후 폴라르드(Pollard)라는 어떤 어머니가 다가왔는데, 그녀는 늙고 가난하고 글을 별로 잘 읽지 못하는 여인이었지만 흑인들의 권리 주장 운동의 선두에 서 있었다. 킹의 위기의 순간을 예리하게 파악한 그녀는 그에게 그 운동이 항상 그에게 가까이 있으리라는 것을 상기시키면서 격려하였다. 그러고는 이렇게 덧붙였다. "하지만 우리가 여러분과 함께 있지 않다 할지라도 하느님께서 여

---

[36] Citato in A. Vitali, *Oscar A. Romero. Pastore di agnelli e lupi*, Paoline, Milano 2010, p.137.

러분을 보살피실 것입니다."[37]

이 문장은 킹이 온갖 종류의 박해를 겪어야만 했던 그 이후의 세월 동안 그를 따라다니게 될 것이었다. 그가 말하기를, 그 문장은 자신에게 빛과 평화와 지침을 주었다. 바로 이 신앙으로 킹은 흑인들의 권리를 위한 투쟁을 계속하게 되고 그 신앙 때문에 그는 순교를 맞이하게 되었다. 순교는 시민권 탄생에 혁혁한 공헌을 하고 선포되었지만, 미국에서는 실재로 또 완전히 구현되지 않았다. 하지만 순교를 통한 킹의 증거라는 유산은 신앙 안에서 일해 온 그의 모범적인 생애 전반에 걸쳐 있는데, 만약 하느님께서 우리를 돌보신다면 우리는 다른 사람들을 돌보아야 하는 것이다. 그가 죽음이 다가왔다는 사실을 알아차렸다는 것은 4월 9일 그가 살해당하기 겨우 두 달 전인 1968년 2월 4일의 설교에서 드러나는데, 킹은 이렇게 말한다.

"저는 긴 장례식을 원치 않습니다. …… 사람들이 무슨 말을 하기를 제가 원할까 생각해 봅니다. 제가 노벨 평화상을 받았었다는 말을 하지 말라고 하십시오. 그건 전혀 중요치 않습니다. 제가 3, 4백 개의 다른 상을 받았었다는 말을 하지 말라고 하십시오. 그건 전혀 중요치 않습니다. …… 저는 그날 누군가 마틴 루터 킹은 다른 사람들을 섬기는 일에 생명을 내주고자 노력했다고 말해 주면 좋겠습니다. 저는 누군가 마틴 루터 킹은 자기와 같은 사람들을 사랑하고자 노력했다고 말해 주면 좋겠습니다. 저는 여러분이 그날 제가 이 전쟁 문제에 대해 객관적이고자 했다고 말해 주기를

---

[37] M.L. King, *La forza di amare*(사랑하는 일의 힘), SEI, Torino 1963, 230. 킹은 훗날 보살피시는 하느님은 형이상학적 범주가 아니라 하나의 실제적 현존이라고 말한다 (ib., 273).

원합니다. 저는 그날에 여러분이 제가 참으로 굶주린 이들에게 먹을 것을 주고자 했노라고 말해 주기를 바랍니다. 또 저는 그날에 여러분이 제가 삶에서 진정 헐벗은 이들에게 옷을 입혀 주려고 했노라고 말할 수 있게 되기를 바랍니다. 저는 그날에 제가 삶에서 참으로 감옥에 갇힌 이들을 찾아보려고 했노라고 말해 주기를 바랍니다. 저는 여러분이 제가 인간을 사랑하고 섬기고자 했노라고 말해 주기를 바랍니다."[38]

결국 하느님께서 우리를 보살피신다면 우리는 세상을 보살펴야 한다는 것을 발견하게 된다. 더 이상 세상에서 도망가거나 단죄하지 말고 세상을 선물로 받아 안아야 하는 것이다. 우리가 중대한 책임을 가진 선물로 말이다. 오랜 시간 동안 그리스도교의 설교는 다른 길을 걸어왔다. 하느님께 대한 막연한 사랑의 이름으로 인간 존재 없이 할 수 있거나 무해한 보편적 사랑을 행할 수 있는 것을 긍정적으로 생각하는 분리의 길과 탈육화(脫肉化)된 영성의 길을 걸어온 것이다. 20세기의 순교자들은 정확히 그 반대의 것을 보여 준다. 근래 지난 7월에 프랑스의 루앙(Rouen)시에 있는 쌩떼띠엔느 뒤 루브래(Saint-Étienne-du-Rouvray) 성당에서 ISIS(역주: Islamic State of Iraq and Syria)의 자객들에게 목이 찔려 죽은 86세인 보좌신부 쟈끄 아멜(Jacques Hamel)이 말하듯이,

"이 시기에 우리는 우리가 있는 곳에서 세상을 더 따뜻하고 더 인간적이고 더 형제적으로 만들기 위해서 이 세상을 보살피라는 하느님의 초대를

---

[38] Id., *Io ho un sogno. Scritti e discorsi che hanno cambiato il mondo*(『저에겐 꿈이 있습니다』, 세상을 바꾼 글들과 연설들), SEI, Torino 1993, pp.186~187.

들을 수 있습니다."

이 초대는 순교자들이 삶 안에서 짊어졌던 -비록 어떤 경우에는 온전히 인식하지 못한 채였지만- 임무로 옮겨진다. 그것은 삶에서 우선적인 것들을 구분하는 순서요 타자성(他者性, 다름)과 사물에 대한 인간 존재의 우선성을 인정하는 일이며, 존재의 최고점은 관계 안에 있다는 것이다. 디트리히 본회퍼(Dietrich Bonhoeffer)는 1944년 8월에 쓴 것처럼 그를 순교로 이끈 감옥에 갇혀 지낸 오랜 시간 속에서 그것을 잘 이해했었다.

"실제로 자신이 다른 사람들을 위한 무엇이라고 직감하는 것보다 더 행복하게 하는 느낌은 없다. 여기에서 중요한 것은 숫자가 아니라 강도(强度)이다. 결국에는 인간 상호 간의 관계들이야말로 틀림없이 삶에서 가장 중요한 것이다. …… 삶에서 인간들이 다른 그 무엇보다도 더 중요한 것이다. 이는 사물들의 세계와 실천적인 행위들의 세계를 멸시하는 것을 의미하지 않는다. 하지만 나의 아내 앞에서, 나의 부모 앞에서 나의 친구 앞에서, 책은, 그림은, 집은, 가장 멋진 재산은 나에게 무엇이겠는가? 다른 한편으로는 삶에서 참으로 사람들을 발견한 자만이 그렇게 말할 수 있다. 그런데 오늘날 많은 사람들에게 있어 사람은 그저 사물계의 한 구성 요소일 뿐이다. 이는 그런 사람들에게는 단순히 인간적인 것에 대한 체험이 결핍되어 있기 때문이다."[39]

---

[39] D. Bonhoeffer, *Resistenza e resa*. Lettere e scritti dal carcere(『저항과 항복』, 옥중 서간과 저술), San Paolo, Cinisello Balsamo 1988, p.468.

박해의 비인간적 잔혹함 안에서 순교자는 모든 한계를 넘어서 하느님의 보살피심과 인간적인 것의 체험을 자신의 체험과 보화로 삼았음을 보여 주었고, 그가 그를 기억하고자 하는 사람들에게 남겨 주는 것은 바로 상상할 수 없고 예견할 수 없는 모든 결과들을 받아들이면서 이 임무에 충실한 것이다. 그리스도교의 순교자는 따라서 신심적인 안락한 영신주의화에 의해 사라져 버리지 않는 한, 하나의 구체적 실재이다. 이는 교회 역사 전체에 걸쳐 있는 실재로서 수많은 단순하고 용감한 삶의 이야기와 교차한다. 권력과 성공의 감언이설에 꿈쩍도 하지 않았던 사람들의 삶이다. 자신의 이미지보다 현재에 마음 썼던 사람들, 섬김과 가난한 사람들과의 나눔으로서의 그리스도교 신앙의 이름으로 순교를 통해 모든 폭압적이고 독재적인 -때로는 의회민주주의로 가장한다 할지라도- 정치권력으로부터의 자유를 증언했던 사람들이다. 가난한 사람들의 학살, 자연 파괴, 사회적 소외의 메커니즘을 고발하지 않는 한 정치권력은 양보와 특혜를 줄 수 있다. 감히 권력에 반대하고 권력의 마음에 들지 않는 자에게는 박해가 가해지는데, 이는 교종 프란치스코가 2014년 12월 22일 로마 꾸리아에게 한 성탄 연설에서 말한 15가지 병[40]에 걸리지 않았다는 증거가 조금은 된다. (역주: 바티칸 고위 성직자들에게 한 성탄 인사 중 그들에게 경고한 병으로 자신이 '불사의', '면제된', 심지어는 '필수불가결하다'고 느끼는 병; 과도한 활동성의 '마르타주의'; 정신적, 영적 화석화; 과도한 계획 수립과 기능주의의 병; '영적 알츠하이머'; 경쟁과 허영, 실존적 정신분열 등을 포함

---

[40] Cf A. Carfora - S. Tanzarella, *Il cristiano tra potere e mondanità. 15 malattie secondo papa Francesco*, il pozzo di Giacobbe, Trapani 2015.

한 15가지이다.) 이냐시오 에야꾸리아가 암살된 후에 나온 어떤 글에서 주장하는 바와 같다.

"하느님 나라 때문에 당하는 박해는 구원의 역사적 실천에서 두 가지 근본적인 실재를 보여 주는 증거가 된다. (하나는) 선포된 구원이 지금 역사적으로 현재화하고 있다는 것이다. 그렇지 않다면 역사 안에서 일어나는 박해는 없을 것이다. 또 선포된 구원은 실재이고 참으로 그리스도교적이라는 것이다. 그렇지 않다면 반(反)그리스도적 가치를 대표하고 구체화하는 자들에게서 반대와 박해를 당하지 않았을 것이다.

그렇다면 문제는 인간들에 의해 중재되는 하느님의 권능을 역사적 현실의 최고 위치에 두는 것이 아니고 하느님께서 원하시는 자리에 두는 것이다. 일단 우리가 활동해야 하는 구체적 상황의 실체를 측량하고 나서는 실제로 그분이 원하시는 대로 하는 것이다. (그 자리는) 우선적으로 예수 안이라는 것을 우리는 알고 있다. 예수께서는 당신의 메시지를 다양한 방식으로, 여러 길로 실현하시지만 예수 자신의 이름으로 세상에 맞설 근본 기준이 되시기를 계속하신다."[41]

---

41 I. Ellacuriá, "La storicità della salvezza cristiana", in *Mysterium liberationis. I concetti fondamentali della teologia della liberazione*, Citta della, Assisi 1990, p. 319.

5. 그들은 우리에게 빛과 기쁨의 길을 가르쳐 주었다

"첫 순간에는 순교자들의 죽음이 희망을 낳지 않는다. 그 죽음은 오히려 깊은 좌절과 형용할 수 없는 공포, 격렬한 분노와 무서운 무방비 상태라는 느낌을, 그리고 심각한 희망의 부재를 불러일으킨다."[42]

예수회원 후안 에르나데즈 삐코(Juan Hernádez Pico)의 이 말은 순교에 대한 찬양조의 미사여구에 반대되는 진실의 힘이라는 가치를 지닌다. 순교는 우선적으로 결코 축제일 수는 없다. 살인을 기뻐할 수는 없는 것이다. 결코 회복할 수 없는 인간적 패배의 순간이기 때문이다. 그것은 삶을 더 인간적으로 만들려는 모든 계획의 종말을 나타내며, 해방과 정의의 구체적 가능성의 박탈이다. 이를 절대적 확신으로 이루어진 신앙이라는 거창한 외투 속에 감추는 것은 정의롭지도 않고 인간적이지도 않다. 몇몇 종류의 영신주의는 현실을 정언적(定言的)으로 거부한다. 향로를 과도하게 흔들어 대면서 사체(死體)의 해체를 고집스럽게 부정하면서 사람들을 만족시키는 모종의 경신례적이고 신심주의적인 예식주의가 그러하다.

그와는 반대로, 미겔 토마스젝(Miguel Tomaszek)과 츠비그니에프 츠르쵸코브스키(Zbigniew Strzałkowski)의 검시해부(檢屍解剖)에 입회하기를 원했던 침보떼(Chimbote)의 주교 예수회원 루이스 아르만도 밤바렌 가스텔루멘디(Luis Armando Bambarén Gastelumendi)의 말

---

[42] J.H. Pico, "La speranza che nasce dall'amore dei martiri"(순교자들의 사랑에서 태어나는 희망), in *Concilium* 39 (2003/1) p.168.

은 이 상황을 아주 잘 묘사한다. 그들은 1991년 8월 9일 페루의 안데스산맥에 자리한 외딴 지역인 빠리아꼬또(Pariacoto)에서 쎈데로 루미노소(Sendero Luminoso, '빛나는 길'이라는 뜻을 가진 페루 공산당의 이름)의 테러범들에게 살해된 프란치스코회의 두 수사들인데, 그들은 몇 년 전부터 그곳에서 선교를 하고 있었다.

"깊은 괴로움의 감정이, 전에는 결코 경험하지 못한 고통스러운 울음이 나를 덮쳤다. 착한 목자께서 그들에게 맡기신 백성에게 그 죽음은 칼에 찔린 상처였다. …… 오직 두 순교자들에 대한 형제애만이 코를 찌르는 클로로포름의 냄새와 열린 상처들과 피 사이에서 나를 지탱해 주었다. 미겔은 목덜미에 총알이 들어간 구멍이 있었고 얼굴에 총알이 나간 구멍이 있었는데, 얼굴이 마치 책처럼 펼쳐져 있었다. 츠비그니에프는 그와 달리 척추에 첫 총알을 받고 산 채로 쓰러졌으며, 목덜미에 치명타를 받았는데 그 총알은 왼 눈을 통과해 빠져나갔다."[43]

나 자신이 증언할 수 있는 것은 까살 디 프린치페(Casal di Principe)에 있는 싼 니꼴라 디 바리(San Nicola di Bari) 성당의 주임사제인 뻬삐노 디아나(Peppino Diana)와 같이 행사 때 찍은 사진에서 웃고 있는 젊은 사제를 기억하는 것과, 1994년 3월 19일 까모라(역주: 나폴리 마피아의 이름)에 의해 그가 살해당한 후 소송 관련 문서철 안에서 피의 웅덩이 속에 엎어져 있는 시신이나 총탄에 의해 산산조각이 난 그의 두개골 사진을 발견하는 것은 완전히 별개의 것이라는 것이다. 동

---

43 A. Friso, *La vita è dono*. Miguel e Zbigniew beati martiri, Edizioni Messaggero Padova, Padova 2015, pp.130~131.

일한 그 문서철에서 그를 죽인 자객, 그 직업적 살인자가 평온한 할아버지처럼 손자를 팔에 안고 웃고 있는 사진을 발견하는 것은 곤혹스럽지 않을 수 없다.

두 사람의 폴란드 프란치스코회 회원은 페루의 가난한 농부들 가운데서 살기위해 갔었는데, 거기서 자신들의 직무 때문에 죽임을 당했다. 비디오로 촬영된 장례식은 영상에서나 참석자들의 말에서나 이 깊고도 끝날 수 없는 고통의 상황을 보여 준다.

> "내 마음은 고통이 가득합니다.
> 이 백성은 두 분 모두에게서 사랑을 받았습니다.
> 모든 연령층의 사람들이 사랑받았어요.
> 그분의 현존은 이제는 우리 성당에 되돌아오지 않겠지요.
> 백성 전체를 그분은 잘 대해 주었습니다.
> (역주: '그분들'이라는 복수형과 '그분'이라는 단수형의 혼용은 원문대로이다.)
> 그분들이 이 백성에 대해 품고 있던 애정은 명백합니다. 그분들은 우리를 사랑했고 우리를 좋아했어요. 우리는 가정의 아버지를, 신랑을 잃었습니다. 그분은 모두를 사랑할 수가 있었지요. 우리는 가난한 사람들이었지만 그럼에도 그분은 우리를 존중해 주었답니다. 그분은 그 미소로 우리를 대하는 법을 알고 있었어요. 우리는 정의를 원합니다."

그러니까 순교는 이해할 만한 원한과 곤혹을 야기한다. 증언을 하는 사람들의 말을 듣거나 읽는 사람은 얼마나 고통이 현재를 압도하는지, 그리고 진실하고 싶다면 신비화를 위한 여지는 없다는 것을 잘 알게 된다. 삐꼬가 다음과 같이 설명하는 바와 같다.

"순교자들의 죽음은 오늘날 우선적으로 막강한 범죄의 폭력이 거두는 승리요, 국가의 테러리즘이 거두는 승리이며, 이 승리는 예언자의 목소리에 영원히 재갈을 물리고, 개혁가의 사업을 잔혹하게 중단시키며 연구자의 생명을 무자비하게 끊어 버리고, 재능 있는 사람의 생각을 영원히 꺼 버리거나 백성의 존엄성을 짓밟거나 침해한다. 순교자들의 죽음은 불관용의 거짓과 횡포한 권력의 승리이다."[44]

그러니까 복수나 원한의 예견할 만한 결과가 아니라 모든 희망을 거슬러 가는 희망이 열리는 것은 바로 이 완전한 실패의 상황에서이다. 순교는 삶에 우선성의 순서를 되돌려준다. 무엇보다도 우선 심연(深淵)은 일상의 자잘한 웅덩이들 앞에서 측량의 기준으로서 교훈이 된다. 작은 불상사들에 비교되는 대단히 심각한 병들처럼 말이다. 하지만 특히 순교자의 생애는 아직 끝까지 읽혀야 하고 이해되어야 하는 메시지처럼 재구성된다. 순교로 끝난 그 생애 전체에 대한 이해는 다함 없는 가르치는 힘과 박해의 어둠을 밝히고 그 만남이 불러온 기쁨을 돌려줄 수 있는 자신의 빛을 -비록 약하다 해도- 가지고 있다. 순교는 사고도 아니고 착오도 아니며 사람의 과오도 아니기 때문이다. 순교는 충실성의 결과이다. 예수 그리스도께 대한 충실성의 결과인 것이다. 그런데 이 결과는 미래에 남겨진 임무와 가르침으로 옮겨진다. 무관심과 냉소와 아타락시아(역주: 스토아철학에서 말하는 내적 평온 상태)가

---

44 J.H. Pico, "La speranza che nasce dall'amore dei martiri"(순교자들의 사랑에서 태어나는 희망), cit., pp.168~169.

잘 살기 위해 필요한 규칙으로 그리고 성공을 위해 필요한 규칙으로 나타나는 세상에서, 순교자들은 정확히 그에 반대되는 길을 따르고 제안한다. 그것은 더 인간적으로, 곧 악과 불의에 민감하게 살아가라는 애끓는 권고이다. 이런 감수성이 없다면 그 어떤 기억도 경축도 의미가 없다. 암살자들의 무자비가 우리마저 무자비하게 만든다면, 폭력이 우리로 하여금 다른 폭력이 필요하다고 착각하게 한다면 순교자의 증거는 공동체의 삶 안에 들어설 자리가 없다. 2015년 12월 5일에 있었던 미젤과 츠비그니에프의 시복식은 백성의 축제 안에서 공동체가 걸어간 길을 보여 준다. 그 살인 이후 쎈대로 루미노소도 역시 내리막길을 걷기 시작했고 특히 농민들이 테러리스트들에게서 거리를 두기 시작했다. 그 후 이어서 당시 우두머리였던 테러리스트 아비마엘 구즈만(Abimael Guzmán)이 체포되고 종신형을 받았으며, 살해당한 두 수사의 죽음에 대해 용서를 청했는데, 그의 말로는 오로지 종교적 이유라고 했다.

순교를 당한 두 수사에 대해 빠리아꼬또의 여자들 중 한 사람의 말은 대단히 강력하고 아름답게 울려 온다. "그분들은 빛과 기쁨의 길을 가르쳐 주셨어요." 그 길은 불가피하게 박해를 불러일으키는 길이지만 또한 우리에게 다음과 같은 사실을 가르쳐 주기도 하는 길이다.

"그리스도인들은 모든 변방을 통과해 가고 도시의 성벽이 가져다주는 안전을 떠나, 가장 먼저 그리스도께서 거부하셨던 안전보장의 경계를 넘어 밖에 자리해야 한다. 선택은 건조하고 대안이 없다. 분리장벽 이편에 자리하느냐, 혹은 저편에 자리하느냐 하는 것은 삶에 명백히 그 결과를

가져온다."⁴⁵

이에 대해 파브리찌오 만드레올리(Fabrizio Mandreoli)와 호세 루이스 나르바하(Josè Louis Narvaja)는 『유럽의 관념(L'idea d' Europa)』이라는 에릭 프리와라(Erich Przywara) -여러 해 동안 잊혔다가 오늘날 교종 프란치스코가 자주 인용하는 위대한 신학자- 의 책에서 다음과 같이 쓴다.

"프리와라가 히브리서에서 인용하는 구절은 '그리스도인들에게「진영 밖으로 그분께 나아가 그분의 치욕을 함께 지라」고 명령하는데, 이 구절은 그리스도인들과 교회의 존재에 대해 저자가 가진 생각에서 명확한 점이 어떤 것인지를 가리켜 보여 준다. 그것은 그리스도교 왕국을, 그리스도교 문명을 건설한다는 명목으로, 혹은 그리스도교 문화라고 자처하는 하나의 독특한 문화와의 동일시라는 명목으로 그 어떤 희생도 결코 있을 수 없다는 명확함이다. 그리스도께서 온 인류를, 자신이 저주받았고 하느님에게서 버림받았다고 믿는 사람들도 한데 모으시고자 저주받은 자로서 돌아가신 곳, 거룩한 도시의 성벽 밖으로 그리스도를 따라가는 것이다."⁴⁶

---

45 S. Tanzarella, "Dal confine dei muri di separazione-reclusione alle frontiere del passaggio-incontro", in E. Franco-C. Manunza (edd.), *Sulle frontiere dell'umano*. Interpretazioni e sclusive e inclusive, il pozzo di Giacobbe, Trapani 2015, p.12.

46 F. Mandreoli-J.L. Narvaja, "Introduzione", in E. Przywara, *L'idea di Europa*. La "crisi" di ogni politica cristiana, il pozzo di Giacobbe, Trapani 2013, pp.33~34 (ed. orig. 1955).

6. 육화와 십자가에 충실한 순교자들

1944년 7월 중순 감옥생활 중 친구 에베르하르트 베트게(Eberhard Bethge)에게 쓴 두 통의 편지에서 본회퍼는 하느님과 십자가에 대해, 그리고 십자가가 가진 그리스도인을 위한 계시 능력에 대해 예리하게 숙고한다.

> "우리와 함께 계신 하느님은 우리를 버리시는 하느님이시지(마르 15,34)! 작업가설 없이 우리를 세상에 살게 하시는 하느님이셔. 하느님은 우리가 그분 앞에 영구히 머무는 그 하느님이시라네. 하느님 앞에서, 하느님과 함께 우리는 하느님 없이 살아가지. 하느님은 십자가 위에서 세상으로부터 쫓겨나시고, 하느님은 세상 안에서 무력하시고 약하신데, 바로 그렇게 해서만 그분은 우리 곁에 계시고 우리를 도와주신다네. 마태오 8,17에서는 그리스도께서 당신 전능의 힘으로 우리를 돕지 않으시고 당신의 나약함의 힘으로, 당신 고통의 힘으로 도우신다는 것이 절대적으로 명백하네."[47]

그러니까 고통에 참여하는 것은 그리스도인에게 필수불가결한 조건이 된다. 그리고 박해와 순교의 문을 하나 이상 여는 것은 바로 이렇게 세상의 운명과 함께하는 것임은 명백하다.

> "그리스도인이라는 것은 일정한 방식으로 경건하다는 것을, 모종의 질서 있는 방식에 기초하여 자신(죄인이라든가 참회자라든가 성인라든가)에 대

---

[47] D. Bonhoeffer, *Resistenz a eresa*(저항과 항복) cit., 440.

한 뭔가를 하는 것을 의미하지 않고, 인간이라는 것을 의미하지. 그리스도께서는 우리에게 하나의 인간 유형을 만드시는 것이 아니라 인간을 만드시는 거야. 그리스도인이 된다는 것은 종교적 행위가 아니라 세상의 삶 안에서 하느님의 고통에 참여한다는 것이라네."[48]

본회퍼에게 있어 성공과 세속적 승리의 논리는 그리스도교 정치체제라고 정의할 수 있는 것의 논리는 하느님과는 아무런 연관이 없다. 성무(聖務)의 운영과 제반 예식에 대해서도 마찬가지다. 그것들이 십자가와 순교자들의 교훈에서 떨어져 나올 생각을 한다면 말이다. 프란치스코 교종은 2016년 성 금요일의 '십자가의 길' 기도 중에 바친 간구의 기도에서 대단히 힘주어 애절한 말로 강조했다.

"오, 그리스도의 십자가여, 하느님의 사랑과 인간 불의(不義)의 상징이여, 사랑으로 인한 최고의 희생이자 어리석음으로 인한 극단적 이기주의의 표상이여, 죽음의 도구이자 부활의 길이여, 순종의 표시이자 배반의 표징이여, 박해의 처형대이자 승리의 깃발이여.
오, 그리스도의 십자가여, 오늘날에도 여전히 우리는 살해당하고 산 채로 불태워지며, 야만적인 칼날과 비열한 침묵으로 목을 찔리고 목이 잘리는 우리 자매들과 우리 형제들 안에 네가 서 있음을 보노라.
오, 그리스도의 십자가여, 오늘날에도 여전히 우리는 전쟁과 폭력을 피해 달아나지만 흔히는 죽음과, 손을 씻어 버리는 수많은 빌라도밖에 만나지 못하는 탈진하고 겁에 질린 어린이들과 여자들과 사람들의 얼굴에서

---

48 *Ib.*, 441.

너를 보노라."⁴⁹

그리스도의 십자가는 그러니까 렌즈로서 그것을 통해 세상의 일들을 읽고 이해하는 것이다. 그런데 그것은 도금한 물건, 보석, 가구 위의 장식품, (삶의) 맥락에서 떨어져 나온 휘장으로서가 아니라 죽음과 수치스러운 처형의 도구로서의 십자가이다. 순교로서의 십자가는 녹여서 귀금속으로 만들기에는 적절하지 못하고 길을 잘못 든 것이다. 결코 그것은 권력의 문장(紋章)은 될 수 없기 때문이다. 콘스탄티누스가 꾸었다고 하는 전투에서의 승리를 위한 꿈에서 십자가는 평범하게 되어, 믿을 수 없는 역설로 순교의 표시 대신에 권력과 지배의 문장(紋章)이 되어 버렸다. 문장과 표시 사이에는 별들 사이의 거리만큼이나 먼 거리가 있는 것은 물론이다. 지중해가 익사한 난민들의 거대한 무덤으로 변하는 동안 유럽에서는 공공장소에서의 십자고상에 대한 논쟁이 주기적으로 다시 점화된다. 불관용의 불에, 그리고 난민들을 바다로 밀어내는 배척의 불에 부채질을 하는 방화광들은 십자고상을 마치 깃발처럼 흔들어 대고 그것이 서구의 정체성의 문장이라고 고백하면서 그리스도를 하나의 민간종교로, 신앙 없는 그리스도교로 축소하고자 한다. 이러한 축소에는 분명히 순교자들을 위한 자리는 그리고 그들을 기억하고 그들의 증거를 자기네 삶으로 옮기고자 하는 사람들을 위한 자리는 없다. 이렇게 민간 종교로 축소된 그리스도교에는 예수 그리스도를 위한 자리도 없다고 말할 수 있다. 사실 자기 자신이 직

---

49 Francesco, "Preghiera alla via crucis del venerdì santo"(성 금요일의 '십자가의 길' 기도), 25 marzo 2016.

접 박해와 순교의 처지를 체험하는 모든 사람들에게는 육신이 못 박히는 것을 맞이하는 대신 나무 십자가의 보호가 항상 더 성공적인 것 같다. 고통받고 순교당하는 인간들에 비해 박해자들의 행위보다 더 나쁜 어떤 것이 있는데, 그것은 이미 일반화된 무관심으로,[50] 교종 프란치스코가 "무관심의 지구화"[51]라고 규정하기에 이른 그것이다. 이는 못 본 척하고자 심지어 순교자들의 존재조차도 부정한다. 하인리히 뵐(Heinrich Böll)이 제2차 세계대전이 막 끝났을 때 확산되는 건망증 속에서 1947년의 소설『사랑 없는 십자가』에서 고발한 것과 비슷한 상태이다.

> "공포의 심연에서 집으로 돌아오면서 항상 우리는 가난과 비참함을 부정하는 그 멍청하고 명랑한 눈을 바라보곤 했다. 그 눈들은 그들에게 현실을 숨기는 범상함의 메스꺼운 점액으로 덮여 있었다 ……
>
> 우리는 그들을 알아보는 법을, 통상 영적 엘리트라고 스스로 규정하는 이 정신의 살인자들을 알아보는 법을 배워야 한다. 그들은 신앙도 자기를 부정하는 희생도 모르면서, 스스로 그리스도인이라고 정의한다면 우리는 그것을 믿고 싶지 않다. 그들은 하느님을 보지 못하며 그분을 '피한다'. 하지만 우리는 예수 그리스도께서 이 세상 정의의 희생물로 십자가에 못 박히셨으며, 우리는 재판의 상황의 모든 규칙에 따라 심판받으셨던 '그분'을 위하여 산다는 것을 잊지 않을 것이다. (심미주의자들에게는 십자가가 팔레스티나에서 익숙한 죽음의 도구였다는 것이 다행이다. 그렇지 않다면

---

50 Cf P. Di Piazza, *Il mion emico è l'indifferenza*. Essere cristiani nel tempo del grande esodo(『나의 적은 무관심. 커다란 탈출의 시대에 그리스도인이기』), Laterza, Bari 2016.

51 Francesco, *Laudatosii* (『찬미받으소서』), 52.

침실에 단두대나 교수대를 걸어 놓아야 했을 것이니까.)"[52]

7. 기억의 임무로서의 순교

순교의 결과는 교회만이 아니라 특히 시민 공동체의 현재에 강력히 던져진다. 순교를 세상의 다양한 현실 안에서 비교를 통해 다시 읽는 사람에게는 비극적으로 공통된 한 가지 요소가 되살아난다. 사회의 집권자들은 자주 공개적으로나 비밀리에 기억을 지우는 열성적 활동에 몰두한다. 순교자들은 암살자들의 공동체에게 무거운 짐으로 남는다. 하지만 또한 구경꾼들과 무관심한 자들의 공동체 -물론 더 수가 많은- 에도 그러하다. 순교자들에 대한 기억이 지속되어야 한다면 그들을 처형한 권력은, 그들의 죽음을 직접적으로나 간접적으로 촉발한 권력은 그 기억의 모든 위험을 알아차릴 것이다. 리옹(Lyon)과 비엔느(Vienne)의 순교록에는 그들의 존재와 증거의 모든 흔적을 없애기 위해 권력자가 시신을 파괴할 필요가 명시되어 있다.

"순교자들의 시신은 모든 비웃음을 당하면서 엿새 동안 밖에 내버려두었다가 이어서 악당들에 의해 불 속에 던져져서 재로 변하여, 가장 작은 흔적 하나라도 더 이상 땅에서 찾아볼 수 없도록 가까이 흐르는 론강에

---

[52] H. Böll, *Croce senza amore*, Mondadori, Milano 2004, 332. 이 소설은 출판인에게 거부당했다가 여러 해가 지난 후에야 출판되었다.

흩뿌려졌다."53

순교의 기억에 대한 갈등이 보여 주듯이 순교에는 결국 구성적으로 (순교를 구성하는 요소로서) 그 결과가 담겨 있다. 이 기억은 현재에 영향을 주는 일을 피하도록 계속적으로 지워져야 한다.

또 만약 제도적인 치명적 폭력과 순교를 당하게 된 존재가 백성 전체라면 '십자가에 못 박힌 백성'이라는 말을 사용하는 것만으로도 권력자에게는 받아들일 수 없는 것인데, 이는 아메리카 정복의 비참한 결과에 관해 뻬드로 까살달리가(Pedro Casaldáliga) 주교가 보여 주는 바와 같다.54

최근의 역사에 관해서는 1962년에서 1996년까지 죽은 사람 20만 명 중 90% 이상이 정부의 억압으로 인해서였고, 4만 5천 명이 사라졌으며, 20만 명의 고아들과 4만 명의 과부가 생겼고, 443개 부락이 파괴되었으며, 667번의 대학살이 이루어졌던 작은 국가 과테말라의 경우를 생각해 보라. 민족주의적 의도에 따라 주로 마야족에게 타격을 입혔던 박해였다. 그 작은 나라의 인구를 고려해 볼 때 놀라운 숫자이다. 그것은 체계적인 고문, 말뚝으로 찌르기, 복부 가르기, 온갖 종류의 절단 등으로 이루어지는 공포의 목록이다. 그럼에도 정부에 가까운, 그리고 군대의 가장 타협적인 부서에 가까운 조직인 조사위원회의 자료 앞에서 '과테말라에서의 집단 학살 풍자 희극. 가톨릭교회가 일으킨 마르

---

53 Eusebio, *Storia Ecclesiastica* V, I, 62.

54 Cf P. Casaldáliga, "Gli indios crocifissi. Un caso di martirio anonimo collettivo"(십자가에 못 박힌 인디오들. 익명의 집단적 순교의 경우), *in Concilium*, 18, 1983, pp.92~100.

크스주의 음모'라는 제목으로 문서집을 만드는 일이 이루어졌다.[55]

이 모든 일은 거의 항상 무방비 상태의 마을 주민들이나 권력의 폭력에 저항하는 사람들을 상대로 이루어진 대살육의 기억을 복구하기 위한 과테말라 교회의 노력에 대한 공개적인 대립으로 이루어졌다. 주지하다시피 역사적 기억 복구의 교구들 간 작업 덕분에 규범적 보고서 『과테말라. 결코 다시는 안 돼(Guatemala. Nunca mas)』[56]로 구체화되었다. 그 작업과 소개는 1998년 4월 26일 보고서에서 고발되는 많은 범죄를 사주한 동일한 자들에 의해 살해당한 쟝 제라르디(Jean Gerardi) 주교의 생명을 대가로 요구했다. 대살육의 기억에 대한 거부는 터키에서 1915년에 150만 명의 아르메니아인들의 죽음을 대살육으로 규정해야 함을 수차 상기시킨 교종 프란치스코의 말에 대한 정부의 반응에서 다시 나타난다.[57] 결국 대살육과 순교, 이 두 가지의 공통된 요소가 다시 나타난다. 그것은 곧 기억은 참으로 위험하기에 기억을 지우려는 사실들을 인정하지 못하게 방해하려는 권력자의 노력이다. 순교의 첫 번째 결과는 따라서 기억을 보존하려는 노력이다. 그 기억을 보호하려는 노력, 진실이 인정받도록 허용하는 노력이다. 이 기억과 진실과 순교 사이의 이 깊은 관계에 대해서 과테말라의 여류 시인 노라 무리요(Nora Murillo)는 이렇게 쓴다.

---

55 Cf M. Castagno, "Guatemala: si rischia il ritorno della 'madre di tutte le violenze'"(과테말라: "모든 폭력의 어머니"가 되돌아올 위험), in *Jesus* giugno 2013.

56 *Guatemala nunca mas*, Sperling & Kupfer, Milano 1998.

57 Francesco, "Saluto all'inizio della celebrazione per i fedeli di lingua armena"(아르메니아어권 신자들을 위한 미사 시작에서의 인사), 12 aprile 2015; Id., "Discorso all'incontro con le autorità civili e con il corpo diplomatico"(민간 당국자들 및 외교관들과의 만남에서 한 연설), 24 giugno 2016.

"바람의 끝자락
기억을 발가벗길 필요가 있다 ······.
옥수수를 씻고 카네이션을 움켜쥐었던 사람들의
손을 풀어 주기 위해
늙은 사이프러스 나무에서 자기네 노래를 지켰던
수백 마리 나이팅게일의 노래를 듣기 위하여.

기억을 발가벗길 필요가 있다 ······.
계속 씨를 뿌리기 위해
비를 기다리는 수많은 희생자들의 통곡 소리를
목소리를
눈길을 해방하기 위해
우리 형제들이 태풍으로부터 달아날 때
그들을 정당화했던 여러 길들을 알아보기 위해.

기억을 발가벗길 필요가 있다 ······.
그들이 기관총의 힘으로 탈곡했던
옥수수를 되찾기 위해
꿈의 저장고를 파내서
우리 순교자들의 발자국을 되찾기 위해.

기억을 발가벗길 필요가 있다 ······.
참된 역사를 재건하고
우리 자녀들의 눈 안에서 잠들었던 이 반딧불들을
그대로 드러내기 위해

결정적인 복병을 슬픔에 준비시키고

용감했던 사람들의 힘을 청하기 위해."⁵⁸

하지만 이렇게 호소하듯이 기억을 발가벗기는 과정은 공개적으로 순교의 불확실성에 부딪치는데, 이는 그리스도교 공동체 자신들이 그것을 이해하는 데 늦었거나 이해할 능력이 없는 데서 오는 결과이다. 쥬세뻬 벨리아(Giuseppe Bellia)는 본회퍼에게 있어서의 순교(martyría)에 할애된 최고의 글들 중 하나에서 예리하게 다음과 같이 쓴다.

"현재의 순교자들도 많은 사람에게 명백하게 드러나지 않는데, 회개하지 않은 교회들과 신학의 포착에서 벗어나기 때문이다. 곧 이들은 그 순교자들의 순교(martyría)를 자신의 위상을 경축하기 위해서나 자신의 견해를 정당화하기 위해 이용할 생각을 하기 때문이다. 하지만 어떤 방식으론가 순교에 관한 사실들 앞에서 그리스도인들, 교회들, 신학들이 늦는 것은 구조적이다. 예언과 같이 순교는 항상 우리를 이행하지 않는 자로 포착한다. 이 함정에 대한 참된 답변은 결국 회개를 교회들과 신학들의 인식론적 상태로 받아들이는 데 있다. 오직 쇄신된 마음에서만 쇄신된 순교신학이 나올 수 있다. 쇄신된 신학을 세속적인 것에 대한 종교적인 것의 보복으로, 혹은 정치에 대한 윤리적 답변으로나 더 심하게는 현실에 대한 유토피아의 답변으로 상상하지 않는다면 말이다. 그리스도교의 순교(martyría)는 결코 축소될 수 없는 방식으로 그리스도 중심적이며, 나뉘지 않음과 섞

---

58 Nora Murillo, garifuna di Livingston(http://www.fondazionegpiccini.org/quickuploads/files/SOLIDARIETA_ informe/informe2013.pdf).

이지 않음을, 고발과 용서를, 자연과 은총을 놀라운 방식으로 결합하면서 그 본성을 반복한다."59

8. 생명을 위한 증거

오늘날 우리는 생명의 수호자요 촉진자인 순교를 자신의 개인적 죽음과 다른 사람들의 죽음을 불러일으키는 테러리즘의 형태들과 혼동하는 특별히 위험한 의미의 혼란을 목격하고 있다. 그리스도교적 순교는 폭력과 암살자들과는 아무런 관계가 없다. 다른 폭력을 불러일으키면서 폭력을 증가시키는 자살행위와도 아무런 관계가 없다. 이렇게 관계없는 것을 밝히고 나서 우리는 이제 우리 자신을 넘어서서 바라보는 법을 배워야 한다. 생명을 위한 증거자들은 오직 공식적으로 인정된 그리스도인들만도 아니고 그럴 수도 없다(마르 9,38-40). 순교는 생명을 위한 증거를 제공하는 사람들을 그들의 신앙을 떠나서 받아들이도록 우리를 초대한다. 사랑의 기적은 -이는 또한 순교의 첫 번째 원인이기도 하지만 역사 안에서 그 신비스러운 결과이기도 한데- 장애물을 모르며, 우리의 세분화된 교파를, 우리의 소속을 안전하게 보장해 주는 울타리에 대해서 의문을 갖게 된다. 문제는 30년도 더 전에 이미 칼 라너(Karl Rahner)의 공으로, 신앙으로 인한 수동적 죽음을 인정하

---

59 G. Bellia, "*Appunti sulla martyría* oggi: la testimonianza di D. Bonhoeffer", in M. Naro (ed.), Martirio e vita cristiana, Salvatore Sciascia Editore, Caltanissetta-Roma, 1997, pp.170~171[tutto 95-171].

기만 하는 것에서 같은 신앙을 위한 적극적 투쟁으로 인해 야기된 죽음을 받아들이는 구별을 아득히 넘어선다.[60]

오늘날 인간의 모든 행위 앞에서, 그리고 그 모든 박해 동안에 자신의 생명의 위험을 무릅쓰고, 그리고 드물지 않게 생명을 잃으면서, 다른 사람들의 생명을 구하고자 노력하는 사람들이 이루어낸 정의 앞에서 무엇을 생각할 것인지 자신에게 물을 필요가 있다. 그것은 이념과 암살단과 수용소와 고문 기술자들과 전문적 자객들과 의심의 여지가 없는 주범들로 조직된 증오의 사악함에 맨손으로 맞서고자 애썼던 이름들과 이야기들과 신앙들, 국적들의 만화경이다. 이는 역사의 가장 극단적인 상황에서, 또 의식하건 의식하지 못하건 간에 하느님께서는 복음적 침묵의 방식으로 활동하는 평범한 사람들의 익명성 안에서 계속해서 드러나신다는 표시라고 생각한다. 이는 역사 안의 모든 선한 일을 그리스도교화하고 싶은 것이 아니라 하느님께서는 신비로운 방식으로, 모든 분열과 구별을 넘어서서 경계들과 의도적으로 믿을 만한 정당화를 넘어서서 일하신다는 것을 인정하고자 하는 것이다.

그렇게 해서 우리는 케냐의 초등학교 교사 쌀라 파라(Salah Farah)를 기억하지 않을 수 없는데, 그는 네 아이들의 아버지인 이슬람 신자로서 2015년 12월 21일 버스에서 알 샤바압(Al-Shabaab)의 지하디스트들에게 공격당했다. 승객들을 그리스도교 신자들과 이슬람 신자들로 나누어 그리스도교 신자들을 죽이겠노라는 이들의 말에 쌀라 파

---

60 Cf K. Rahner, "Dimensione del martirio. Per una dilatazione del concetto classico"(순교의 차원. 고전적 개념의 확장을 위하여), in *Concilium* 18 (1983), pp. 25~29.

라는 테러리스트들에게 모두 죽이거나 모두 가게 하라고 요구하면서 맞섰는데, 그의 말에 다른 이슬람 승객들도 그리스도인들을 방어했다. 그러자 테러리스트들은 달아나기 전에 그에게 중상을 입혔는데, 그 상처로 인해 거의 한 달 동안 고통받다가 죽었다. 그는 그렇게 나섬으로써 수많은 그리스도교인 승객들의 목숨을 구했고 입원해 있던 병원에서 이렇게 말했다. "사람들이 평화롭게 살아야 할 텐데요. 오직 종교만이 우리를 그리스도인들로부터 구별합니다. 하지만 우리는 형제들이에요. 그래서 저는 제 형제 이슬람 신자들에게 그리스도인들을 돌보라고 요청합니다. 또 그리스도인들도 이슬람 신자들을 돌보아야 합니다. 그렇게 해서 함께 평화롭게 살게요." 이것이 비폭력에서 영감을 얻은 그리스도교적 순교의 처음이자 마지막 결과로, "서로 돌보고 평화롭게 사는 법을 배우라"는 이슬람 신자의 말로 우리에게 제시된 것이다. 그런데 이 결과에 이를 수 있었던 것은 오직 이슬람 신자 쌀라 파라와 다른 많은 그리스도인들과 비그리스도인들이 -거의 항상 익명이거나 잊힌- 역사의 '주인 없는 땅'에서 했듯이 다른 사람들의 생명을 스스로 짊어지면서 책임과 양심을 실천했기 때문임을 우리는 안다.

9. 용기와 인내 사이의 순교

금년 2016년 6월에 프란치스코 교종은 빌라 나자렛이라 불리는 로마의 대학생 기숙사를 방문했는데, 그곳에서 그는 많은 젊은이들과 오랫동안 이야기하면서 그들의 질문에 답했다. 이 젊은이들 중 한 사람이 격식 차리지 않고 그에게 잘 짜인 만만치 않은 질문을 하나 했다.

"우리는 자주 신문에서 세상에 흩어져 있는 그리스도인 공동체들에게 타격을 입히는 비극들과 관련된 드라마틱한 소식들을 봅니다. 이 사건들은 우리로 하여금 자신의 신앙을 얼마나, 심지어는 죽음에 이르기까지 증언할 수 있고 살아갈 수 있는지에 대해 깊이 생각하게 합니다. 이 참된 신앙의 용기는 우리 모두를 그야말로 토론 안으로 몰아넣습니다. 우리는 어떻게 해야 믿을 만한 복음의 증인이 될 수 있을까요? 그리스도의 가르침을 어떻게 세상에 선포할 수 있을까요? 우리 중 많은 사람이 부족함이 많고 인간에게 내재하는 한계를 지닌 채 그것을 시도하지만 쉽게 좌절하고 맙니다. 성하께도 그런 일이 있는지요? 성하의 신앙에 대해 위기에 처하신 적이 있는지요? 다시 일어서고 지치지 않으며 성하의 임무를 계속해 나가는 방식을 어디서 어떻게 찾으셨는지요? 처음엔 평신도로서 다음엔 축성된 자로서요."[61]

프란치스코는 주저없이 모범적인 방법으로 응답하였는데, 이는 피를 흘려 순교하는 그리스도교 신비에 대한 인식에 공헌하였을 뿐 아니라,

---

[61] Francesco, "Risposte alle domande dei giovani di Villa Nazareth", 18 giugno 2016.

일상적 순교 차원으로 확장시켰다. 그것은 무상의 선물로 주어지는 한 존재가 살아가는 삶의 단순한 행위들이다. 이는 별로 뉴스가 되지 못하고 덜 알려진, 그러나 침묵으로 신앙을 증언하고 그렇게 역사의 변모를 위해 작용하는 순교이다.

"너무 개인적인 질문을 하는군요! 선택을 해야겠네요… 진실을 답할 것인가, 아니면 멋진 텔레비전 드라마를 만들 것인가 하는 선택을요… 세상에 흩어져 있는 그리스도인 공동체들의 비극, 그것은 사실입니다. 하지만 그것이 그리스도인들의 운명이지요. 증거는 '증거'라는 말을 다시 쓰겠습니다- 어려운 상황에 이르기까지 하는 겁니다. 분명하게 말하고 싶은데요, 예를 들어 중동에서 일어난 그리스도인들의 학살이라고 말하는 걸 저는 좋아하지 않습니다. 좋아하지 않아요. 그건 하나의 축소예요. 축소시키는 거라고요. 진실을 말하자면 그리스도인들을 충실성으로, 자신의 신앙에서의 일관성으로 이끌어가는 박해이지요. 신앙의 신비인 것을, 곧 순교를 사회학적으로 축소하지 맙시다. 리비아 해변에서 목이 찔려 죽었던 그 13명은 -이집트의 콥트 교회 그리스도인들로 콥트 교회에 의해 시성되어 현재 성인들이라고 알고 있는데요- 모두 '예수님, 도와주세요!' 하고 말하면서 죽었습니다. 제가 확신하건대 그 중 대다수가 글을 읽을 줄도 몰랐어요. 신학 박사들이 아니었어요. 아니고말고요. 흔히 하는 말로 무식한 사람들이었죠. 하지만 그리스도교적 일관성의 박사들이었습니다. 곧 신앙의 증인들이었지요. 신앙이 우리로 하여금 삶에서 많은 어려운 것들을 증언하게 해 줍니다. 우리는 삶으로써도 신앙을 증언해요. 하지만 우리 자신을 속이지 맙시다. 잔혹한 순교가 예수 그리스도를 증언하는 유일한 방법은 아니에요. 최대의, 말하자면, 영웅적인 방법이죠. 또 교회의 처음 몇 세기가 아니라 오늘날 더 많은 순교자들이 있다는 것은 사실입니다. 하지만 매일의 순교가 있습니다. 정직함을 지키려는 순교, 자녀의 양육에 있어서 인내의 순교, 이것들도 사랑을 향한 신의의 순교입니다. 정직함을 지키려는 순교는 그것을 택하기 더 쉬운 '뇌물의 천국'이라고 붙이는 이 세상에서 더 어려운 숨겨진 길입니다. 더러운 돈을 상대의 얼굴에 내던질 용기가 없을 때, 당신은 이렇게 말하세요. 그러면 당신은 이것을 가질 것입니다. 그것은 아주 쉽죠. 이런 거죠. '아닙니다. 저는 이걸 원치 않습니다!' 이렇게 말하는 데에 그리스도인의 증거가 있고 그곳에 순교가 있습니다. - '당신이 원하지 않으면 그 자리를 얻지 못할 겁니다. 더 높이 올라갈 수 없을 겁니다.' 험담의 유혹 앞에서의 침묵의 순교. ……

하지만 그리스도교인의 증거는 매일의 순교요 매일의 침묵이며, 우리는 이렇게 말해야 합니다. '우리는 순교를 당한 사람들이지요. 우리는 슬픈 얼굴, 우울한 얼굴을 해야 해요 ……' 아닙니다. 예수라는 말의 기쁨이 있어요. 리비아 해변의 그들처럼 말입니다.

용기가 필요한데, 용기는 성령의 선물입니다. 순교는 순교하는 그리스도교적 삶은, 그리스도인의 증거는 그리스도적 삶의 용기 없이는 살 수 없어요. 성 바오로는 그리스도교의 순교적 삶을, 매일의 삶을 가리키기 위해 두 개의 단어를 사용하는데, 곧 용기와 인내입니다. 두 단어예요. 앞으로 나아가면서 그리스도인이라는 것을, 그리스도인으로 드러내 보이기를 부끄러워하지 않는 용기와 매일의 짐을, 고통도, 자신의 죄도, 자신의 지리멸렬함도 어깨에 짊어지는 인내입니다. '하지만 죄를 지니고도 그리스도인일 수 있나요?' 그렇습니다. 우리 모두가 죄인이에요. 모두가요. 그리스도인은 실험실의 무균상태에 있는 남자나 여자가 아니에요. 증류수 같은 사람이 아니라고요! 그리스도인은 죄를 지어 자신의 이상(理想)을 배반할 수 있는 남자요 여자이며, 나약한 남자요 여자입니다. 하지만 우리는 우리의 나약함과 화해해야 합니다.'[62]

---

62 Ib.

프란치스코의 이 말들은 경축하는 분위기의 신화적 색조에서 멀어지는 하나의 조건을 되돌려준다. 그것은 순교자들을 영웅들이나 슈퍼맨과 혼동하는 일을 피하면서 그들을 인간화해 주기도 한다. 영웅적이지 않은 순교는[63] 일상의 삶의 역사 안에 다시 자리하며, 이는 거창하게 소리치지 않는 신앙, 진열장에 놓이지 않는 신앙, 공적 인증이 없는 신앙에 의해 지탱되는 체험이다. 십자고상을 방패로 이용하지만 현실은 스치기만 하면서 도피해 버리는 선행 전문가들을 위한 순교가 아니라 보통 사람들을 위한 순교이다.[64] 그것은 결코 끝나지 않은 콘스탄티누스주의의 잔존의 표시인 '새로운 콘스탄티누스들'[65]과의 계약을 계속해서 새롭게 하는 '성공의 그리스도교'와는 아무런 관계가 없는 순교이다. 그것은 무엇보다 먼저 사랑과 관계의 일상적 삶으로 부름 받은 단순한 삶들의 겉으로 드러나 보이지 않는 순교이다.

옛날에 소년이었을 적에 수업 중에 우리에게 각별히 깊은 인상을 주었던, 그래서 우리의 미래의 삶의 영감을 거기서 얻고 싶었던 본보기가 되는 이야기를 말하라는 과제가 주어졌다. 위대한 역사적 인물들,

---

[63] L. Sartori, "Martirio e màrtiri in una Chiesa di speranza", in *Credereoggi* 4(1984) 75 참조.

[64] 십자고상을 폭넓게 이용하는 사람들과 논쟁하면서 로렌쪼 밀라니(Lorenzo Milani)는 이렇게 쓴다. "참된 삶은 세상의 모든 십자고상보다는 십자가에 못 박히신 분과 훨씬 더 비슷하다. 그런 것 같지 않습니까?"(L. Milani, "두 형제 사진가에게 보낸 편지"(1950년 7월 3일), in L. Milani, *Opera Omnia*, Epistolario a cura di A. Carfora - S. Tanzarella, Mondadori, Milano in pubblicazione programmata nel 2017).

[65] S. Adamiak-S. Tanzarella, "콘스탄티누스와 19~20세기의 로마 신학", in *Costantino I*. 소위 밀라노 칙령의 황제의 인물과 표상에 관한 콘스탄티누스 백과사전 313-2013, III, Istituto dell'Enciclopedia Italiana, Roma 2013, pp.377~389 참조.

혹은 당시의 인물들에게 바쳐진 수많은 예상할 수 있는 이야기들의 선집(選集, 배우들, 축구 선수들, 가수들, 우주 비행사들, 군인들, 국가적 영웅들의 모음집)에서 한 친구가 아버지를 주제로 글을 썼다. 그는 아버지에 대해, 보수도 제대로 받지 못하는 비천한 일에 대한 아버지의 헌신에 대해, 궁핍한 이들에게 항상 열려 있는 문에 대해, 자녀들을 따라다니며 주의를 기울이는 데 대해, 경제 사정과 가족의 건강이 대단히 어려운 사정 안에서도 아내에 대한 일상적 사랑에 대한 아버지의 전적인 헌신에 대해 썼다. 선생님의 반응은 쌀쌀했고 화를 냈으며, 그 친구는 공개적으로 조롱을 받으며 굴욕을 당했는데, 그의 주제는 지시를 벗어난 것으로 간주되었고 요란스러운 낙제라는 벌을 받았다. 학급 전체가 참여하는 조롱에 나는 참여하지 않았고, 마비된 채 침묵했다.

그때처럼 지금 나는 내 안에 그 사건이 열어 준 상처를 기억한다. 자기 아버지를 감히 모범으로 바라볼 유명인들 사이에 두었던 그 친구의 수치를 기억한다. 이제 나는 그가 일상의 순교자였다는 것을 의심하지 않는다. 그리고 그 알려지지 않은 아버지에 대한 기억은, 침묵으로 이루어진 그의 증거는 사춘기에 갓 들어선 아들이 감사로 알아본 것에 대한 기억은 여러 해 동안 나를 따라다니면서 지금 교종 프란치스코가 말하는 순교의 긍정적 결과를 구체적으로 보여 주었다. 그 아들이 자기 아버지에 대한 기억을 유지했는지는 알지 못한다. 하지만 나는 반복되는 행위에서, 일상의 어둠 속에서 자기 목숨이 다하기까지 행해진 사랑의 존재에 대한 증거를 볼 줄 알았던 사람의 그 감탄 어린 묘사를 잊지 않았다. 그 순교의 결과는 여러 해가 지나고도 나를 따라다니고 있고, 세상이 절대적인 악의 심연으로 떨어지지 않게 해 주는 아버지들과 어머니들의 많고 많은 다른 침묵 속의 증거들과 교차하면서 신비로운 방법으로 오늘 여기 한국에까지 도달한다. 그것은 (예수께서) 나자렛에서 지낸 세월의 정신이요, 인성의 부활을 위한 약속인 숨은 활동의 정신이다. 선포보다 침묵을 선택하는 그리고 모든 계산과 모든 안락함을 거부하고 겸손한 단호함으로 분리의 벽을 깨부순 사마리아 사람처럼 익명에서 영감을 취하는 섬김 안에서 삶이 소진해 가는 것을 기꺼이 받아들이는 활동의 정신이다. 그것은 또 형을 선고받은 모든 사람의 십자가를 지는 일을 받아들이는 키레네 사람의 정신이요, 권력 앞에서 양심의 의무가 약해지도록 하지 않는 모든 사람의 정신, 존재를 엮어 가는 만남들의 씨줄 안에서 고통 받는 사람들의 얼굴을 새기는 베로니카들의 끝없는 대열의 정신이다. 그 모든 사람은 시간의 삭제에 삼켜지는 것을 기꺼이 받아들이며, 그럼에도 그들의 순교적 증거는 예수 그리스도를 따르는 데 있어, 그들의 생명과 선이 세상에 분산되는 데 있어 헤아릴 수 없는 결과를 가져온다. 오라노의 주교요 피의 순교자인 삐에르 끌라베리가 쓴 바와 같이,

> "하얀 순교는 하루하루 살도록 노력하는 것입니다. 혹은 눈길에서, 현존에서, 미소에서, 주의를 기울이는 데서, 섬김에서, 일에서, 우리를 활기 있게 하는 생명을 나누고 내주고 넘겨주는 그 모든 것에서 한 방울 한 방울 삶을 선물로 내주는 것입니다. 열려 있는 자세와 내맡김의 순교가 희생 제물의 봉헌이 되는 것은 바로 거기입니다. 중요한 것은 생명을 자기 자신을 위해 붙들고 있지 않는 것입니다."[66]

66　P. Claverie, 앞에서 인용한 "작은 자매회 수녀들에게 한 강의", p.335.

논평

황 치 헌 신부
수원가톨릭대학교

 탄자렐라 교수는 지난 2012년 제1회 심포지엄에서 "교회사적 관점에 따른 순교의 해석"이라는 주제로 논문을 발표한 바 있다. 그는 그 논문에서 두 번의 역사적 순간, 곧 초기 그리스도교 시대와 20세기에 있었던 순교를 교회사적인 관점에서 고찰하였다. 초기 그리스도교 시대의 박해자는 로마 제국으로서 로마인들의 오해와 반감, 황제 숭배의 강요, 그리스도인이라는 정체성(Cristianus sum=신앙고백)을 가지고 양심에 따른 행동(군복무) 때문에 그리스도인들을 박해하였고, 배교에 대한 저항은 신앙의 결과로서 순교로 이어졌다. (박해자가 그리스도인들이 배교하도록 회유하고 강요하는 모습은 한국과 일본 등 동아시아의 천주교회 역사에서도 다시 나타난다.)
 이어서 탄자렐라 교수는 20세기의 순교에 대해서 이렇게 설명하였다.

 "왜 그리스도교인들이 공공연하게 반대당하고 박해받는 나라에서도, 다수가 그리스도교인이고 종교가 공식적으로 인정되고 종종 보장되며 죽이는 사람이나 명령을 내리는 사람 역시 그리스도교인인 나라에서도 여전히 순교가 일어나는 것일까? 진실은 이렇다. 곧 20세기에 이루어지는 그리스도교인들의 순교는 오해로 촉발되어 나타나는 것이 아니고 신앙 자체의 토대와 그 결과들에 따라 야기된다는 것이다."

그에 대한 예로 탄자렐라 교수는 20세기 순교의 인물로 산살바도르의 주교 오스카 로메로, UCA(중앙아메리카 대학)의 예수회원 여섯 명, 알제리의 티브히린의 일곱 명의 씨토회 수도자들, 오란의 주교 삐엘 끌라바리, 프란츠 에거슈태터 그리고 20세기 말 남부 이탈리아의 순교자들(판사 리바티노, 본당신부 돈 뿔리지, 돈 디아나, 법관 죠반니 팔코네, 빠올로 보르셀리노)의 순교를 소개하면서 그리스도교 순교의 공통분모를 살펴보았다. 이들 순교자들은 "정의를 위한 자신의 임무의 이름으로 위험의 순간에 물러나지 않고 백성의 운명을 함께 나눈" 그리스도교인들이었다. 그들은 서로 사랑하라고, 벗을 위해 자신의 목숨을 바치는 것보다 더 큰 사랑이 없다는 예수 그리스도의 가르침을 실천하려고 하였고, 박해자들은 그 신앙에 대한 증오(in odium fidei)로, 그리고 신앙의 결과에 따른 사랑에 대한 증오(in odium caritatis)로 그들을 살해하였다. 논문 말미에 "믿었기 때문이 아니라, 믿으면서 사랑했기 때문에 그들은 죽임을 당하였다."라는 말로 탄자렐라 교수는 20세기의 순교자들의 특징을 묘사하였다.

이번 제3회 순교 국제 학술 심포지엄의 주제가 "순교의 교회사적 고찰"로서, 특히 동아시아 4개국과 관련된 박해와 순교가 주된 내용이지만, 제1주제 발표자는 세계 교회사적 측면에서 보편교회가 거친 박해의 역사, 곧 초기 교회부터 시작해서 현대에 이르기까지 박해와 순교가 그 지역 사회구조나 의식 형성에 어떠한 영향을 주고받았는지를 살피는 논문을 의뢰받은 것으로 안다. 사실 2천 년의 박해와 순교의 역사를 이 작은 논문에서 다룬다는 것은 쉬운 일은 아니다. 그래서 탄자렐라 교수는 이번 논문에서 교회의 역사 안에서 연대기 순서는 아니더라도 초기 그리스도교 시대와 20세기의 순교자들을 선택하여 그들의 삶과 죽음 안에서 박해의 원인보다는 순교의 요소, 곧 순교가 어떻게 해서 이루어졌는지, 어떤 결과에 의해서 이루어졌는지, 그리고 어떤 결과로 이어졌는지 순교의 의미를 다양하게 살펴보고자 한 것 같다.

먼저 논자는 교황 프란치스코의 회칙 「복음의 기쁨」에서 "사랑 때문에 하느님께 자신을 바치고 자신을 내드리는 사람이 맺는 열매와 결실이 눈에 보이지 않고 파악하기 힘들고 수치로 계산될 수 없다고 해도 결코 헛되지 않다"는 교황의 말을 인용하면서, 순교 또한 얼핏 보기에 손해를 보는 것 같지만, 그 열매와 결실이 풍부하고 헛되지 않다는 것을 강조한다. 그 첫 예로 위에서 언급한 1996년 알제리의 티브히린 수도원에서 죽임 당한 씨토회 일곱 명의 수도자, 1989년 중앙아메리카대학의 여섯 명의 예수회원, 그리고 2014년 시리아의 홈스에서 네덜란드인 예수회원 프란스 반 데어 룩트 신부의 순교를 언급하고 있다.

탄자렐라 교수는 이들의 순교를 첫 번째로 '참여' 혹은 '공유'의 결과로 정의하고 있다. 곧 그들의 순교는 고통 받는 백성의 운명을 함께 나누며 그들과 함께 머문 결과였기 때문이다. 한국 천주교회사와 비교를 하자면, 신유박해 때 황해도 황주까지 피신하였다가 자신 때문에 신자들이 입게 될 피해를 생각한 나머지 서울로 다시 돌아와 자수한 주문모 야고보 신부(1752~1801)와 기해박해 때 "위급한 경우에 착한 목자는 자기 양들을 위하여 목숨을 바칩니다."라며 교우들의 재난을 그치게 하기 위해 자수한 앵베르 주교(1796~1839)와 모방(1803~1839), 샤스탕 신부(1830~1839)도 그와 같은 순교자들이었다.

두 번째로 탄자렐라 교수는 순교를 증오와 박해 앞에서 체념하는 수동성과는 아무런 관계가 없는 그리스도교적 행동과 존재의 결과로 표현하고 있다. 곧 순교는 추구한 것도 아니고, 갈망한 것도 아니고 그냥 자유롭게 받아들인 우연한 일이라는 것이다. 다시 말하면 그리스도의 복음대로 살고 또 그렇게 존재한다는 것이 순교로 연결된다는 뜻이다. 탄자렐라 교수는 그 예로 오라노의 주교 삐에르 끌라베리, 브랑카쵸의 본당신부 복자 삐노 뿔리지의 순교 이야기를 전해 준다.

세 번째로 탄자렐라 교수는 순교자들의 증거가 지닌 본보기로서의 가치를 말한다. 그는 우리 시대의 순교자들이 언제나 (기억에서) 지워질 위험을 당하고 있다고 언급한다. 그들의 현존이 권력자들에게는 방해 요소이고, 그들을 육신으로 죽인 다음에는 공식 기억에서 지워 버리기 위해 바로 권력이 작용한다는 것이다. 다시 말하면 순교자들에 대한 기억은 권력자들에게는 위험한 결과로 이해되기 때문이다. 이 대목에서 "그리스도인들의 피는 씨앗이다.(Semen est sanguis Christianorum)"라는 떼르뚤리아노의 유명한 말을 언급한다. 죽음 앞에 선 순교자들의 의연함과 정신력, 그들이 보여 준 본보기는 새로운 개종자를 내기 때문이다. 알렉산드리아의 뽀따미에나의 순교와 바실리데의 개종과 순교, 1977년 3월 9일 엘살바도르 정부의 특수부대에게 살해당한 예수회원 루틸리오 그란데의 순교와 오스카 로메로 주교의 전향 등이 그 예이다.

네 번째로 탄자렐라 교수는 "너희가 내 형제들인 이 가장 작은 이들 가운데 한 사람에게 해 준 것이 바로 나에게 해 준 것이다.(마태 25. 31-46)"라는 주님의 말씀을, 세상을 보살피라는 초대로 설명하면서 그 초대에 응하는 것이 순교임을 주장한다. 이는 마틴 루터 킹과 지난 7월 프랑스의 루앙시에 있는 쌩떼띠엔느 뒤 루브래 성당에서 ISIS의 자객들에게 목이 찔려 죽은 86세인 쟈끄 아멜 신부의 말과, 삶과 일치한다.

"이 시기에 우리는 우리가 있는 곳에서 세상을 더 따뜻하고 더 인간적이고 더 형제적으로 만들기 위해서 이 세상을 보살피라는 하느님의 초대를 들을 수 있습니다."

다섯 번째로 탄자렐라 교수는 1991년 페루에서 활동했던 프란치스코회 미겔 토마스젝과 츠비그니에프 츠르쵸코브스키 수도회원의 순교와 시복식을 통해서 순교자들의 죽음이 처음에 순교자들에게는 좌절이나 패배, 실패이고 권력자들에게는 승리로 여겨지겠지만, 그 순교는 거꾸로 어둠을 밝히는 빛과 기쁨의 길을 가르쳐 주고 있다고 설명한다.

여섯 번째로 탄자렐라 교수는 '그리스도께서 당신의 전능하신 힘으로 우리를 돕지 않으시고 당신의 나약함의 힘으로, 당신 고통의 힘으로 도우신다'는 본회퍼의 편지를 인용하면서, 종교적 행위가 아니라 세상의 삶 안에서 하느님의 고통에 참여하는 것이 그리스도인의 삶이고 순교라는 점을 상기시켜 주고 있다. 또한 고통 받고 순교당하는 인간들에 대한 무관심을 지적하면서 하인리히 뵐의 「사랑 없는 십자가」라는 소설의 내용을 인용한다. 마르틴 니묄러의 「나치가 공산주의자들을 덮쳤을 때」라는 글도 인용의 대상이 될 수 있겠다.

---

1 Als die Nazis die Kommunisten holten, 나치가 공산주의자들을 덮쳤을 때,
　habe ich geschwiegen;　　　　　　　　　나는 침묵했다;
　ich war ja kein Kommunist.　　　　　　　나는 공산주의자가 아니었다.

일곱 번째로 탄자렐라 교수는 위에서 언급한 바와 같이 순교에 대한 기억을 지우려는 권력자에 대항하여 과테말라 교회처럼, 그 기억을 보존하려는 노력과 순교 사실에 대한 빠른 이해가 필요함을 역설하고 있다.

여덟 번째로 탄자렐라 교수는 순교가 다른 사람들의 생명을 위해 자신의 생명을 바치는 증거로서, 오직 그리스도교의 전유물이 아니라 종교와 국적을 떠나서, 그리고 평범한 사람들 안에서도 이루어진다는 것을 이슬람 신자인 케냐의 초등학교 교사 쌀라 파라의 삶과 죽음을 통해 알려 주고 있다.

마지막으로 탄자렐라 교수는 잔혹한 순교만이 예수 그리스도를 증언하는 유일한 방법이 아니며 정직하게 살고 인내의 삶을 살며 사랑에 충실한 사람들이 현대의 순교자, 매일의 순교자라는 교황 프란치스코의 말을 인용한다. 일상의 삶 안에서 순교의 삶을 살 수 있다는 말인

Als sie die Sozialdemokraten einsperrten, habe ich geschwiegen; ich war ja kein Sozialdemokrat.	그들이 사회민주당원들을 가두었을 때, 나는 침묵했다; 나는 사회민주당원이 아니었다.
Als sie die Gewerkschafter holten, habe ich nicht protestiert; ich war ja kein Gewerkschafter.	그들이 노동조합원들을 덮쳤을 때, 나는 항의하지 않았다; 나는 노동조합원이 아니었다.
Als sie die Juden holten, habe ich geschwiegen; ich war ja kein Jude.	그들이 유대인들을 덮쳤을 때, 나는 침묵했다; 나는 유대인이 아니었다.
Als sie mich holten, gab es keinen mehr, der protestieren konnte.	그들이 나에게 닥쳤을 때는 (나를 위해) 항의해 줄 수 있는 이들이 아무도 남아 있지 않았다.

데, 이때에는 용기와 인내가 필요하다는 것이다. 삐에르 끌라베리 주교의 말을 인용하여 그 순교를 하얀 순교라고 표현하며 그 순교는 자기 자신을 위해 생명을 붙들지 않는 것이라고 정의한다.

지난 제1회 때의 논문이 순교에 관한 교회사 개론서라고 한다면, 이번 논문은 교회사적이라기보다는 신학적 성찰이 담겨 있는 논문으로 보여진다. 원사료에서 순교의 진위를 밝히는 것보다, 그리고 박해와 순교의 기준이 무엇이며 그 기준에 따라 순교냐 아니냐를 밝히는 것보다, 다양한 순교의 사례들을 통해 순교의 공통분모를 찾고 순교의 의미를 설명하고자 한 것이다. 탄자렐라 교수는 앞에서 언급한 대로 오늘날의 순교가 그리스도교 신앙 내용 자체(fides quae creditur)와 그 결과, 곧 신앙 행위(fides qua creditur)에 의해서 생겨난다고 보고 있다. 특히 현대에는 신앙에 대한 증오(in odium fidei)보다 신앙의 결과에 따른 사랑에 대한 증오(in odium caritatis)에 의해서 순교가 더 많이 생겨난다고 전해 준다. 그러한 순교를 바라보고 대하는 사람들의 태도, 마음가짐에 대해서도 말하고 있다(무관심). 그리고 피의 순교보다는 하얀 순교, 매일 일상의 순교자가 되어 줄 것을 부탁한다.

사실 이번 논문도 초기 그리스도교 교회의 순교자들과 20세기의 순교자들로 한정하다 보니 이번에 언급된 순교자들은 첫 번째 논문에서도 언급된 순교자들이 대부분이었다는 것과 20세기 아시아 교회의 순교자들에 관한 언급이 없는 것이 아쉬움으로 남는다. 지리상의 대발견 시대 이후에 세계적인 선교 과정에서 기존의 종교 혹은 그 지역의 토속 신앙과 전통문화와의 갈등으로 인한 선교사들과 평신도들의 순교는 앞으로 발표될 동아시아와 관련된 논문들이 밝혀 주리라 믿는다.

한국 가톨릭교회나 신앙의 자유가 충분히 이루어지고 있는 그 밖의 지역에서 순교영성을 부르짖고 있다. 특별하게 순교영성이 무엇인지, 순교영성은 이렇게 함양되어야 한다든지 여러 시도들이 있지만, 논평자는 간단하게 생각하고 싶다.

순교영성이란, 다름이 아니라 예수님의 가르침이다.

"누구든지 내 뒤를 따라오려면, 자신을 버리고 제 십자가를 지고 나를 따라야 한다. 정녕 자기 목숨을 구하려는 사람은 목숨을 잃을 것이고, 나 때문에 자기 목숨을 잃는 사람은 목숨을 얻을 것이다.(마태 16,24)"

예수님 때문에 나 자신을 버리는 것, 그러나 피를 흘려 생명을 바치는 상황이 오지 않는다면, 예수님 때문에 남을 위해 희생하는 것, 예수님 때문에 예수님의 말씀, 복음의 말씀을 실천하는 것, 예수님 때문에 불의에 대항하여 하느님의 정의를 외치는 것, 예수님 때문에 이웃을 사랑하는 것, 그것도 가난하고 고통 당하는 이웃을 사랑하는 것, 그것이 현대의 순교라고 생각한다. 발터 카스퍼 추기경도 "그리스도교적인 동기에서 인간의 기본적인 권리를 위해, 자유를 위해, 그리고 정의를 위해 투신하고 목숨을 바치는 것 역시 신학적 의미에서 순교"라고 하였다. 프란치스코 교황은 한국의 주교단에게 기억의 지킴이가 되라고 말하였다.

"기억의 지킴이가 되는 것은 과거의 은총을 기억하고 고이 간직하는 것이상을 의미합니다. 그것은 그 기억으로부터 영적인 자산을 꺼내어, 앞을 내다보는 지혜와 결단으로 미래의 희망과 약속과 도전을 직시하고 받아들이게 하는 것이기도 합니다. 순교자들과 지난 세대의 그리스도인들에 대한 기억은 현실적이어야 합니다."

발터 카스퍼 추기경에 의하면, 순교자들에 대한 기억은 우리에게 그리스도인의 정체성을 깨닫게 하고, 우리가 어디서 왔고 어디로 가는지를 말해 준다. 지금도 우리는 순교의 시대에 살고 있다. 요즘처럼 우리나라가, 대한민국이 빛보다는 어둠을, 진리보다는 거짓을, 정의보다는 부정을, 사랑보다는 권력을 향해 치달은 적이 없었던 것 같다. 진정 가톨릭 신자로서 어디에서든 "나는 천주교 신자입니다."라고 자신 있게, 용감하게 자신의 정체성을 밝히고 싶다면, 순교할 준비를 하길 바란다. 그리스도인은 순교하는 사람이기 때문이다.

일본 그리스도교 역사와 순교의 역사적 고찰(16, 17세기)

가와무라 신조(川村信三) 신부
일본 상지대학교 사학과

1. 들어가는 말
2. 사회·정치적 상황과 그리스도교
3. 일본 그리스도교의 성쇠의 요인
4. 순교자로 살아난 교회
5. 어떤 순교자의 프로필
6. 순교자의 의지를 이어받은 공동체
7. 1865년, 개국 후와 그리스도교의 관계
8. 맺는말

1. 들어가는 말

　그리스도인에게 있어서, 같은 신앙을 이유로 목숨을 떨군 '순교자'는 궁극의 모범인 동시에 희망이기도 하다. 그리스도를 믿으며 산다는 것의 의미를 확인시키고, '믿는' 마음을 강화시키는 역할을 짊어지고 있기 때문이다. 만약 자신이 속한 가르침을 공유하는 공동체에 '순교자'가 한 명도 없다면, 그 공동체의 일원이 그 가르침을 따른다는 것이 얼마나 어려운지 쉽게 상상할 수 있다. 본고에서는 일본 그리스도교의 역사 위에 깊이 새겨진 '순교자'들의 기억 '메모리아(memoria)'를 환기시키면서, 16세기에 생겨난 일본 그리스도교의 역사의 특징을 개관하는 데에 주력하고자 한다. 왜 그리스도교가 일본에 퍼진 것인가, 그리고 그것을 국가의 지배자들이 왜 금지해야 했던 것인가? '순교자'란 그렇게 불리는 사람들의 마음의 문제와 사회의 정치 지도자들의 의중 사이에서 생겨난 갈등의 부작용이라 해야 할 비극적인 역사의 소산이다.

　'순교'란 그리스어의 'martyrion', 곧 '신앙의 증인'의 의미를 갖는다. 신약성서에는 '증거하다(martyrein)', '증언(martyrion)', '증인(martyrs)'이란 단어가 빈번히 등장하며, 초대교회 시대부터 '순교'는 신앙을 증거하는 가장 유력한 수단이었다. 16세기 일본의 '기리시탄 시대'에는 포르투갈어가 전와된 형태로 '마르치리요(martirio)', 또는 '마르치르(martir)'라는 단어가 신자들 사이에서 사용되었다.

　즉, '순교'라는 것은 믿고 있음의 증거를 제시하는 것이다. 그렇다면, 신자는 자신의 내면에 있어서 믿고 있음을 어떻게 표현해야 사람들에게 드러내 보일 수 있는 것인가? 무엇을 가지고 그 '믿는다'는 내면의 상태가 허위가 아님을 겉으로 드러낼 수 있는 것인가? 그 신앙이 참된 것인가, 보이기 위한 것일 뿐인가? 이때, 자신에게 소중한 것을 포기하더라도, 그것이 진실된 마음이라는 것을 드러내는 것이 더욱 효과적인 증거가 된다. 어떤 사람은 성당에 발붙이고 다니는 열심함을 지키는 정도의 '신앙의 증거'를 내세울 수 있을 것이다. 그리고 어떤 사람은 매일 땀을 비 오듯 쏟으며 돈을 벌어, 그 가운데에서 어느 정도의 금액을 기부하는 행위도 확실히 '믿고 있음의 증거'임에 틀림없다. 그러나 그 가운데에서도 가장 진지하게 사람들의 마음에 와 닿는 '증거'는 '믿고 있음을 위해 죽음도 마다하지 않는 것', 즉 '죽음을 무릅쓰고' 믿고 있음을 드러내 보이는 것이다. 목숨을 내어놓고, 죽임을 당하더라도 내면의 양심에 따르고자 함을 몸소 드러내 보이는 것이다. 더 이상 이 세상의 그 어떤 것에도 집착하지 않고, 예수 그리스도 때문에 목숨을 빼앗기더라도 상관하지 않겠다는 각오가 궁극의 '신앙의 증거'인 것이다. 죽음으로 하는 증거, 그것이 최고의 증거이고, 그리스도인은 전통적으로 이것을 '순교'라고 불렀으며, 또한 그 행위를 드러낸 사람들을 '순교자'로서 받들어 스스로의 신앙의 보증, 보호를 받아 왔던 것이다.

　예로부터 순교란 무엇인가 하는 질문이 제기되어 왔다. 일본사 안에서는 종교를 끌어들인 많은 싸움이 기억되고 있는데, 이런 사람들이 순교자인가? 에도막부 초기에 벌어진 시마바라(島原)·아마쿠사(天草)의 난의 주모자들은 확실히 기리시탄으로서 궐기한 것이었으나, 과연 그들은 순교자인가? 현재 이슬람교의 과격파와 서구 여러 나라들 사이의 분쟁이 빈번히 발생하고 있는데, 테러리스트들도 '순교'를 입에 담고 있고, 성전을 부르짖는 그들도 역시 '순교자'일까? 순교의 조건이란 무엇인가? 즉, 17세기에 쓰인 『순교의 권고(殉教のすすめの書)』,『丸血留の道』에 어떤 사람의 죽음이 '순교'라 인정되기 위한 조건으로 세 가지가

거론된다. 다음의 조건 중 하나라도 빠뜨리는 것은 '순교'라 간주될 수 없다.

첫 번째로, '순교자가 되기 위해서는 죽는 것이 중요하다. 혹여 아무리 가혹하고 집요한 고통을 참고 견뎌냈다고 해도, 죽음을 맞이하지 않는 동안에는 순교자라 인정할 수 없다.' 일본어의 '순교(殉敎)'라는 말에는 '어떤 것을 지키기 위해 목숨을 버림', 즉 '죽음'이라는 의미가 확실히 담겨 있다.

두 번째로, '해를 입은 자, 지혜가 있어 판단할 수 있는 자라면, 그 가혹한 시오키(仕置き, 사형, 징계, 처벌)에서 도망치지 아니하고, 인내심을 가지고 나아가 그 고통을 받음이 필요하다.' 즉, '무저항으로 그 고통을 받아들임'이라는 것이 가장 중요한 요건이 된다. 무기를 가지고 저항하고, 여기저기 도망쳐 다니다가 결국 체포된 것이라면 순교자라 말할 수 없다. 앞에서 이야기한 시마바라·아마쿠사의 난도, 이슬람의 과격파 테러리스트의 행위도 순교가 될 수 없는 것은 이 조건 때문이다. 아무리 적대자이고, 전장이라 하더라도 사람을 해하는 곳에서 '순교'의 덕은 존재하지 않는다. 스스로 나아가 '죽음'을 받을 각오야말로, 순교자의 마음이라는 것이다.

세 번째로, '죽음을 선고받을 때, 그것이 그리스도께 대한 신앙 때문이라는 것, 그리고 선을 이유로 하고 악을 피했기 때문에 선고받는 것이라면, 그것은 순교다.'라고 되어 있다. 예수 그리스도 때문에, 그 복음을 믿었기 때문에 그런 임종의 장이 주어진 것, 또는 '선을 위한' 사형선고에 의한 것이 아니라면 순교라 여겨질 수 없었다.

이런 조건을 16, 17세기의 그리스도인들이 분명히 의식하고 있었다는 것은, 이후 순교에 관한 '텍스트'를 개관할 때에 더욱 분명해질 것이다.

2. 사회·정치적 상황과 그리스도교

16세기부터 17세기에 이르는 시기, 즉, 1500년대와 1600년대의 전반기는 일본사적으로도 대단히 큰 변혁의 시기였다. 즉, 변화가 사회 전반에 이른다고 해도 좋을 만큼의 시대이다. 그때까지 사회 지배를 구성하고 있던 하나의 틀이 붕괴되고, 새로운 '1인 지배자(천하인)'의 등장을 기다리며 격동의 시대를 맞이하고 있었다. 그 지도자는 옛 '권위(authority)'를 한 번은 부정하고 능가한 뒤, 결국은 계승하여 사람들의 마음을 '대의'라는 대원칙에 매어 놓는 동시에, '무력'에 있어서도 타자(他者)를 압도하는 힘을 보유한 권력자로서의 존재여야 했다. 정치의 기본은 '대의'와 '실력', 이 두 가지이다. 이 두 가지의 균형을 가진 자가 예로부터 일본의 정치를 지도해 왔다.

7세기 이후의 천황이나 쇼군(将軍), 막부(후지와라(藤原) 정권, 가마쿠라(鎌倉) 막부, 무로마치(室町) 막부)는 확실히 그 두 가지를 겸비하여 일본을 지배했다. 그러나 그것들의 권위와 세력이 시대와 함께 점차 약해지고, 새롭게 힘을 축적한 지방 다이묘(大名)들이 대두된 시대, 그 가장 현저한 혼란과 재생의 시대가 16세기이다. 이것을 일본사에서 '전국시대(戰國時代)'라 부른다. 무언가가 새롭게 등장하기 전에는 반드시 그때까지의 옛것이 파괴되지 않으면 안 된다. '파괴'와 '건설'의 시대는 살육과 음모, 배신이 소용돌이치는 음의 사회상을 보여 주는 것이다. 그러나 새로운 것이 탄생하는 시대는 파괴만 있는 것이 아니라 새로운 희망이 주어지는 때이기도 하다. 일본의 '전국시대'는 이 쌍방의 측면을 동시에 살펴보지 않으면 이해할 수 없다. 17세기 이후(에도시대)의 새로운 일본 사회를 낳는 과도기에 있어서, '파괴'와 동시에 새로운 사상과 발상이 넘쳐나는 모순을 품은 시기이기도 하다. 이러한 격동의 시대에, 바다를 건너 그리스도교 선교사가 일본에 들어와 그리스도교를 전했다. 그리스도교는 어떤 이들에게는 '옛 시대'에의 도전으로 여겨졌고, 또 어떤 이들에게는 '새 시대'의 상징적 존재가 된 것이다.

1543년, 타네가시마(種子島)에 도착한 포르투갈 사람들의 배는 일본인들에게 세계를 의식시키는 중요한 체험을 가져다주었다. 즉, 세상 가운데의 일본을 강하게 인식시킨 것이다. 게다가 1526년, 이와미(石見)에서 발견한 은광은, 세계에서 3분의 1의 은이 일본산이 되도록 비약적 발전을 가져다주었고, 동중해의 무역 질서를 기본부터 바꾸어, 국내에 있어서는 문화의 호황기를 낳을 만큼의 부를 축적시켰다. 프란치스코 하비에르를 환영하며 해외무역에 눈을 돌린 야마구치(山口)의 다이묘 오오우치 요시타카(大内義隆) 등은 새로운 발상을 실현하려 한 대표적인 존재이기도 했다. 일본 사회는 그때, 역사적으로 최초라 할 수 있는 '스크랩 앤 빌드(scrap and build)'를 체험하고, 새로운 세상으로 변모를 이룩하려 했던 것이다.

일본의 '전국시대' 말기, 즉 오다 노부나가(織田信長)와 하시바(羽柴, 도요토미(豊臣)) 히데요시(秀吉)가 등장한 시기는 '아즈치 모모야마(安土桃山) 시대'라는 호화찬란한 문화사의 한 페이지와도 겹친다. 아즈치 모모야마의 문화는 이 시기, 포르투갈 사람이나 그리스도교의 선교사들이 가져다준 활발한 대외 교섭의 요소를 가미해야 이해할 수 있는 현상이다. '전란과 파괴'와 동시에 '호화로운 문화의 개화(開花)'라는 얼핏 봐서는 이해하기 어려운 상반된 두 가지의 요소가 통합된 시대에, 그리스도교 선교사들에게 주어진 역할은 적지 않았다. 서로 죽고 죽이는 일과 더불어 새로운 것이 탄생하는 시기란, 혼란과 새로운 발상이 넘쳐나는 것이다. 그러한 점에서 '탄생의 고통'의 시기라 생각할 수 있다.

그리고 '전국시대'부터 에도막부의 성립에 이르는 100년간은 일본 사회의 참된 리더가 누구인지, 그것을 무력으로 빼앗으려 하는 새로운 세력과 옛 정권을 방패로 보수를 지켜내려는 세력이 충돌하는 특별한 시대였다. 즉, 오다 노부나가, 하시바(도요토미) 히데요시 및 도쿠가와 이에야스(德川家康), 이 세 명은 새로운 나라를 만들어내려 했던 사람들이자, 옛 국가 질서를 새로 만드는 것에 성공한 지배자들이었다. 66개국으로 분열되어 있던 '일본'을 통일시킨 사람으로서, 이 세 명은 각각의 역할을 수행했다. 노부나가는 주로 옛 질서의 '파괴'를 담당했다. 그리고 히데요시는 그것을 전국 규모로 실현시켰고, 이에야스는 노부나가와 히데요시가 이룩한 것에 영속성을 부여하는 것에 성공한다. 그리고 250년간 싸움이 없는 '태평'한 에도시대가 계속된 것이다.

본고에 있어서 중요한 점은, 이 세 명의 지배자들에게 있어서 그리스도교가 무엇으로 이해되었는가 하는 문제이다. 이 세 명이 그리스도교에 대해 가진 태도는 서로 크게 다르다. 아니, 그렇다기보다는 그리스도교에 대한 대응이 새로운 국가 정립과 병행하여 점차적으로 명확해진다. 오다 노부나가는 그리스도교에 극히 관대한 태도를 보여 보호하기까지 했다. 그 다음 히데요시는 신앙의 자유를 인정하여 그리스도교의 발전을 처음에는 묵인하는 자세를 취했지만, 때때로 탄압을 가하면서 그 세력이 너무 강력해지는 것을 계속 견제하였다. 삼 대째인 도쿠가와 이에야스도 처음에는 묵인하는 자세를 취했지만, 이윽고 히데요시 때와는 비교도 할 수 없을 만큼의 탄압을 가해, 에도막부는 그리스도교를 철저하게 박해하고 섬멸하는 데에 힘을 쏟았다. 즉, 일본의 위정자에게 있어서 그리스도교는 소수로 얌전하게 있는 동안에는 보호의 대상일 수 있었지만, 본질적으로는 외국 세력과 결탁한, 천하 국가 운영에 방해가 될 정도의 힘을 가진 세력으로서 배척받은 것이다. 이로써 그리스도교는 일본의 적대자로서 계속 낙인찍히게 되었다.

1) 일본 그리스도교 역사의 7단계

이러한 일본 역사의 변혁기에 등장한 그리스도교를 선교사들의 입장에서 정리해 두고자 한다. 1549년, 예수회의 프란치스코 하비에르가 가고시마(鹿兒島)에 상륙했다. 그 뒤 1640년, 포르투갈 사람들의 입항 금지에 이르기까지 약 100년을, 그리스도교의 역사가들은 '기리시탄 세기(The Christian Century in Japan, 1549-1650, Charles Ralph Boxer)'라 칭하고, 그 특별한 시기의 특징을 밝히려고 하였다. 물론 이러한 그리스도교의 관점에서의 호칭을 일본의 일반 역사 연구가들은 좋아하지 않는다. 기리시탄이란, 일본 역사에서 극소수의 사람들의 역사에 지나지 않고, 일본 역사의 주류에 있어서는 한 줄기를 차지하는 정도로 간주될 뿐이다. 그러나 그리스도교라는 새로운 요소가 일본 사회에 들어와 그때까지 없었던 역사상의 화학변화를 생성시켰고, 무시할 수 없는 사실이 되었다는 것은 틀림없다.

일본의 16세기 그리스도교 역사는 1549년 입국한 예수회의 프란치스코 하비에르로 시작하여, 1614년 에도막부의 금교령에 이르기까지 하나의 시대를 형성한다. 그러는 동안 금교에 의한 박해와 탄압이 생긴 것은 에도막부 아래에서였고, 1614년 이후는 잠복 기리시탄의 시대라 불리며 많은 순교자들을 탄생시켰다.

16, 17세기 이후 일본에 생긴 그리스도교 역사는 당시의 일본 사회

와의 관계에서, 주로 선교를 이끌었던 예수회의 활동에 의해 다음의 7가지의 시대로 구분된다.

첫째는 1549년의 하비에르 입국부터, 그 초기의 선교사 그룹이 교체된 1569년이다. 이때, 규슈(九州)의 히라도(平戶) 및 교토(京都) 지역에서 외국인 선교사들의 가르침을 받은 일본인 기리시탄 공동체가 조금씩 탄생했다. 이것이 일본에 있어서의 그리스도교의 탄생기[萌芽期]이다. 중앙정부는 오다 노부나가의 등장을 둘러싸고 혼란스러워 하고 있던 시기이고, 선교사들은 10명 전후, 그리스도교는 4천 명 정도의 소수 그룹이었다. 따라서 큰 박해를 경험하지 않았던 반면, 선교활동을 과연 유지해 갈 수 있을지가 문제였던 시기이기도 하다.

둘째는 예수회의 선교사 카브랄(Francisco Cabral)이나 오르간치노(Gnecchi-Soldi Organtino)의 제2그룹이 일본에 온 1570년부터 예수회의 로마 본부의 대리인 순찰사 알레산드로 발리냐노(Alessandro Valignano)가 일본에 온 1579년까지이다. 오다 노부나가의 천하 통일 사업이 급속도로 진행되던 시기였다. 노부나가는 아직 소수파였던 그리스도교에 관대한 자세를 가지고, 그 포교를 인정하고 있었다. 기리시탄 다이묘로서 타카야마 우콘(高山右近)이 영유하던 타카츠키(高槻)의 번영은 노부나가의 보호하에 이루어진 일이다. 또한, 기리시탄 다이묘 오오무라 스미타다(大村純忠)령이나 타카츠키에서 '집단 개종'이 발생, 78년에는 규슈 최대 세력을 지닌 오오토모 소오린(大友宗麟)이 그리스도인이 되었다. 그리스도교 인구는 단번에 약 15만 정도로 증가했다. 나가사키 항이 예수회의 기술 원조에 의해 개항했던 것도 이 시기이다.

셋째는 발리냐노의 입국부터 히데요시에 의한 1587년의 선교사 추방령(바테렌 추방령)의 발령까지 8년간이다. 이 시기는 그리스도교의 '성황기'라 여겨진다. 1580년, 기리시탄 다이묘 오오무라 스미타다에 의해 나가사키 항이 예수회에 양도되고, 나가사키는 글자 그대로 기리시탄의 마을이 되었다. 일본의 중앙에서 천하를 통일하려는 사투가 벌어지고 있던 이 시기에, 일본 국내에서 외국인(예수회 선교사)이 관할하는 영토가 출현했다는 것은 가늠할 수 없이 큰 의미를 지니고 있다. 가까운 미래, 일본을 통일하려고 했던 위정자에게 있어서는 허락하기 힘든 행위로 받아들여질 가능성이 있었음에도 불구하고 나가사키 양도는 실행되었다. 당시 마을의 인구수는 3만 명 정도였다. 또한, 발리냐노의 제안에 의해, 로마 교황에게 보내는 파견 사절이 조직되었다. '텐쇼견구사절(天正遣欧使節)'이라 불리는 4명의 소년 파견은, 로마에 일본 교회의 발전을 드러내는 것과 동시에 일본인에게 로마 교회의 위신을 각인시키는 시도이기도 했다. 그들은 82년에 나가사키를 출발하여, 85년에 교황 그레고리우스 13세 및 식스토 6세를 알현하고, 90년에 귀국했다. 또한, 타카야마 우콘의 감화로 적잖은 기리시탄 다이묘가 탄생했던 것도 이 즈음이다. 82년 가신(家臣)에 의해 모반을 당해 죽은 노부나가를 대신하여 일본의 새로운 리더로 이름을 올린 히데요시는 노부나가와 달리, 기리시탄 다이묘 타카야마 우콘의 움직임을 조금씩 견제하면서 그리스도교의 확대를 경계했다. 위정자를 불안하게 할 정도로 일본 민중을 향한 그리스도교의 침투는 급속도로 이루어진 동시에 광범위한 것이었다.

　1587년에는 기리시탄 다이묘의 필두로 여겨지는 타카야마 우콘이 히데요시의 '바테렌 추방령'에 의해 추방 처분을 받았다. 선교사들의 국외 퇴출도 명했지만, 포르투갈 사람들이 무역을 목적으로 일본에 들어오는 것에는 아무런 제한을 가하지 않았다. '바테렌 추방령'은 그 뒤의 도쿠가와 이에야스에 의한 '금교령'과는 달리, 그리스도교 선교가 근절된 것을 의미하지 않는다. 히데요시는 일시적으로 추방령을 내렸지만, 그리스도교에 대한 정책은 철저하지 않았고, 오히려 그 뒤의 그리스도교 인구 증가에 대해서도 문제시하지 않았다. 종교행위는 금했으나 상업행위는 허락했으며, 그리스도교에 대한 단속도 철저성이 결여된 것이었다. 히데요시의 지배하에서는 많은 기리시탄들이 존재했으며, 전국적으로 20만을 넘는 그리스도교 신자가 있었다고 추정된다.

넷째는 1587년의 '바테렌 추방령'부터 이후 그리스도교는 '공공(public)의 장'에서 자취를 감추게 되었다. 1590년대에 들어서 그리스도교는 공적인 입장을 잃긴 했지만, 숫자상으로는 더욱 증가하는 추세에 있었다. 신자들은 서로 돕는 시스템을 그리스도교 기구 안에 설치했고, 그것이 나아가 철저하게 박해를 견디는 준비가 되었다. 그리스도교 측에서는 본격적인 박해에 대비하여 '잠복'화하는 준비가 진행되던 시기라고도 할 수 있다. 그리고 1597년의 26성인 순교 사건이 발생했다. 이것은 1593년에 일본에 들어온 프란치스코회의 선교사 및 신자들을 중심으로 한 포박 사건으로 유명하다. '바테렌 추방령'에 의해 견제된 예수회 선교사들은 그 이상 히데요시의 심기를 건드리지 않으려고 신중히 행동하고 있었는데, 필리핀에서 새로이 입국한 프란치스코회의 그룹(프란치스코회의 입국은 1593년)은 히데요시의 역린에 닿을 만한 공적 활동을 벌이고 있었다. 따라서 26성인 순교 사건은 주로 프란치스코회의 선교사와 그 주변의 신자들에 대한 탄압이라는 성격을 갖는다. 예수회 3명이 추가된 것은 히데요시 측이 의도하지 않은 우발적인 검거에 의한 것이었다. 그러나 선교사들의 활동에 의해 수도

교토와 규슈의 분고(豊後, 현재의 오이타), 게다가 나가사키 주변, 그리고 1600년 이후에는 토호쿠(東北) 지방에도 그리스도교 신자들이 퍼져 나갔다. 1592년에는 22만 5천 명이 세례대장에 기재되어 있었다고 예수회의 선교보고는 말하고 있다.

다섯 번째는 히데요시 몰락 후의 1598년부터 도쿠가와 이에야스(德川家康)의 금교령 발령의 1614년을 기준으로 구분한다. 1600년, 일본을 두 개로 나눠, 참된 리더가 누구인가를 묻는 '세끼가하라(関ヶ原)'의 싸움이 일본을 동서로 이등분하여 벌어졌다. 그리스도교 신자들은 이시다 미츠나리(石田三成)를 따르는 서군이 많았고, 동군의 도쿠가와 이에야스는 기리시탄을 경계하는 세력이 주가 되어 가담하고 있었다. 여기서 승리한 도쿠가와 이에야스는 에도막부를 1603년에 성립시켰다. 그리스도교에게 있어 불리한 세상이 조만간 도래하리라는 것은 명백했다. 그러나 에도막부 성립으로부터 약 10년은 그리스도교의 입장에서 비교적 평온한 시대였다고 할 수 있다. 도쿠가와 이에야스의 정책 가운데, 기리시탄을 어떻게 다룰지 아직 확실한 구상이 없었기 때문이라고 여겨진다. 이에야스는 예수회에 대항하면서 프란치스코회를 뒤에서 선동했다고도 전해지며, 또한 가톨릭 국가가 아닌, 영국이나 네덜란드와의 교류를 활발하게 진행하여 그 밸런스를 맞추려고 하였다. 포르투갈 및 스페인을 배경으로 하는 가톨릭 세력이 일방적으로 너무 크게 확장되지 않도록 신경 쓰고 있었기 때문이라 생각된다. 선교사들 가운데에는 반 그리스도교적인 지배자가 홀로 전국을 통일하는 것보다 여러 명의 지배자가 패권을 놓고 다투는 편이 그리스도교의 존속에 있어서는 바람직하다고 생각하는 이도 있었다. 그렇게 되면 한 명의 지배자 아래 기리시탄들이 일제히 박해를 받는 일이 없어지고, 기리시탄을 지지하는 지배자도 나오리라는 시도였다. 그 중에 어느 정도는 그리스도교에 계속 관용적인 다이묘가 등장할 가능성이 있었기 때문이다.

여섯 번째 시기는 1614년 금교령 선포 이후의 '잠복 기리시탄'의 시대이다. 1640년, 포르투갈 사람들의 입항을 금한 이후, 에도막부는 외국과의 교류에 제한을 가했다. 소위 '쇄국정책'이다. 네덜란드나 중국 대륙 등과의 교역은 계속되고 있었기 때문에, 쇄국이라 해도 국가가 완전히 폐쇄된 것은 아니었다. 그 가장 큰 목적은 기리시탄 국가인 포르투갈과 에스파냐의 세력을 완전히 차단하는 것과 가톨릭 신앙의 섬멸이었다. 여기에 도쿠가와 이에야스가 기리시탄을 완전히 추방, 탄압, 섬멸할 계획을 세웠다. 1620년대의 '겐나대 순교'에 이어, 수많은 박해의 역사가 현저하게 남아 있다. 이는 에도막부가 주장한 '고쿠제(國是)'와 그리스도교는 결코 양립할 수 없는 것이라는 선언이었다. 그리고 1637년에 촉발된 '시마바라(島原)·아마쿠사(天草)의 난'이라는 상징적인 사건에 의해, 막부는 기리시탄 금교를 철저하게 조직화한다. 이 반란은 농민에 대한 가혹한 정책이 원인으로 종교 반란으로서의 성격은 없긴 하지만, 그 참가자의 대다수가 과거 기리시탄 세력에 속해 있었다는 이유로 기리시탄의 반란이라는 입장 정리를 막부에 의해 고의로 얻게 된 것이다. 에도막부의 입장에서 기리시탄은 철저하게 섬멸할 필요가 있는 대적이 된 것이다. 이후 일본 국민은 모두 불교도가 되었고, 호적이 모두 불교 사원에 의해 관리되어(테라우케 제도) 사람들의 탄생, 사망, 이동은 모두 매년 작성되는 등록부에 기재되었다(슈우몽아라타메). 이렇게 하여 기리시탄은 일본에서 자취를 감추게 되었다. 그러나 기리시탄으로서의 신앙을 계속 살아간 사람들은 그 뒤 '잠복 기리시탄'이 되어, 메이지(明治) 개국(1865)까지 숨죽이고 계속 살아왔다.

일곱 번째 시기는 메이지 개국 이후의 일본 그리스도교 역사이다. '탄생(萌芽)', '번영', '추방', '소강', '금교', '탄압과 잠복'에 이은 '재출발'의 시대이다. 1865년의 나가사키 오오우라(大浦)의 신도 발견은 세상에 큰 충격으로 전해졌다. 그리고 신앙의 자유를 되돌려주었다고 하나, 메이지 시기의 그리스도교 역사는 또한 다른 관점에서 고찰해야 할 요소를 많이 더하고 있다. 그 계속된 역사는 250년에 걸쳐 가능해 진 역사이다. 다시 말하자면, 이는 16, 17세기에 있어서 순교자들을 필두로 하는 '신앙의 계승'이 존재하고 있었기 때문에 가능했던 현실이다.

3. 일본 그리스도교의 성쇠의 요인

이상으로, 일본의 16, 17세기의 일본 그리스도교는 확실히 일본인들에게 받아들여져 '융성'했다고 봐도 틀림없다. 그러나 동시에 위정자들에게 있어서는 좋지 않은 사실이 되어 이윽고 금교를 명하기에 이르렀다.

'0'으로부터(허무로부터)의 창조라고도 할 수 있는 일본의 그리스도교는 가장 성행하던 시기에 40만 이상의 인구를 두었다. 이 속도가 겨우 50년이라는 단기간이었던 것을 감안하면, 기리시탄은 까마득한 불과 같이 일본 사회에 퍼진 것을 이해할 수 있다. 그래서 두 가지의 질문이 중요해진다. 하나는 왜 이 시기에 일본에 그리스도교가 그렇게까지 일본 국민의 지지를 받았는가? 그리스도교는 일본인에게 어떻게 이해되었는가? 그리고 또 한 가지는 민중으로부터의 환영과는 정반대로 일본의 정치 지도자, 위정자는 왜 그리스도교를 박해, 탄압, 그리고 섬멸시키지 않으면 안 되었는가 하는 것이다.

1) 그리스도교가 받아들여진 한 가지 요인(주신 숭배적 신앙(主神崇拜的信仰)이라는 측면)

역사를 개관해 보면, 탄압과 박해 그리고 순교로 매듭지어지는 일본의 그리스도교는 늘 부정적인 틀 안에서 성장한 것으로 보인다. 결국, 일본인은 그리스도교를 이해하지 못한 것인가? 아니면 일본인은 그리스도교를 싫어하고 있었던 것이 아닐까 하는 소박한 의문이 생긴다. 그러나 대답은 '아니오'이다. 일반적인 일본인은 그리스도교를 환영했고, 마음의 보금자리로 여기고 있었다는 것은 틀림없다. 오히려, 그리스도교에 위협을 느끼고 지양했던 것은 일반의 일본 사람이라기보다는 일본을 1인의 통일자 아래 묶으려는 정부의 사람들이었다. 전국을 통일한 사람들이 그리스도교의 폭발적인 확산에 경이로움을 느끼고 있었다는 것이 사실이다. 즉, 민중 계층에서 그리스도교는 대단히 환영받았고, 인기가 있었다. 이는 당시의 종교 사정을 고려해 보면 곧바로 판명되는 사실이다.

16세기의 일본의 종교는 어떤 상태였냐고 한다면, 힘이 없고 사람들의 구원을 설파하기에 소극적인 상태였다고 언급되는 경우가 있다. 전국(戰國)이라는 '살육'의 인상이 신앙이라는 측면을 뒤덮어 버린 것처럼 말이다. 그러나 그러한 세상 가운데, 특히 세 가지의 종파가 아주 현저한 성장을 이뤄 많은 민중을 끌어들이는 데에 성공했다. 다시 말하면, 민중의 마음의 요청을 채운 종파가 적어도 숫자상으로는 16세기에 세

분파가 있었는데, 이 시기 특유의 민중의 요청에 부흥하였다. 정토진종본원사파(淨土眞宗本願寺派, 일반적으로 일향종(一向宗)이라고도 한다), 법화종(法華宗), 그리고 그리스도교였다. 이들은 모두 민중에게 더없는 인기를 누렸다. 본원사파는 주로 농촌에서, 법화종은 도시에서 전개되었고, 기리시탄은 그 양방에서 신자들을 얻고 있었다.

그렇다면 전국의 황폐해진 세상 가운데, 이 세 가지 종파가 특징적으로 가지고 있었던 공통점은 무엇이었을까? 첫째는 그 신앙 형태이다. 그리고 둘째는 네트워크 형성에 성공했다는 것이다.

2) 신앙 형태[主神崇拜的信仰]

이렇게 민중을 직접적인 대상으로 한 가르침의 실천은 그리스도교에 있어서도 볼 수 있는 현상이었다. 많은 신들에 대해 기도하는 것(복합적 다신 숭배)이 아닌, 유일한 신앙 대상에 집중하여 기도하는 것[主神崇拜]이 민중의 마음을 사로잡아 '창조주 데우스'만이 신앙의 대상이 되었다는 것에서, 가르침의 실천이 이해되기 쉬웠다는 점 또한 주효했을 것이다. 기리시탄은 앞서 민중을 대상으로 한 불교의 새로운 그룹과 마찬가지로 많은 민심을 매혹시켰다.

일본의 고대 종교는 온갖 예배 대상으로 나뉘는 '복합적 다신 숭배'를 주된 것으로 한다. 즉, '야오요로즈의 신(八百万の神)'이라는 개념을 일본인은 아주 소중하게 여겼다는 것이다. 사람들은 역병을 두려워하여 '역병의 신'에게 기도를 드리고, 화재로부터 재산을 지키기 위해 '헷츠이(竃, 부뚜막, 화)의 신'에게 합장하였다. 오곡풍양(五穀豊穣, 풍년)을 위한 신도 있고, 건강식재(健康息災, 건강하고 무사함)를 위한 신도 있었다. 이들은 민속학의 분야에서 거론되는 '민간종교'로서 많은 예배로 기억되고 있다.

그러나 사회가 복잡화되고 촌락공동체의 성립이나 전란 등 이제까지의 예배 대상의 번잡함에 사람들은 확실히 질색하고 있었다. 그러던 중, 16세기에 융성했던 세 가지 종파는 모두 예배를 '유일한 대상'에 한정하는 '주신 숭배적 신앙'을 보여 주었다. 이는 일본의 종교 사상과는 완전히 새로운 형태의 신앙 형식으로 등장한 것이다.

13세기에 신란(親鸞)이 창시하고, 16세기에는 '일향종(一向宗)'으로 막대한 세력을 자랑한 정토진종본원사파(浄土真宗本願寺派)는 예배의 대상을 '유일불(唯一仏)'인 아미타불(阿弥陀仏)에 수렴하였다. 이 '아미타(阿弥陀)'라는 이름(나무아미타불(南無阿弥陀仏))을 외우는 것[称名]은 구원을 가져다준다. 게다가 그것은 복잡한 행위가 아니라, 그저 염불을 반복하여 입으로 소리 내 외우는 것만으로 족했다. 그러한 간단한 기도는 어떤 일을 하면서라도 할 수 있다. 산에 틀어박혀 장기간 엄격한 수행을 하지 않더라도 농업과 어업, 수렵 등 일상생활을 하면서 쉽게 '구원'이 실현된다는 체험이 정토진종본원사파를 민중의 종교가 되게 하였다. 이와 같은 점은 교토 등의 도시에서 번영한 법화종에 대해서도 말할 수 있다. 그들도 짧은 기도[題目, 남묘호렝게쿄]를 반복하는 것으로 부처님의 구원에 참여한다고 여겼다. 해마다 바쁜 민중은 이 종교에서 큰 구원을 보았다.

이러한 점은 '데우스'라는 유일신만이 모든 것이 되는 그리스도교에 대해서도 이야기될 수 있다. 창조주이자 구세주로, 인류의 죄를 위해 스스로 인간성을 지니고 고난을 체험한 주(神)만이 예배의 대상이 되어 사람들의 마음을 빼앗았다. 그때까지의 번잡한 종교행위는 이해하기 쉬운 성사행위로 실현되었다. 날마다 양식을 얻기 위해 악착같이 일해야 하는 민중의 일상생활 가운데에, '주신 숭배적 신앙'은 참으로 실리적이면서 구원을 실감케 하는 것이었다. 따라서 종래 일본의 신불(神仏)에서 종교로의 귀의가 정체되는 기미를 보였다고 할 수 있는 '전국시대'에 있어, '복합적 다신 숭배'를 능가하는 '주신 숭배적 신앙'은 완전히 새로운 신앙 형식을 가져다주면서 그때까지는 생각할 수 없었던 폭발적인 확대를 실현시키게 된 것으로 볼 수 있다. 이 '주신 숭배적 신앙'의 세 가지 종파는 그 폭발적인 급성장세와 결속의 견고함으로 인해, 이윽고 모두 위정자들에 의해 탄압 내지는 금교령에 직면하게 되었다. 민중이 가진 잠재적 저항 에너지를 결집하는 것이 가능했기 때문이다. 위정자들에게 있어서 종교적으로 결속하여 반항하는 집단만큼 감당하기 어려운 것도 없다. 때문에 천하를 통일하고자 하는 사람들은 이러한 신앙 집단의 세력 확대를 철저하게 붕괴시킬 필요가 있었던 것이다. 정토진종본원사파는 오다 노부나가에 의해 철저하게 적대시되었고, 히데요시 시대에 두 개로 분할되어 그 세력이 꺾이게 되었다. 법화종에 대한 에도막부의 탄압도 두드러졌다. 그리고 그리스도교는 위정자에 의한 철저한 탄압과 금교라는 쓰라린 체험을 하게 되었다. 바꿔 말하면, 이는 이들 종파가 놀랄 만큼 민중에게 받아들여졌다는 사실을 반증하는 것이다.

3) 네트워크 구축(콘프라리아론) : 신자공동체의 형성

'주신 숭배적 신앙'은 민중의 지지를 통해 공동체의 신앙으로 결부된다. 이를 위한 중요한 요소가 된 것은 종교조직(공동체)의 성립이다. 그리스도교의 역사에 집중하는 본고에서는 이에 관해 할애하지 않을 수 없는데, 정토진종도 법화종도 모두 마찬가지로 신자공동체 성립에 관해 노하우를 가지고 있었다는 것을 미리 언급해 두고자 한다. 그리고 본고에서는 유럽·그리스도교 세계로부터 계승된 '형제회(兄弟会, 콘프라리아)'의 조직을 기반으로 한 신앙공동체를 형성했다는 것을 중심으로 해설하고자 한다. 이 '형제회'의 조직 모델은 일본에서 박해와 잠복을 가능하게 한 조직으로서 응용되었다.

일본의 16, 17세기의 그리스도교는 일본 사람들의 마음을 사로잡았고, 점점 널리 퍼져 지역공동체를 탄생시켰다. 그리고 그 지역공동체가 박해와 함께 '잠복'하여, 소위 '카쿠레 기리시탄(隠れキリシタン)'이 되어 가는 배경에는 유럽에서 13세기에 시작된 '형제회(confraternitas, confaria)' 조직의 시스템 도입이 있었다는 것을 여기서 제시하고자 한다. 필자는 이 테마를 박사논문 시기부터 20여 년 이상 계속 좇아왔는데, 당초의 확신은 강해지면 강해졌지 결코 약해지지 않았다. 지금은 이 '형제회'를 생각하지 않고서는 일본의 그리스도교 역사도, 순교론도 생각할 수 없을 만큼 거대한 테마로 여겨진다. 이제까지 많은 부분에서 논해 왔지만, 일본의 잠복공동체의 이해에 빼놓을 수 없는 개념이기 때문에 본고에서 개략적으로 살펴보고자 한다.

형제회란 13세기의 이탈리아(피렌체)를 기원으로 하는 평신도들만의 종교조직이다. 교회를 언급할 때, 성직자 조직만이 중시되는 가운데 역사적으로 평신도들이 담당하는 역할은 오랫동안 간과되어 왔다. 그러나 교회 구성원의 대다수가 '평신도'라는 사실을 고려하여, 성직자나 수도자 중심의 교회라는 사고방식의 반성이 1970년대부터 서구의 연구자들 사이에서 활발히 일어나게 되었고, 평신도의 자발적 행동인 '편태 고행 집단(disciplinati)'이 각광을 받게 되었다. 즉, '편태의 고행'을 수십 명의 집단에서 실행하는 것으로, 광장에서부터 마을 전역을 걸어 다니는 것을 기원으로 하는 단체가 이탈리아의 페루자에서 확인되었다. 이 기원은 1260년의 일이다.

이러한 평신도 운동(형제회 운동)의 복선에는 당시 유행하던 '신심 운동'에의 열망이라는 것이 있었다. 유럽의 중세 초기에 강조되었던 '예수 그리스도의 신성(즉, 그리스도는 하느님이시라는 주장)'과 동시에, 중세 후기(13세기 이후)에는 '예수 그리스도의 인성'을 숙고한 '신심 운동'이 성행하였다. 즉, 이 세상에서 실제로 살아 있는 예수의 생애를 모방하려는 신심이었다. 이것은 후에 '그리스도를 닮음(Imitatio Christi)'이라는 사고방식과 연결되는 것으로, 그리스도의 생애의 몇 가지 장면을 묵상하는 것을 통해 똑같이 살아가고자 했던 평신도들의 신앙심이 반영된 것이다. 특히, 그리스도의 수난은 묵상의 중요한 소재가 되어, 채찍질당하는 그리스도를 본받아 고행을 하는 신심 운동이 성행하였다. 13세기의 이러한 '신심 운동'이 특히 중요한 것은, 이를 개인적으로 실행하는 것이 아니라, 단체(그룹, 형제단)를 조직하여 정기적으로 실행하게 되었다는 점이다. 이것이 '형제회(콘프라리아)'의 대략적인 기원이다.

형제회의 행동 목적은 복음서에 제시되어 있는 '자비의 행동(慈悲の業)'을 중심으로 발전했다. 특히 이탈리아의 피렌체에서는 마태오복음 25장에 묘사되어 있는 '의인', 즉, 그리스도의 벗으로서 천국에 부름 받은 사람들의 행동을 모방한 '자비의 행동'이라는 생각이 집단행동으로 나타난 것이다. 또한 구약성서 외경의 토빗기에 기록되어 있는 '죽은 자의 매장'이 마태오복음의 행위와 더불어 '7가지의 신체적 자비의 행동'이 되었다. (1) 굶주린 이들에게 음식을 주고, (2) 목마른 이들에게 마실 것을 주고, (3) 병자들을 돌보고, (4) 감옥에 갇힌 이들

을 위로하고, (5) 여행할 때에 잘 곳을 마련해 주고, (6) 헐벗을 때에 입을 것을 주고(이상 마태 25장), (7) 죽은 자를 매장한다(토빗). 이러한 '자비의 행동'의 실천 단체로 '미세리 코르디아(Confraterinita di Misericordia)'가 활동했다. 그 구성원은 50명 정도의 평신도들만으로 이 단체를 만들었다. 성직자는 나중에 감독자(supervisor)로서 가담하지만, 직접적인 지도는 하지 않았다. 따라서 '평신도 신심회'라고 불려지기도 했다. 그 성격은 개인적으로 행하는 기도(contemprative aspect, 묵상)와 공적 전례(public ritual aspect)의 사이에 있어서, 사람들의 신앙의 자발적 표현을 담당하는 장이 된 것으로 여겨진다.

또한, 간부가 선거를 통해 선출되는 것도, '형제회'가 민주적인 시스템이었다는 것을 보여 준다. 구성원들은 집단마다 '회칙(statues)'을 만들어 그 활동을 엄밀히 규정하였다. 그리고 매월 기부, 전례에의 참석, 입회와 제명의 규정 등도 정해져 있었다. 피렌체의 예는 병원의 방문이나 간병을 하는 단체로 인지되어, 14세기 중엽에 창궐한 흑사병 유행 시에, 교구를 초월한 광범위한 지역의 구호활동으로 대활약했고 참가한 평신도들의 명성을 드높였다. 16세기까지 이러한 단체는 유럽 각지에 성립되어 자선사업뿐만 아니라 순례자, 사형수들의 뒷바라지를 하는 등 다양한 '형제회'가 만들어졌다. 특히, '성체'나 '로사리오'를 중심으로 한 신심운동 실천 및 촉진을 위한 단체가 많이 생겨났다. 피렌체나 로마에서는 150종류 이상의 같은 단체가 활동했다고 전해지고 있다. 이탈리아 기원의 '형제회' 운동은 이윽고 독일·네덜란드·프랑스 등으로 번졌고, 나아가 이베리아반도의 포르투갈과 스페인에서 독자적인 발전을 이루었다. 특히 포르투갈에서는 '자선단체'로서 '미세리 코르디아'가 왕국의 옹호를 받아 큰 집단으로 발전하여, 해외 진출과 더불어 아시아 및 라틴아메리카의 여러 나라에 같은 성격의 단체를 일으키는 계기가 되었다. 일본으로는 포르투갈 사람들을 통해 인도를 경유한 '미세리 코르디아'가 예수회 선교사들의 손에 의해 전해졌다.

1550년대 일본 선교의 최초 정착지인 분고부내(豊後府内, 현재의 오이타 시)에서 설립된 지 얼마 안 된 분고부내 병원을 돕는 평신도들에게, 프란치스코 하비에르와 더불어 일본에 입국한 코스메 데 토레스(Cosme de Torres) 신부가 포르투갈 리스본의 미세리 코르디아의 규칙을 소개, 평신도 조직을 설립한 것이 알려져 있다. 일본이 선교를 계속 주도했던 예수회 사제들의 지도와 영향을 강하게 받고 있었다고 해도, 평신도가 자주적으로 운영하는 단체였다는 것은 변함없다. 주로 병자들을 돌보는 일과 죽은 이들의 장례, 매장을 담당했다. 장례 비용을 낼 수 없는 가난한 이들을 위해 '기부금 함(慈悲の箱, 자비의 함)'을 설치하고 어린이들의 교리교육을 담당하는 등, 분고의 '자비의 조직(慈悲の組)'은 활약하고 있었다. 아직 사제가 부임하지 않은 선교지에서, 본당을 대신하는 교회조직으로서 이 '형제회'의 구상은 유익했다. 특히, 많지 않은 수의 선교사를 보좌하는 평신도 리더가 육성되었다는 점을 평가하지 않을 수 없다. 이러한 평신도 리더들은 선교사가 없는 지역에서도 선교사를 대신하여 신자들을 통솔하는 역할을 수행하게 되었고, 멀리 떨어진 지역에 평신도들만으로 운영되는 그리스도교 공동체가 성립하는 일을 도왔다. 선교사들은 이러한 공동체를 정기적으로 순회하는 것으로 신앙의 일치를 보존했다. 1590년의 일본 그리스도교 통계에 의하면, 그리스도교 인구는 22만 명, 약 200여 곳의 기지에 할당된 사제 수는 고작 40명뿐이었다. 즉, 사제와는 별개로 평신도 지도자가 사제가 없는 공동체를 운영·관리하고, 또한 공동체 구성원에게도

그 노하우를 주지시키는 수단이 없었다면 실현할 수 없는 선교 상황이었다. 지역공동체는 평신도 리더 아래 성당을 관리하고, 교리교육이나 자선활동을 주도했다. 여기에 '콘프라리아(형제회를 모방한 지역공동체)'를 모델로 한 지역공동체의 존재가 일본 그리스도교의 중요한 요소로 부각된 것이다.

'콘프라리아'가 평신도들만으로 운영 가능했다는 점은 후에 박해시대 교회를 구하는 커다란 요인이 되었다. 즉, 추방령에 의해 선교사가 없어졌어도, 평신도 리더의 지도하에 각지의 그리스도교 공동체는 전혀 변동 없이 운영될 수 있다는 이점을 가지고 있었기 때문이다. 리더를 중심으로 결속을 강화했던 신자들은 '잠복'하는 것도 가능해졌다. 겉으로는 정부가 공인한 불교도 농민으로 생활하면서도, 마음속으로는 기리시탄 신앙을 보존할 수 있었다. 250년의 금교시대에 '잠복 기리시탄'의 존속이 가능했던 것도, 이러한 조직의 뿌리가 하비에르 시대로 거슬러 올라가 선교 초창기부터 일본에 정착하고 있었기 때문으로 이해할 수 있다. '콘프라리아'는 이러한 기초적인 그리스도교 조직의 골조를 성립시켰다고 말할 수 있다.

히데요시의 '바테렌 추방령'이 선포된 1587년 이전, 일본의 '콘프라리아'는 주로 자선사업의 형태로 병자들을 돌보거나 매장하는 등의 자선사업에 매진했다. 추방령 이후, 그리스도교가 공공 활동을 조심할 즈음부터 공동체는 '잠복'을 의식하면서 '신심 운동 실천' 형태의 '콘프라리아'의 모델을 중심으로 평신도들의 상호 원조에 힘을 쏟았다. 그리고 박해와 더불어, 지하조직화되는 길을 걸었다. 모두가 '콘프라리아', 오직 평신도에 의한 자주독립 공동체의 기초로 말미암은 변천이었다고 생각해도 무방하다. 유럽에서 발생한 '형제회' 운동은 일본에 있어서 박해를 계기로 유럽에서는 전혀 상상할 수도 없었던 '사제 부재의 평신도 공동체의 지하조직화'로의 응용을 이루었다고 볼 수 있다. 이러한 공동체에서 '순교자'가 탄생하였고, 게다가 '배교자'가 회심한 뒤 잠복을 계속할 수 있는 구조가 야기되었다.

4) 위정자들이 그리스도교를 배척한 이유(히데요시의 바테렌 추방령)

지금까지 일본에 그리스도교가 받아들여져 왔던 이유를 논했는데, 한편으로 위정자들이 이를 금하려고 했던 것은 무엇 때문인지 묻고자 한다. 당시의 전국(全國)을 통일한 도요토미 히데요시와 에도막부를 창설한 도쿠가와 이에야스 등의 위정자는 그리스도교가 민중으로 침투하는 것을 기분 좋게 생각하지 않았다.

히데요시부터 이에야스에 이르는 전국 통일자들의 통치 방법은 많은 영속국의 영주(다이묘)들을 서로 분리하면서, 동시에 그 위에 있는 통일자(천하인)로서 군림하는 것이었다. 여러 영주들이 결탁하여 중앙 정부인 막부에 반항하는 일이 없도록, 분리 통치를 철저하게 실현하고자 하였다. 이런 의미에서 각 영토가 서로 교류하고 긴밀해지는 것을 꺼려하였다. 그러나 그리스도교는 그 영속국을 뛰어넘는 네트워크를 다이묘들 사이에서, 또는 그리스도교 신자들 사이에서 형성한다. 그리스도인이 된 다이묘가 연합을 조직하는 것은 비교적 용이했고, 그리스도인이 영속국을 넘어 다니는 것은 가능했다. 이는 전국 통일자에게 지배를 위한 최대의 난점이 될 수도 있는 일이었다.

1587년, 도요토미 히데요시는 일본에 체재하고 있는 선교사들의 추방을 명했다. '바테렌 추방령'이라 불리는 기리시탄에 대한 최초의 공적 탄압의 시작이었다. 이 추방령은 전국의 통일을 목전에 두고 규슈에 들어온 히데요시가 자신이 만들고자 하는 국가가 이러한 것이라고 선언했던 최초의 사건이다. 이것은 단순히 기리시탄에 대한 법령에 머무르지 않고, 히데요시의 전국 통일의 기본 방침이 명확하게 주장된 것이라 생각할 수 있다.

'바테렌 추방령'에서 히데요시는 먼저 '신앙의 자유'를 주장했다. 즉, 개인의 신앙에 대해서는 자신이 생각하는 대로 따라가도 좋다는 선언이었다. 로마 교황이 모든 신들에 대한 신앙에 관용적이었던 것처럼, 최고 통치자는 백성들의 마음의 선택에 있어서 관대해야 한다. 이러한 통치자의 원리가 작용한 것이다. 그리고 이 원칙에 서서 히데요시의 경계는 이러한 관용정책에 역행하는 '배타적 신앙'을 가진 그리스도교를 향하게 된다. 그리고 기리시탄 다이묘와 그 영속국 운영에 있어 관용정책을 철저히 한다는 구실로 그리스도교가 금지되었다. 즉, 기리시탄 다이묘가 강제적으로 영민에게 하나의 신앙을 강요해서는 안 된다는 원칙이다. 그것은 이 나라의 지배자가 '히데요시' 한 명이고, 각국은 일시적 또는 임시적으로 각 다이묘에게 위탁되어 있을 뿐이라는 것이다. 영민은 거주지를 자유롭게 이동할 수 없었기 때문에 반영구적으로 같은 토지에 매여 있었다. 때문에 일시적인 영주가 영민의 신앙을 정하고, 강제하는 식의 일이 있어서는 안 된다는 것이었다. 이것은 구체적으로 유스토 타카야마 우콘(高山右近)의 영속국을 가리켜 언급한 것처럼 보인다. 타카야마가 타카츠키(高槻) 성주가 되었을 때, 영민의 집단 개종이 벌어졌다. 문자 그대로 타카츠키는 기리시탄령이 된 것이다. 히데요시는 이러한 지배가 이루어져서는 안 된다고 하면서, 그것이 가능한 것은 '천하인'인 자신뿐이라 선언하고 있는 것이다. 이것은 동시에 전국 지배자로서 히데요시의 정책 선언으로 볼 수가 있다.

히데요시가 기리시탄에게 가지게 된 경계의 두 번째는 기리시탄 신자들이 전국 각지에 존재하고, 그 사람들이 영역을 넘어 교류가 가능하다는 성질을 갖고 있다는 것이다. 히데요시에게 있어 각지가 서로 밀접하게 연결되는 일이 없이 각각 따로따로 공존하고 있는 것만이 좋은 것이었다. 복수의 영역이 힘을 합쳐 '천하인'을 거역할 만한 구조를 만드는 것은 허락되지 않았다. 각지에 산재하고 있는 기리시탄 다이묘 및 기리시탄 영민들이 네트워크를 통해 결속할 수 있다는 점을 히데요시는 경계했다. 기리시탄에게서 그러한 결속이 드러난 예를 구체적으로 볼 수 없긴 했지만, 정토진종본원사파는 각지의 '지나이(寺内)'의 네트워크로 말미암아 강력한 결속을 보였고, '일향일규(一向一揆)'를 조직하여 정치 세계에 막대한 영향을 보였음을 히데요시 등은 기억하고 있었다. 기리시탄의 '일향일규'화를 피해야만 했다. 이 선언도 '바테렌 추방령'의 배경에 있었던 것이다.

이와 같이 전국 통일을 지향하던 히데요시는 그리스도교의 배타적 성격과 영역을 뛰어넘어 결집하는 네트워크의 존재를 경계했고, 정치적으로 그리스도교의 존재에 쐐기를 박은 것으로 생각된다. 이를 보다 구체적으로 정책에 실행했던 것이 도쿠가와 이에야스 이하, 에도막부의 정치가들이라 할 수 있다.

5) 동서 종교 사상의 단층

그리스도교의 조직적인 전개는 16세기의 혼란과 재생의 일본 토양에서 환영받는 요소가 되었다. 동시에 위정자는 이러한 성장에 대해 경계감을 나타냈다. 이것이 기리시탄 시대라 불리는 일본 그리스도교 역사의 발전과 박해의 두 가지 국면을 만들어 내었다. 이제부터 살펴보고자 하는 것은, 그리스도교의 종교 사상이 본래 일본적 종교 사상과 어떻게 대면하는 것이었는가 하는 점이다. 그리스도교의 종교 사상은 어떤 일부의 사람들에게는 환영을 받았다. 그러나 일본 고대로부터 전해 내려온 종교인들, 특히 불교도들에게는 거절당했다. 그러한 역사를 고려하여 여기서는 동서 종교 사상의 대결이라는 요인을 살펴보고자 한다.

1593년, 순찰사 알레산드로 발리냐노는 일본의 사제양성기관이었던 콜레지오의 교육을 위해 유럽에서 사용되고 있던 것을 본뜬 교과서를 신학자이자 일본 예수회의 책임자였던 페드로 고메즈(Pedro Gomez)에게 작성하게 한다. 라틴어로 씌진 '예수회 강의 요강(イエズス会講義要綱, Compendium Catholicae Verittis)'은 인쇄조차 되지 않았지만, 대단히 훌륭하게 만들어졌다. 내용은 제1부가 천구론(天球論), 제2부에 아니마론, 그리고 제3부가 그리스도교의 가르침으로 되어 있다. 2년 후인 1595년, 일본어본이 작성되었다. 그것은 거의 완전한 라틴어 번역본이다. 책에 대한 상세한 서지학적 연구를 여기서는 생략하지만, 문제를 제기하고자 하는 부분은 라틴어본과 일본어본 사이에 존재하는 미묘한 차이에서 도출되는 동서 종교 사상의 단층이다.

라틴어본과 일본어본은 완전히 같은 목차로 구성되었지만, 내용을 음미해 보면, 일본어본에 십여 페이지 분량으로 라틴어본에는 없는 특별한 '부가 해설'이 첨부되어 있다. 그 내용은 '영혼(아니마)의 불멸을 논함'이다. 본문에도 '영혼의 작용과 그 불멸이라는 성격'에 대한 설명이 이루어지고, 라틴어본과 마찬가지로 일본어본 본문에도 동등하게 설명이 되어 있지만, 일본어본에만 '부가 해설'이 마련되어 있는 것은 왜일까? 일본어로만 써진 '부가 부분'은 아마도 유럽 사람들을 대상으로 한 것이 아닐 것이다. 즉, 일본인에 대해 특히 반복해서 강조해 두어야 하는 부분으로 부가되었을 가능성이 높다. 다시 말하면, 이는 일본인에게 있어서는 '영혼의 불멸'을 재차 강조해야 할 이유가 있었다는 것이고, 일본인과 유럽 신학 사이의 기본적인 단층을 엿보게 하는 것이라 필자는 생각하고 있다. '영혼의 불멸'은 선교사와 승려들과의 논쟁이 가장 심했던 논점이었다는 것을 알 수 있다. 즉, '영혼'과 그것이 영원 불멸하다고 생각한 유럽 그리스도교의 사고와 정반대에서 대립하는 종교 사상이 일본에 존재하고 있었다는 것을 암묵적으로 이야기하고 있는 것이다.

유럽의 선교사들은 스콜라 신학적 교양을 쌓은 사람들이다. 유럽의 신학교에서 그 사변적 신학을 철저히 교육받았다. 그 사람들은 '영혼(아니마)'이 영원불멸하다고 했는데, 이는 그리스 철학자 아리스토텔레스 이후의 명제였고, 토마스 아퀴나스 등에 의해서도 강조되었다. 인간이란 '육체'와 '영혼'으로 되어 있다. '육체'는 몸의 죽음과 함께 썩어 없어지지만, '영혼'은 영원히 계속 살아 있다. 이 명제는 선교의 현장에서 다른 강조점을 낳게 되었다. 즉, 영원한 영혼은 이 세상의 행위의 결과를 모두 이어받는다고 생각하는 것이다. 말하자면 이 세상에서 '선한 삶'을 실행한 자는 영혼의 속성에 새겨진 '선'에 의해 영원한 상급을 받는다. 그곳이 '파라다이스(천국)'이다. 반대로, 이 세상에서 '악하게 사는' 것은 영원한 영혼에 각인되어 '인페르노(지옥)'의 고통에 들어간다. 그 상급도 고뇌도 영혼이 영원히 살아 있는 한 영원의 속성이고, 그것은 이 세상에 있어서 인간의 행위의 결과이다. 즉, 선교의 현장에서, '영혼의 불멸'을 논하는 것은, 이 세상에서의 삶의 방식에 '권선징악'

의 사고를 이끌어내는 것이었다. 곧, '영혼의 불멸'을 강조한 목적은 윤리적으로 선한 삶의 권고에 직결되는 가르침이다. 여기에 유럽 사람들의 종교 사상이 하나의 특징으로 드러난다. 즉, 그리스 철학을 응용하여 신앙을 표현하려고 한 그리스도교 사상은 합리주의적이며 '구별의 사상'에 근거한다. '선'을 '악'과, '참'을 '거짓'과, 그리고 '아름다움'과 '추함', '성'과 '속' 등 모든 이원대립을 식별하고 분별하는 것으로 성립된 사고 방법이다. 이것은 근대의 과학합리주의에 이르는 유럽 사상의 근본 요인이다.

이러한 '영혼의 불멸'론 및 권선징악의 윤리론을 설파한 유럽 선교사들의 말을 일본인은 어떻게 이해했을까? 일본인의 상당수가 이원론적 '구별'의 사고방식을 멀리하거나 꺼리는 경향이 있다. 이는 아시아적 종교 사상에 있는 큰 맥락과 일치한다. 최소한 그리스도교에 반대했던 승려들은 어떤 사상적 근거로 그리스도교의 '구별'의 사고로부터 도출되는 종교 사상의 반론을 제기하려 했다. 그것은 아시아 전체에 두루 퍼진 절대일원론, 즉 '통합의 사상'을 기반으로 하는 것이었고, 일본에 있어서는 '천대본각론(天台本覚論)'이라는 사고로 대표되는 사고방식이다.

중세의 히에이잔(比叡山)에서 발전한 '천대본각론'은 자연과 인간을 구별하지 않는다. 모든 '구별'을 뛰어넘게 만드는 '통합'의 사상을 발전시켰다. 종교 사상적으로 말하자면 구원받는 것과 구원받지 못하는 것이 존재하는 것이 아니라, 모든 것이 이미 '구원'의 상태에 있다고 말하는 사상이다. '초목국토실개성불(草木國土悉皆成仏)'이라 하여, 존재하는 모든 자연, 그것이 유기물이든 무기물이든, 이미 '부처[仏]의 모습'이다. 부처가 되기 위하여 인간은 악착같이 노력하고 수행하려고 하지만,

본래 '생(生)' 자체가 '불성'을 구비하고 있다는 사고방식이다. 여기에 '선' 과 '악', '일(一)'과 '다(多)', '아름다움'과 '추함' 등의 구별은 모두 지양되고, 구별 없이 절대일원론적으로 제시된다. 아시아 사람이 갖는 특유의 자연관은 조화를 강조하는 것인데, 본각 사상은 이를 가장 완성한 형태라고 할 수 있을 것이다. 1560년대 교토에서 선교사 가스팔 빌레라(Gaspar Vilela)와 토론한 승려들은 이 '영혼의 불멸'이라는 사고에 위화감을 느끼고, 그것을 주요한 쟁점으로 삼았다. 그만큼 일본인에게 있어서 '구별의 사상'으로부터 도출되는 종교 사상은 받아들이기 어려운 것이었으리라 생각된다.

자연을 구별하지 않는다고 보는 방식은 종교 사상에도 강하게 반영되고 있다. 즉, 천대본각 사상의 기반을 토대로 발전한 새로운 불교의 사고체계는 '죄인'과 '선인'의 차이가 전혀 문제되지 않았고, 모두가 부처 아래 구원의 상태에 있다고 여긴다. 13세기 후반에 이러한 가르침을 설파한 대표적 인물인 신란(親鸞, 정토진종의 시조)의 '악인정기설(悪人正機説, 아미타여래가 구원하려는 것은 바로 악인으로 되어 있는 모든 사람이라는 설)'은 바로 이 경지를 철저하게 한 것이었다. 이렇게 일본의 종교는 13세기를 기점으로 산에서 마을로, 승려와 귀족의 종교에서 민중의 종교로의 변천을 이루고 있었다. 그리스도교가 전해졌을 때, 사람들이 이 새로운 종교에 바랐던 것은 바로 이러한 '민중의 종교'로서의 측면이었다. 그러나 이러한 일본적 통합의 사고방식, '본각 사상'적 구원관에는 함정이 있다는 것도 사실이다. 그것은 윤리적 노력 무용론에 다다를 위험성이 있다는 것이다. 선악의 구별 없이 모든 것에 원만하게 '깨달음'의 상황이 있다고 하는 것은, 인간을 태만으로 흘려보내는 것을 용인하는 것이 될지도 모른다. 여기에 유럽의 '구별적 사고'에 익숙한 가톨릭 선교사들이 잘못됨을 느꼈던 것이 아닐까 한다. 이는 '예정론'에서 언급되는 바와 같이, 인간의 자유의지가 유효하지 않을 경우, 스스로 선행을 쌓는 것의 의미가 없음을 강조하는 태도와 비슷하다. 트리엔트 공의회에서 '인간의 자유의지의 협력이 구원에 있어 중요하다'고 확인한 가톨릭 신학자들은 그것을 결코 인정하지 않았을 것이다. 그러한 사고방식의 차이에, 일본인과 유럽 신학자들의 근본적인 대립점이 있었다고 생각할 수 있다.

유럽의 분별지(分別知)를 기초로 하는 '구별하는' 사고방식과 일본의 천대본각론의 일원론적 사고인 '통합' 사고의 차이는 그리스도교 반박을 시도한 사상가들이 특히 강조한 관점이다. 그것은 동양적 사유와 서양적 과학합리주의의 차이로서 현대에 있어서도 자주 회자되는 사상적 단층이다. 일본인은 이러한 '분별지'를 경시하는 경향이 있다. 그런 의미에서 유럽 선교사들이 강조하는 신학에 대한 위화감은 일본인, 특히 승려들에게 있어서 정점에 달했던 것이 아니었을까 한다.

종교 사상에서의 '구별하는 사고'와 '통합하는 사고'의 구별은 16세기의 일본인과 유럽 선교사들의 사고방식의 차이에도 검은 그림자를 드리우고 있었다. 이 문제는 차후의 과제로서 보다 상세히 고찰해 나가야 한다.

4. 순교자로 살아난 교회

일본 교회에서는 2016년 현재, 42명의 '성인', 그리고 435명의 '복자'가 현양되고 있다(1597년의 26성인, 205위 복자, 188위 복자 등). 그들은 16세기 그리스도교 포교 개시 이래로 신앙을 살았던 많은 신자들의 일부이다. 그러나 여기에 일본 교회사에 있어서 가장 두드러지는 특징으로 지적할 수 있는 것은, 이러한 성인과 복자들이 모두 '순교자'라는 사실이다. 즉, 일본의 위정자들이 그리스도교를 경계하여 미워하고 금교령을 내려 박해를 계속해 왔다는 사실의 반증이자, 그 가혹한 역사의 단적인 증좌로서 성인, 복자 모두가 순교자로 후세에 전해지고 있다.

일본의 그리스도교 역사 안에서 얼마나 많은 순교자들이 존재해 왔는가? 반세기 정도 전에는 30만 명이라고도 일컬어졌으나, 이것은 아직 제1차 사료를 엄밀히 읽는 작업을 하기 전의 추정이고, 현재에는 2만에서 4만이라는 숫자에 학자들의 결론이 모아지고 있다. 최대 신자 수는 40만, 또는 50만이라고도 이야기되고, 누적된 숫자로는 수백만 명에 달하는 것으로 여겨지는 16, 17세기의 일본 그리스도교 인구 안에서, 4만이라는 숫자가 특별히 주목해야 할 중대한 수적 규모라 할 수 있는가? 오히려 그것은 극히 소수의 예외적인 유덕자(有德者)들의 미담에 불과한 것이 아닌가? 이런 의문들이 일반적인 연구자들에게서 제출되고 있다. 그러나 수적 규모의 크고 작음과 상관없이, 이렇게 '희한한[希有]' 삶의 방식이 확실히 존재했다는 것은 역시 특별하게 다룰 만한 가치가 있을 것이다. 이런 점에서 일반 일본 연구자들 사이에서도 무사(사무라이)의 '쥰시(殉死)'와 겹쳐지는 '순교론'이나, 그것을 특별한 일본인들의 행위로 위치시키는 시바 료오타로(司馬遼太郞)와 같은 작가도 존재하고 있다.

예수회 고문서관에서 일본 선교사들의 서간 간행에 몸담았던 고(故) 루이스 데 메디나 신부가 저술한 『일본 순교록』에는 2,072명이 순교자 명단에 올라 있다. 이것은 예수회 고문서관에 남은 순교자 사료와 일본사 연구자인 아네사키 마사하르(姉崎正治)의 저서에 근거하여 편찬된 사료집이고, 사람들이 어떤 이유로 처형되었는지 규명하는 기록이다. 순교자로서 확실히 인정받는 사람들의 명단인데, 그 안에는 '코로비(転び, 배교자)' 바테렌(伴天連) 크리스토방 페레이라(Cristobal Ferreira)의 이름도 있고,[1] 그 죽음의 이유를 둘러싸고 논의를 일으킬 만한 인물들도 포함되어 있긴 하지만, 전체적으로 신뢰할 수 있는 사료이다.

일본에서도 조선 반도나 중국 대륙과 같이 단독의 순교보다는 집단적인 순교가 많이 발생하였다. 잘 알려진 바로는 1597년, 도요토미 히데요시(豊臣秀吉)에 의한 26순교성인(프란치스코회 관계자 23명, 예수회 3명)이 있다. 1617년의 교토(京都) 대순교에 의한 52명(2008년, 교황 베네딕토 16세에 의해 시복), 1622년 나가사키(長崎)의 니시자카(西坂)에서 있었던 겐나(元和) 대순교의 55명(1868년, 비오 9세에 의해 전원 시복), 1623년 에도(江戶)의 후다노츠지(札の辻)에서 있었던 대순교의 50명 등 집단적인 처형의 예는 헤아릴 수 없이 많다. 17세기에는 각지의 기리시탄 검거 사건(郡崩れ·豊後崩れ·尾張崩れ)에 의한 집단 검거

---

[1] Juan ruis-de-Medina S.J. *El Martirologio del Japón 1558~1873*, pp.758~759. 페레이라(Cristobal Ferreira)는 명단의 1,685번째에 올라 있다. 한번은 배교하여 막부의 관리로서 기리시탄 박해에 협조했으나, 만년에는 후회하여 회심한 뒤에 병사했다는 1655년의 '일본연보'를 그 근거로 하고 있다.

와 처형이 이루어졌다. 나가사키의 우라카미(浦上) 주변에서는 메이지(明治) 정치 수립에 이르기까지 에도막부에 의해 적발된 기리시탄 집단의 검거 사건(浦上崩れ)이 반복되었다. 그 중에서도 마지막인 '우라카미 4번째 쿠즈레(1867~1873)'는 기리시탄으로서 붙잡혀, 각지로 유배되어 3,394명 중 662명이 목숨을 잃었던 대규모의 검거 사건이자, 에도막부의 전복을 꾀한 메이지 정부도 기리시탄 금교령만은 계속하여 존속시켰다는 것을 알려 준다. 이 662명은 순교자로서 인지되고 있기는 하지만, 아직 시복이나 시성에는 미치지 않고 있다. 이런 집단적 검거 사건이 보여 주는 것은, 일본의 그리스도 교회가 '순교자'를 공경함과 더불어 그 신앙의 모범으로 살았고, 자신은 '배교'의 길을 헤매면서도 그 신앙의 기억(memoria)을 전승하여 기리시탄 공동체를 존속시키려고 한 의지가 매우 강했다는 사실이다. 여기에 '순교자'뿐만 아니라, 한번은 배교했다 하더라도 남 몰래 그 신앙을 존속하려고 했던 '코로비'에 대한 것도 동시에 연결지어야 일본의 기리시탄 역사, 특히 순교자의 역사를 말할 수 있다.

5. 어떤 순교자의 프로필 : 188위 복자 베드로 카스이 키베의 경우

일본의 수많은 순교 사건 가운데, 특히 뛰어났던 한 인물을 들어 순교란 무엇인지에 대한 실례를 제시하고자 한다. 이것은 2008년, 187위와 함께 시복된 예수회의 베드로 카스이 키베(カスイ岐部)에 관한 것이

다. 이 인물의 전 생애에 걸친 삶의 방식과 죽음을 맞는 모습에서 일본 그리스도교 역사의 가장 두드러진 '순교'의 형태가 잘 드러나리라 생각하기 때문이다.

베드로 카스이 키베는 1587년, 오이타현의 쿠니사키(國東)의 지방 영주(水軍)의 집에서 태어나, 1639년에 에도에서 10일간의 '아나츠르시(穴吊し)'의 고문을 받은 뒤에도 배교하지 않아 결국에는 참수를 당해 하늘에 오른 순교자이다. 태어난 해인 1587년은 히데요시의 바테렌 추방령이 내려진 해였고, 키베의 생애를 둘러싼 그리스도교의 환경은 늘 긴장 상태의 연속이었다. 부모 역시 열심한 기리시탄이었기 때문에 태어나자마자 바로 세례를 받았고, 13살 때에 아리마(有馬)에 이전해 있던 신학교(セミナリヨ)에 입학했다. 그때부터 카스이의 이름을 사용하게 되었다고 전해진다. 카스이에 대해서는 여러 가지 설이 있는데, '카스이(活水)'라는 것은 당시의 예수회 총장이었던 클라우디오 아쿠아비바(Acquaviva, 일본어로 '살아 있는 물(活きる水)'이란 뜻)에 대한 경애의 표현이었던 것일지도 모른다. 소년의 마음에는 예수회의 선교사처럼 일본의 그리스도교 신자들을 위해 활동하는 꿈이 자라고 있었을 것이다. 하지만 당시의 신학교의 지도자였던 포르투갈 사람들은 아주 엄격하게 일본인 제자를 대했던 것으로 알려져 있다. 라틴어 능력이 저조한 학생들은 진급을 허락하지 않고, 당연히 사제가 되는 길도 험난했다. 포르투갈 사람과 일본인 사이의 마음의 마찰은 추방령 이후 더욱더 커지게 되었다. 1614년 에도막부의 금교령에 의해 국외로 추방당한 키베는 마카오에서의 사제서품을 기약하며 바다를 건넜지만, 마카오에서는 일본 이상으로 일본인에 대한 편견이 강하게 자리 잡고 있어서 더욱 곤란에 처했다. 그 결과, 동료인 고니시 만시요(小西マンシヨ) 및 미겔 미노스(ミゲル・ミノス)와 함께 아시아에서 제일 큰 예수회 신학원이었던 인도 고아의 성 바오로 신학교에서 서품받기를 꿈꾸며 마카오를 떠났다. 그러나 역시 포르투갈계의 예수회가 다수를 점한 고아에서도 사태는 좀처럼 호전되지 않았다. 그래서 키베는 유럽으로의 단독 여행을 결심하고, 포르투갈 배가 아니라 홀로 아라비아의 사막을 도보로 넘어 로마를 향하는 여행을 실행했다. 1620년 로마에 도착한 키베는 '사막을 걸어온 일본인'이라 해서 대환영을 받고, 도착한 지 한 달이 채 지나지 않아 산 죠반니 대성당에서(교구사제로서) 그토록 염원했던 서품을 받았다. 이때 키베는 이미 32세가 되어 있었다.

　로마에 있어서도 키베의 마음에는 항상 박해의 위험에 노출되어 있는 동료들에 대한 미안함이 있었다. 자신은 동료들을 버리고 일본을 떠났다는 자책감과 함께 동료들을 위해 신부로서 일하고자 하는 열망이, 키베로 하여금 일본으로 들어가는 유일한 루트를 갖고 있는 예수회로의 입회를 결심하게 하였다. 다행히도 포르투갈 관구는 곧바로 키베를 받아들일 것을 승인하였다. 이때부터 키베의 생애에 있어서 순교에 매진하는 생활이 시작되었다.

　일본행 도항선이 모두 폐지되었다는 것을 태국의 아유타야에서 알게 된 키베는 마닐라에서 작은 배를 조달하여 일본에 밀입국을 시도하였다. 1630년 여러 번 조난을 당해 목숨을 잃을 뻔하면서도 간신히 가고시마(鹿児島)의 보오노츠(坊津)에 상륙하였다. 그 뒤, 일단 나가사키에 들렀다가 기리시탄에 대한 박해가 아직 심하지 않은 도호쿠(東北)의 센다이(仙台) 지방으로 옮겨 가, 미츠사와(三沢) 땅에서 잠복 기리시탄 공동체의 지도를 수행했다. 그러나 1639년, 동료들 가운데 밀고자가 생겨 키베와 함께 센다이 주변에서 활동했던 2명의 사제가 함께 체

포되어 에도(江戸)로 압송되었다. 여기서 '아나츠르시(穴吊し)'라는 고문을 받았다.

　에도막부의 금교정책에 따른 지도자 및 신자들에 대한 처우는 해를 거듭할수록 가혹하기 그지없을 정도로 이루어지고 있었다. 금교령 반포 후 초기에는 너무나도 많은 처형자를 낸 탓에, 신자들 사이에서는 곧바로 '순교자'를 칭송하는 분위기가 달아올라, 기리시탄들의 세력을 감소시키려는 막부의 정책에도 역효과가 났다. 이로 인해 곧바로 처형하는 것은 득이 되지 않는다고 판단한 막부는 '처형'이 아닌, '배교'를 강요하는 것을 최우선으로 하였다. 특히 선교사 등의 지도자가 '배교'를 표명하면 신자공동체에 주는 피해는 가늠할 수조차 없다는 점에서, '히아부리(火炙り)' 등 극심한 고통을 주는 고문이 실시되었다. 바로 죽이지 않고 배교를 강요하는 수단으로서는 효과적이었다. 1622년 나가사키를 배경으로 한 「겐나대순교도(元和の大殉教図)」라는 당시 상황을 극명하게 보여 주는 그림이 남겨져 있는데(로마 제즈 성당, The Church of Gesù Nuovo 소장), 중앙에는 '히아부리'를 당하는 선교사들의 모습이 묘사되어 있다(불이 처형자들의 발밑으로부터 몇 미터 앞에서 타오르고 있는 것을 알 수 있다). 그 뒤, '배교'를 강요하는 막부의 수단은 한층 더 교묘해져, 이루 말할 수 없는 '아나츠르시'라는 형벌이 실시되었다. 직경 2m, 깊이 2m의 구멍을 파, 바닥에 오물을 채우고, 그 안에 인간을 거꾸로 매달아 며칠간 방치하는 것이다. 머리에 피가 몰려 의식을 잃는 것을 방지하기 위해 관자놀이에 상처를 내고, 또 내장이 뒤집히지 않도록 몸을 꽉 동여매었다. 손목부터 손가락까지만 자유롭게 움직일 수 있도록 두고, 그것을 움직였을 경우 '배교를 받아들였다'는 신호로 간주하였다. 인류 역사상, 이보다 더한 유례를 찾아볼 수 없는 꺼림칙한 고문을 고안해 낸 것은 나가사키 부교(奉行) 다케나카 우네메 시게요시(竹中采女重義)라는 인물이었다고 전해진다. 텐쇼견구사절(天正遣欧使節, 1582~1590)로서 로마를 향했던 나카우라 쥴리안(中浦ジュリアン)은 3일간의 고통 끝에 숨을 거두었다고 한다(사제, 향년 63세). 당시 예수회의 책임자였던 크리스토방 페레이라(Cristóvão Ferreira)는 6시간의 아나츠르시 끝에 배교의 길을 선택했다. 니콜라오 후쿠나가 케이안(福永ケイアン, 수도자, 향년 64세)이 매달린 구멍에서는 끊임없이 '성모 호칭 기도' 소리가 흘러나왔다고 한다. 그 밖에 예수회의 디에고 유키료오세츠(結城了雪, 사제, 향년 63세), 아우구스티노회의 토마스 킨츠바 지효에(金鍔次兵衛, 사제, 향년 37세) 등이 마찬가지로 '아나츠르시'의 고문 끝에 하늘에 올랐다.

베드로 키베와 두 명의 신부는 막부의 관리로부터 센다이 지방의 신자 상황을 알려 주면 석방하겠다는 제의를 받았다. 고문에 견딜 수 없었던 두 명의 신부는 신자의 존재를 알려 줘 버렸고, 센다이의 그리스도교 집단은 괴멸적인 타격을 입었다. 그러나 베드로 키베는 마지막까지 신자공동체의 존재에 대해 입을 열지 않았고, 10일간의 '아나츠르시'를 견뎌낸 후, 속을 끓이던 관리에 의해 참수되었다. 형 집행에 있어서 막부의 관리인 이노우에 치크고노카미 마사시게(井上筑後守政重)는 막부에 올린 보고서에 '베드로 키베를 고문했지만 결국 배교하지 않았다'는 기록을 남겼다. 당시 일본에 남겨진 기록과 로마 예수회 문서관에 있는 키베의 기록들을 대조하여 동일 인물이라는 것이 1990년대 초반, 치스리크 신부의 연구에 의해 밝혀졌다. 그때까지는 베드로 키베가 완전히 잊혀졌던 것이다.

베드로 키베의 최후는 순교란 무엇인지를 진지하게 생각해 보게 한

다. 첫 번째로, 순교자의 강한 의지와 함께 생애를 하느님께 대한 신앙으로 살고자 하는 모습이다. 그 결과, 당시로서는 드물었던 사막을 횡단하는 혹독한 여행을 실행했고, 나아가서는 박해하의 동료들을 구원하기 위해 목숨을 바쳐 귀국하는 '흔들림(ぶれる)' 없는 의지를 보여 주었다.

두 번째로, 다른 사람들은 결코 흉내낼 수 없는 마지막 결단이다. 동료를 배신하면 살려 주겠다고 했지만, 키베는 결코 굴하지 않았다. 여기서 생각해 보아야 할 점은, 거의 모든 사람들이 굴복했던 두 사람과 틀림없이 같은 행동을 취하리라는 점이다. 그리고 그에 대해서 어느 한 사람도 탓하거나 심판할 수 없다. 오히려 한층 더 빛을 발하는 것이 베드로 키베의 태도이다. 이는 아주 예외적인 모습을 드러내는 것이다. 우리가 키베처럼 행동할 수 없어도 희망을 잃을 필요는 없다. 그것은 하느님이 베드로 키베에게만 내려 주신 '증거'의 형태였기 때문이다. 사제직을 지향하여 1만 km나 되는 여행을 한 인물, 동료들의 고통을 생각하여 그 안에서 활동할 결의를 한 인물, 그리고 그 동료들을 위해 자신의 목숨을 버리는 일조차 마다하지 않은 인물, 이러한 것들은 모두 예수 그리스도에 대한 키베의 신앙에서 도출된 결론이고, 이를 성취시켜 준 것은 하느님의 은총이었다. 키베 자신조차도 그러한 최후를 이루리라고는 상상하지 못했을 것이다. 오히려 마지막 결단으로 주어진 '은총'이었다고 생각된다. 그만큼 키베는 예외 중의 예외적인 것을 마지막에 드러냈던 것이다. 인류 가운데, 우리와 같은 인간 가운데, 이 정도까지 하느님을 사랑하고 이웃을 사랑한 인물이 한 사람이라도 존재했다는 사실이야말로 커다란 의미가 있다. 약하고 무른 인간 가운데, 하느님의 은총은 베드로 키베라는 유일한 예외를 가지고 인간이 이룰 수 있는 최고의 덕을 드러낼 기회를 부여하였다. 이런 의미에서, 키베의 최후는 바로 '믿고 있음을 목숨 걸어 증거했다'는 것으로 인해 최고의 지위에 들어 올려진 인간 존재로서 현양할 수 있게 되었다.

6. 순교자의 의지를 이어받은 공동체 : 잠복공동체에서의 '성사'의 메모리아(기억)

1614년의 에도막부에 의한 금교령은 일본의 그리스도교 역사를 '순교사'로 이행시켰다. 그때까지만 해도 산발적인 박해나 순교자들의 기록은 각지에서 이루어졌다. 그러나 에도막부의 금교는 그리스도교를 '사교'로 정하고, 일본인에 의해 해를 끼치며, 전통적인 일본의 신불(神佛)을 파괴하는 것이라 규정하였다.

1614년부터 1640년경까지 많은 순교 사건이 기록되어 있다. 그러나 에도막부가 본격적으로 기리시탄 금지제도를 가지고 맞붙기 시작한 것은 1637년부터 이듬해에 걸쳐 발생한 시마바라(島原)·아마쿠사(天草)의 난 이후이다. 이것은 규슈의 구 기리시탄령이었던 시마바라와 아마쿠사 지방의 농민들이 일으킨 살벌한 공물 징수에 대한 반항으로, 구 기리시탄 무사들이 무력을 가지고 모여 일으킨 농민반란으로 정의되어 있다. 그러나 에도막부는 이것을 '기리시탄의 궐기'라고 규정짓고, 이후의 막부 정책에 있어서 각 번(藩)에 기리시탄 금지제도를 강화하는 교훈에 이용했다고 일컬어지고 있다.

그 결과, 에도막부 당시 그리스도교 금교정책(테라우케 제도, 슈우몽아라타메, 류족)이 구체적으로 시행되기에 이르렀다. 테라우케(寺請)란 전 국민을 몇몇의 불교사원의 명부에 등록시키도록 한 제도이다. 마을 사람들의 행동은 이렇게 하여 불교사원의 감시를 받게 되었다. 슈우몽아라타메(宗門改)의 시작은 1660년이라 전해진다. 주민의 출생, 사망, 혼인, 결혼 등을 기록한 슈우몽아라타메 장부가 슈우몽아라타메 간부에 의해 관리되었고, 매년 갱신되었다. 또한 기리시탄의 자손들은 남자 6대, 여자 3대에 걸쳐 등록되어[類族帳], 기리시탄으로서 살아남을 길이 단절되었다. 이들 대다수는 순교자와 배교자들의 유족(類族)이었다.

1) '쿠즈레(崩れ)'에서 볼 수 있는 '이종(異宗)'에의 탄압, 그리고 '잠복 기리시탄'과 촌락공동체의 공존

에도막부 250년의 지배하에 기리시탄의 신앙을 계승하려는 시도는 끊임없이 이어졌는데, 이를 '잠복 기리시탄'이라 한다. 즉, 겉으로는 불교도로 살아가면서, 마음으로는 그리스도교의 신앙을 이어 가려고 했던 것이다. 순교자가 되지는 못했더라도, 한 번 배교를 선언하긴 했더라도, 이러한 마음을 지닌 사람들이 많았고 '잠복 기리시탄'으로서 계속 살았다.

어떻게 하여 '잠복 기리시탄'은 존속할 수 있었던 것일까? 이전에는 '카쿠레 기리시탄(隠れキリシタン)' 등으로 칭해져, 일반의 일본 사회로부터 완전히 동떨어진 비밀의 지하조직과 같은 인상으로 계속 이야기되었던 '잠복 기리시탄'이지만, 현재는 그 잠복의 방법이 연구자들에 의해 점차적으로 밝혀지고 있다. 물론 그들은 개인으로 살았던 것이 아니라, 공동체를 형성하고 있었다. 거기에는 앞서 살펴본 '형제회(콘프라

리아)'의 틀이 유효하게 이용되었다.

　오오하시 유키야스(大橋幸泰) 박사의 연구에 의하면, '잠복 기리시탄'의 공동체가 독립하여 존재하고 있던 것이 아니라고 말한다. 즉, 에도시대의 사람들은 단독의 종교활동을 실천했던 것이 아니라, 복수의 종교적 속성을 갖고 있었다는 것으로, 이질적인 신앙을 위장(camouflage)하는 것이 가능했다는 결론을 제출하고 있다.

　말하자면 에도시대, '기리시탄'은 결코 용서받을 수 없는 사교였다. 그러나 각지에서는 '잠복 기리시탄'의 발각 사건이 때때로 일어났다. 우라카미 1번째 쿠즈레(1790), 우라카미 2번째 쿠즈레(1842), 우라카미 3번째 쿠즈레(1865), 및 아마쿠사 쿠즈레(1805) 등이 있다. 이들은 발각 사건으로, 막부는 기리시탄 단속으로서가 아니라 '이종(異宗)' 신앙의 존재 여부를 확인하여, 그 결과 무죄를 포함, 처벌을 결정하는 것이었다. 즉, 잠복 기리시탄의 종교활동은 일반의 종교와는 이질적인 것으로 처리되었다는 것을 의미한다. 그것은 철저하게 배제되어야 했던 '기리시탄'과는 별개의 것이었다. 그리고 민중의 측면에 있어서도, '잠복 기리시탄'은 일반적인 마을 사람들에게 많든 적든 '인지'되면서 계속 존재하고 있었다. 그런데 일반적인 마을 사람들에게 있어서도, 자신들의 마을에서 '이종'이 발각되면 연대책임을 져야 했다. 따라서 많은 마을에서는 '잠복 기리시탄'이라는 것을 알면서, 봐도 못 본 척하고, 심지어는 보호까지 해 주었다는 도식이 일반적이었다는 것이다. 이러한 사고방식은 '잠복 기리시탄'을 '카쿠레 기리시탄'으로서 분리하고 독립시켜 비밀조직으로서 인식했던 종래의 설을 뒤엎는 것이다.

　그리고 '잠복 기리시탄' 입장에서 말하자면, 그리스도교 신앙을 포기할 수 없는 사정이 있었다. 즉, 선조들이 소중히 여겼던 종교활동, 신앙

행위를 몇 세대쯤 지난 자신들의 손으로 종결시키는 것에 대한 두려움이 있었던 것으로 여겨진다. '타타리(祟り)'를 두려워하여, 종래의 신앙활동을 포기할 수 없었다는 측면도 크게 작용했을 것이다. 이러한 종교 행위는 대체로 민족 종교화되어, 그리스도교 본래의 모습에서 동떨어진 것이 될 수밖에 없었던 것도 사실이고, 이러한 흔적은 현재의 규슈 지방에 남아 있다. 그러나 한편으로는 16세기에 유럽의 선교사들에 의해 전해진 그리스도교의 본질을 소중히 보존하기 위한 노력도 이루어지고 있었다. 규슈의 소토메(外海), 고토(五島), 나가사키 주변에 전승된 '바스챤 전설'과 '콘치리상노리야쿠(こんちりさんのりやく)'의 전통 계승이 그것이다. 다음 장에서 이에 관해 설명을 더하고자 한다.

2) '잠복 기리시탄'에게 희망을 매어 둔 성사의 기억 (콘치리상노리야쿠)

이상으로 일본에 있어서의 '목숨을 걸고 신앙을 증거한 사람들'이 적잖이 존재했다는 것을 확인하였다. 그러나 한편으로 일본의 그리스도교 역사에는 또 한 가지 특별히 언급해야 할 특징이 존재한다는 것을 감히 추가하고 싶다. 그것은 '순교자'의 기억과 함께, 한번은 신앙을 포기했으나 뒤에 회심하여 '돌아선 사람들'이 위정자들의 감시를 경계하면서 '잠복 기리시탄'으로 살아남아, 순교자들의 기억(메모리아)을 후세에 전승한 역사가 있었다는 사실이다. 한번 '배교'를 표명하면, 그 죄는 용서받지 못하는 것일까? 특히 선교사가 존재하지 않던 에도시대 초기의 박해 중 '고해성사'가 실행될 수 없었을 때, '에후미(絵踏み)' 등에 의해 신앙을 버린 사람들의 회개의 기회는 없었을까? 여기에 전 세계에서 아마 유례를 찾아보기 힘들 것이라 여겨지는 일본 그리스도교의 독

자적인 방법이 더해졌다. '콘치리상노리야쿠'라 이름 지어지고 서적에 의해 보급된 '고해성사'의 대체 행위이다.

'콘치리상노리야쿠'는 1590년대 말, 책자로 인쇄되었던 것으로 추정되지만, 그 원본은 남아 있지 않다. 몇 가지 사본이 각지에 남아 있을 따름이다. 내용은 '참된 통회(contritio)'를 충분히 이행하면 이어지는 '고백(confessio)'은 그 기회가 도래할 때까지 유보하고, 죄의 용서는 얻을 수 있다는 가르침이다. 자세한 것을 여기서 논하기는 어렵지만, 말하자면 사제의 부재 시, 고해성사를 대체하는 '참된 통회'의 실천을 촉구하는 것이다. 이는 박해하의 고립된 신자들에게 있어서 곧 '구원'이었음에 틀림없다. '콘치리상노리야쿠'의 말미에는 간결한 '오라쇼(オラショ)'가 정리되어 있다. 이것을 몇 번이고 반복하여 외우는 것으로, 신자들은 '고해성사'를 대신하는 것이라 믿었던 것이다. 부교쇼(奉行所)에서 '에후미'를 행한 뒤, 마을로 돌아와 곳간에 처박혀 몇백 번이고 이 '콘치리상노리야쿠'의 '오라쇼'를 눈물을 흘리며 반복했던 '코로비' 신자들이 있었다는 것이다. 이 사람들이 '잠복 기리시탄'의 기원이 되어, 대대로 그 신앙의 기억을 계승한 근본이 되었던 것이다. 다시 말해, 사람들에게 있어서 '성사'의 기억(메모리아)은 생명줄이었다는 것을 보여 주는 것이다.

1650년대 금교령이 거의 완전히 침투했을 즈음, 나가사키 근교 소토메(外海)에서 유명한 전도사 바스챤(バスチャン)이 순교하였다. 이 인물은 사제의 시중을 들던 신자였는데, 박해를 견뎌낸 신자들을 격려하기 위해 여러 가지를 고안하여 남겼다고 전해지고 있다. 첫째는 사제가 없는 중에 있더라도 그리스도교의 달력이 준수되도록, '히그리(日繰り)'를 남겼다. 1년 중 언제 어떤 축일을 지내는지를 기억시켰던 달력이다. 그

리고 또 한 가지, 바스챤이 후세에 이름을 남긴 중요한 것으로 신자들의 용기를 북돋았던 '예언'이 있었다.

 1. 너희들을 7대까지는 나의 자녀로 여길 것이나, 그 후로는 아니마의 구제가 곤란해질 것이다.
 2. 콘헤소-로(コンヘソーロ, confessor, 청죄사제)가 커다란 흑선을 타고 올 것이다. 매주라도 콘히샹(コンヒサン, confissão, 고백)을 할 수 있다.
 3. 어디에서라도 큰 소리로 기리시탄의 노래를 부르며 걸어 다닐 수 있는 시대가 올 것이다.
 4. 길에서 젠쵸(ゼンチョ, Gentio, 이교도)를 만나면, 상대방이 먼저 길을 양보하게 될 것이다.

이리하여 남겨진 신자들은 7대(210년) 후의 자유의 몸을 꿈꾸며 계속 살아갈 결의를 다진 것이다. 그리고 이 '예언'을 받고 250년 후인 1865년, 나가사키의 우라카미(浦上)에서 '잠복 기리시탄'이 파리외방전교회 소속으로 문호 개방 이후 포교에 착수하고 있었던 프티쟝(プチジャン, Bernard-Thadée Petitjean) 신부를 찾아와 오오우라(大浦) 천주당을 방문하여 '신도 발견'이 이루어졌다는 이야기는 잘 알려져 있다. 당시 그들은 프티쟝의 독신, 로마 교황의 이름을 확인한 뒤, 그 신부가 '성모 마리아'를 공경하는 인물인지 여부를 물었다. '산타 마리아님의 고상은 어디(에 있습니까)?' 이 질문은 프티쟝이 확실히 가톨릭교회의 사람이자, 선조들로부터 이어받은 같은 신앙의 소유자인지를 확인했던 것이었다. 그리고 '콘치리상노리야쿠'와 관련하여 중요한 것은, 사람들이 일부러 만나기 위해 찾아온 것이 단순한 '사제'도, '선교사'도 아닌, '고백'을 들어 줄 사람, 즉 '청죄사제(コンヘソーロ)'였다는 사실이다. 이는 동시에 가톨릭의 사제에게서만 이룰 수 있는 '성사'의 희망이었고, 잠복 기리시탄들은 이것을 250년이나 기다리고 바랐던 것이다. 전적으로 순교자들의 신앙과 그 기억(메모리아)을 '성사를 향한 마음'이 연결시켰다는 증거나 다름없다.

성사에 의한 신앙 기억의 예는 나아가 성체(미사)의 형상으로 남겨져 있다. 1996년, 미국인 연구자 크리스탈 웰란(Christal Whelan)이 편집한 「오타이야(お大夜)」라는 제목의 다큐멘터리 영화에 남겨진 고토(五島), 나루시마(奈留島)의 '잠복 기리시탄'의 전통을 이어받은 '장로'의 모습이 그것이다. '오타이야'란 크리스마스를 보낼 때 거행되는 의식이다. 고토, 나루시마의 장로가 심야에 단독으로 밥상 앞에 앉아 기도를 올리고, 거기서 '오미키(御神酒)'와 '하쿠마이(白飯)'를 먹는 것, 거행하는 동작은 그것뿐인 의식이다. 특징적인 것은 장로가 손으로 밥이 된 쌀을 먹는 동작이다. 이것은 분명히 미사(영성체) 동작의 기억에 의한 것으로 보인다. 대대로 장로들은 '미사'의 동작을 전하고 있었다는 점에 주목하고 싶다.

그리고 장로들은 죽은 이들의 장례(葬り)도 거행한다. 이때 관에 '순교자들의 옷자락'을 넣어 둔다. 신앙 때문에 돌아가신 먼 선조들의 옷을 자른 조각을 '잠복 기리시탄'들은 소중하게 보관하고 있었다. 이는 '천국으로의 여권'이라는 의미로 전해지고 있다. 이러한 점에서도 잠복 공동체를 계속해서 살게 한 원동력은 '순교자'와 '성사'의 메모리아였다는 것이 드러난다.

7. 1865년, 개국 후(막부에서 메이지 정부)와 그리스도교의 관계(순교를 탄생시킨 후의 용인)

본고의 마지막으로, 에도막부 종결 후, 근대 일본의 가톨릭 양상에 대해 한마디 더해 두고자 한다.

1865년 나가사키 오오우라 천주당에서 일어난 우라카미의 '신도 발견'은 그리스도교 사상 대단히 큰 사건으로서, 파리외방전교회의 프티쟝 신부 등에 의해 유럽으로 전해져 자유주의, 세속주의의 광풍이 불어 황폐해진 유럽 가톨릭교회에 낭보가 되었다. 당시의 교황 비오 9세는 205명의 순교자를 복자로 선언하고, 또한 17세기 초엽부터 현안이 되었던 26성인의 시성을 추진했다. 이리하여 가톨릭교회는 '하비에르가 뿌린 씨앗', '순교자들의 피'에 의해 활기를 띠었다.

메이지 신정부는 서구 열강에 대한 배려로 유럽 문화에 대한 편견을 불식시키려 노력하긴 했으나, 그런 가운데에서도 그리스도교 금교령의 철폐는 상정되지 않았다. 오히려 메이지 정부는 에도막부의 기리시탄 금지제도를 더욱 강화하는 움직임을 보이고 있었다.

신도 발견 직후인 1867년(慶応 3), 기리시탄 신앙을 표명한 우라카미 신자에 대한 탄압 사건이 메이지 정부 아래에서 발생했다. 우라카미 4번째 쿠즈레라 불리는 사건이다. 나가사키의 '잠복 기리시탄' 3천여 명이 체포되어, 일본 각지로 유배되었다. 그 가운데 처형, 고문, 장기간의 여행으로 얻은 병 등으로 목숨을 잃은 이는 600명을 넘었다. 일본인의 가슴속에는 에도막부 250년의 '사교'라는 이미지가 정착되어 있었던 것이다. 이러한 조치에 프랑스를 시작으로 한 다른 여러 나라들이 압력을 가하여, 막부는 기리시탄 금교령을 사실상 철회하지 않을 수 없게 되었다. 그것은 1873년의 일이었다. 다만, 이는 기리시탄 금교령의 철회를 의미하는 것이 아니라, 단순히 기리시탄 금교령을 포고하고 있던 '고찰(高札)'이 철거되었다는 것일 뿐이고, 메이지 정부는 역시 반 그리스도교 정책 계승의 의지를 분명히 지니고 있었다. 그 뒤, 민중에게 받아들여져 힘을 얻은 그리스도교라고 하는 기리시탄 시대의 체험을 바탕으로, 메이지 국가는 '천황 및 신도(神道)를 중심으로 하는 국가' 만들기에 매진한다. 일본인의 마음으로부터 그리스도교의 사교관이 뿌리 뽑히기까지는 또한 많은 세월이 요구되었다.

  이러한 메이지시대의 그리스도교는 파리외방전교회의 신부를 중심으로, 일본에 들어온 프랑스 계열의 여자 수도회와 더불어 새로운 걸음마를 시작했다. 당시의 가톨릭은 사회변혁에 참가할 의지가 없었고, 오히려 '눈앞의 개인의 구원'에 힘을 쏟았다. 즉, 고아를 돌보는 일, 한센병 환자들의 보호 등, 자선사업에 철저하게 관계했던(commitment) 가톨릭교회의 모습이 있었다. 그 정신은 말할 필요도 없이 마태오 복음서에 나타난 '자비의 행동'의 정신이었고, 나가사키에서는 이와사키 마키(岩崎マキ)를 중심으로 한 여성들, 요코하마(横浜)에서는 1872년 일본에 입국한 산 모르 수녀회에 들어간 방인 수녀 야마가미 카크(山上カク) 등의 활동이 주목할 만했다. 바로 16세기의 기리시탄 시대의 '자비의 조직' 활동을 재현하는 듯한 사람들이었다. 이러한 사람들의 가슴 속에 있던 것은, 16세기 하비에르에 줄지은 많은 신앙인들, 그리고 에도막부 250년의 압정(圧政)을 견디어낸 '잠복 기리시탄'들의 전통의 계승이었다. 그러나 여기서 가장 커다란 힘을 이 사람들은 '순교자'들로부터 전해 받고 있었다는 것을 잊을 수가 없다. '목숨을 걸어 신앙을 증거한 사람들'의 존재가 그리스도인의 생명을 연결시키고 있는 것이다.

8. 맺는말

많은 순교자를 낸 오이타(大分)현 오이타(大分) 시의 고다카이오카(小高い丘)의 중턱에는 순교공원이 있다. 그것은 17세기 중엽의 '분고 쿠즈레(豊後崩れ)' 때 많은 증거자와 처형자를 낸 카즈라기무라(葛木村)를 중심으로 한 순교자들을 기리는 사적이다. 중앙에 영화관의 스크린같이 큰 조각(relief)이 설치되어 있다. 나가사키의 원폭 투하 터에 세워져 있는 평화기념상의 작자로 알려진 조각가 기타무라 세이보오(北村西望)의 손이 닿은 것으로, 그 제작비는 아주 옛날부터 기리시탄이 존재했다는 쿠쥬마치의 아다치 쇼오헤이(足立正平) 씨에 의해 조달되었다. 이 조각을 보면서 360년이나 된 옛날의 사건을 현재에 거듭 떠올려 본다.

조각의 중앙에는 가족 일행(부모와 어린아이)이 있다. 그리고 이제

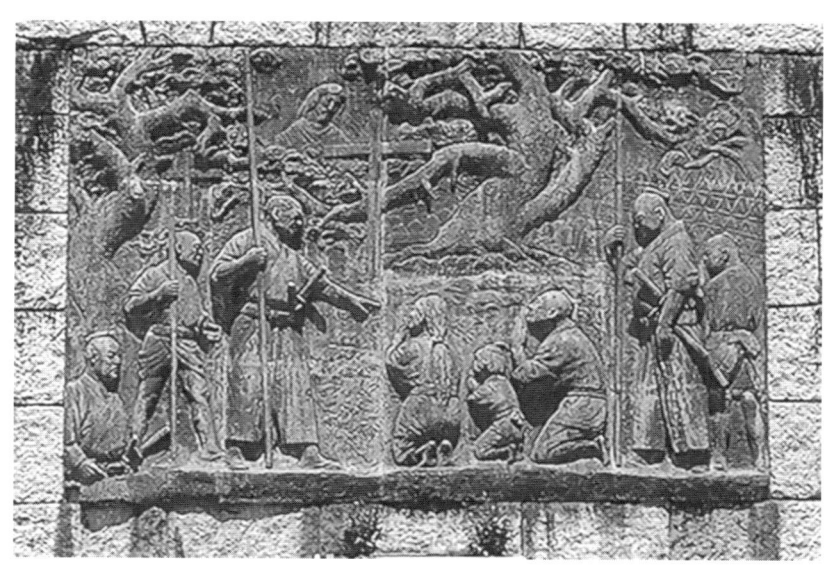

자신들이 매달릴 십자가를 향해 손을 모으고 있다. 왼쪽에는 무언가 명령을 하달하는 관리의 모습이 있다. 혹시 '신앙을 버리면 용서하겠다'고 선고라도 하는 것일까? 인상적인 것은 조각의 우측에 서성거리고 있는 두 명의 관리의 표정이다. 눈을 내리깔고 미안해하는 듯이 그 선고를 듣고 있는 모양새다. 여기에 박해자라 하더라도 마음속은 평온하지 않은 상황이 잘 표현되어 있다고 생각한다. 앞서 베드로 키베의 사형 당시의 이노우에 치크고노카미 마사시게의 말을 인용했다. 관리라면 결코 기록했을 리 없는 자신의 실패(배교시키지 못한 것)를 정직하게 보고서에 기록한 행위가 있었다. 그것은 마사시게(자진 배교한 기리시탄이라 전해지고 있다)가 기리시탄에 대한 경외심을 드러낸 것으로도 볼 수 있다. 이 조각의 관리도 마찬가지로, 신앙 때문에 죽는다는 이해하기 어려운 사실을 앞서 경탄하고 있었던 것일까? 할 수 있다면 이 무죄한 아이들을 살리고 싶다고 느끼고 있었을 것 같다. 그 모습은 기도의 자세로 보이기도 한다. '믿고 있는' 사람들로부터 '믿는' 마음을 빼앗아 가는 것은 누구도 할 수 없다. 그리고 그 가장 거대한 증거로서 '목숨을 뺏겨도 좋다'고 각오하고 있는 그 용기 있는 모습과, 이를 가능케 하는 하느님의 존재에 대한 표현할 수 없는 경외심이 전해져 온다. 여기에 '순교'의 가치가 드러나고 있다고 생각한다.

논평

렌소 데 루카 신부
예수회·일본 26성인 순교기념관 관장

먼저, 본 연례 심포지엄에 참석할 수 있는 기회를 주신 주최 측과 관계자 여러분에게 감사의 말씀드립니다.

가와무라 신부님의 발표를 통해 일본 교회 역사 및 그리스도교와 일본 통치자들 간의 관계에 대해서 간결하고도 정확한 설명을 들을 수 있었습니다. 가와무라 신부님께서는 그리스도교와 순교가 발전할 수 있었던 배경에 대해 설명해 주셨는데, 이를 통해 우리가 기독교 역사를 더 잘 분석하고 배울 수 있게 된 것 같습니다.

그리스도교를 수용하거나 거절해야만 하는 정치적인 상황에서 어떤 행동을 취해야 할지 판단해야 할 때, 권위(자)라는 개념은 매우 중요했고 현재에도 매우 중요합니다. 가와무라 신부님께서 적절히 지적하여 주셨듯이, 전지전능하시고 유일하신 하느님에 대한 그리스도인의 믿음과 일본 통치자들의 목표하에 더욱 심화되었던 권력의 중앙집권화는 서로 대립할 수밖에 없는 것이었습니다.

가와무라 신부님께서 소개해 주신 '역사적 7단계'가 일본의 그리스도교를 이해하는 데 큰 도움이 된다고 생각합니다. 당시 일본의 그리스도교는 자연스럽고 일반적인 방법으로 발전했을 뿐만 아니라 '일본

화된(japanized)' 방식으로 당시 일본 사회 및 일본 교회 자체에 영향을 미치며 발전하였습니다.

그리스도교가 당시 일본인의 정서에 부합했는지에 대한 여부를 분석함으로써 가와무라 신부님께서는 명확한 답을 도출해 주셨습니다. 일본인들은 그리스도교를 이질적으로 여기지 않았으며 오히려 매우 높게 평가했다는 것입니다. 이 사실은 오늘날 사도직에 몸담고 있는 우리에게도 도움이 될 수 있습니다. 아울러, 신부님께서는 그리스도교의 박해 원인에 대해 설명해 주셨는데, 당시 그리스도교는 일본 통치자들이 목표한 중앙집권화 및 독재정권과 충돌했기 때문에 박해를 받았던 것입니다.

평신도 연합회인 '콘프라리아(Confrarias)'는 일본에서 그리스도교 발전의 주요 요인이자 그리스도교의 잠복 요인이기도 했습니다. 이러한 평신도 연합회는 성공적으로 받아들여졌을 뿐만 아니라, 당시 종교 및 사회적 영향으로 인해 유럽에서 찾아볼 수 있었던 그리스도교와는 구별된 고유한 성격을 지니게 되었습니다. 일본에서 그리스도교 '사제의 부재' 기간이 길고 험난했던 점 또한 유럽 그리스도교와는 구별된 발전 과정 중 하나로 꼽히고 있습니다.

일본의 주요 통치자들이 그리스도교를 금교했던 이유에 대해 가와무라 신부님께서는 간결한 답변을 주셨습니다. 그리스도교는 일본 통치자들이 부여하고자 했던 지리적 및 사회적 제약에 발목을 잡히지 않았다는 점과 히데요시와 도쿠가와가 통일된 일본에서 얻고자 했던 것과 최고 권위자라는 개념이 대립했다는 점 때문이었습니다.

그 다음 부분에서는 그리스도교가 일본에 불러온 동-서 간의 갈등을 분석하고 있습니다. 전통적인 일본 종교에 따르면 자연과 신 사이에 명확한 구분이 없었으며, 신은 결코 절대적인 존재도 아니었습니다. 이에 반해 그리스도교는 '창조주와 피조물' 그리고 '절대적과 조건적' 간의 구분을 명확히 하고 있습니다. 가와무라 신부님께서는 고메즈 신부님의 '예수회 강의 요강'을 언급하면서 일본어판에 추가된 부분은 주로 이단에 관한 내용을 담고 있다고 예리하게 지적하셨습니다. 이는 일본에서 이 부분이 특별히 강조되었다는 것을 방증하는 것입니다. "유럽의 구별 중심의 분석"과 "아시아의 포용적 통합"의 차이를 여러 영역에서도 체감할 수 있었습니다.

순교자에 관해 기술한 장에서는 오늘날까지 일본의 모든 성인과 복자가 순교자들이었음을 우리에게 일깨워 주고 있습니다. 엄밀하게 기록된 것만 보더라도 순교자가 2,072명이며 이들 대부분은 시복되지 못했습니다. 메이지시대에도 추방된 순교자의 수가 662명에 이르고 있습니다. 그리스도교인 중 공개적으로 신앙을 버린 경우에도 수년간 신앙을 숨긴 채 그 믿음을 수 세대에 걸쳐 전파했습니다. 가와무라 신부님은 그리스도교에 대한 충성심을 보여 준 사례이자 조국과 예수회에 대한 충성을 보여 준 예로써 예수회 복자 베드로 키베 신부의 삶의 일부를 우리에게 소개해 주셨습니다.

잠복 기리시탄의 성사에 관한 기억을 다룬 장에서는 새롭고 고유한 역사를 접해 볼 수 있었습니다. 비기독교적인 환경에서 그리스도교는 약 250년간 명맥을 이어 왔습니다. 성사를 기념할 수 없다 하더라도, 성사의 기억을 유지하는 데에는 문제가 되지 않았으며, 성사를 다시 행할 수 있을 것이라는 희망을 계속 이어 나갈 수 있었습니다.

주로 비방을 받은 것부터 시작하여 여러 박해를 받았다는 것은 공동체가 단순히 살아남는 것이 아닌 (잠복) 그리스도인으로서의 정체성을 유지하며 생존코자 하는 바람이 있었음을 보여 주는 예입니다.

 '통회의 기도'는 잠복 기리시탄의 희망을 유지하는 데 큰 역할을 하였습니다. 대부분의 신자들은 성화를 밟는 행위(후미에)가 신앙을 저버리는 행위와 동일하다고 여겼으며, 고해성사를 할 수 없다는 사실이 이들에게는 큰 심적 부담이 되었습니다. 그러나 동시에 '통회의 기도'가 하느님으로부터 직접 죄 사함을 받을 수 있는 길임을 알았기에 그들은 희망과 신앙을 유지할 수 있었습니다. 전통적인 '바스티안 예언'에는 7세대까지 그들의 영혼이 구원받을 수 있다고 명시되어 있었습니다. 그 이후, 고해신부가 돌아왔을 때 신자들은 정기적으로 본인들의 죄를 고백할 수 있었습니다.

 잠복 기리시탄의 기억을 유지하기 위한 방법의 한 예로 나루섬(고토섬)에서 기념했던 '오타이야'를 들 수 있는데, 미사에서 사제가 하는 동작을 변형하여 재현했던 것이 바로 그 예입니다.

 발표의 마지막 부분은 프랑스 출신 선교사들이 일본에 다시 돌아오면서 이루어지게 된 잠복 기리시탄(1865)의 역사적 재봉을 다루고 있습니다. 만남과 상호 인정이라는 과정을 통해 7세대까지 이어져 내려온 잠복 기리시탄의 기억이 얼마나 남아 있었는지를 살펴볼 수 있었습니다. 마지막 박해와 순교 역시 선조들이 지켜 온 신앙을 위해서라면 기리시탄도 마찬가지로 기꺼이 목숨을 바치고자 했던 모습이 분명히 드러난 예입니다.

 끝으로, 가와무라 신부님은 오이타 시에 있는 순교자 기념비를 감동적으로 묘사해 주셨습니다. 처형자와 처형된 사람들의 복잡하고 난해한 심정을 묘사하기란 어려운 것입니다. 그럼에도 불구하고 강력한 순교자의 증거는 인간의 연약함에 의해 얼룩진 역사 위에 승리의 왕관으로 우뚝 서 있습니다.

　순교자에 관해 나눌 수 있는 기회를 주신 여러분 모두에게 감사드리며 순교자들이 우리를 계속해서 인도해 주시도록 기도합시다.

중국 순교성인의 역사 배경

진 방 중 교수
대만 보인대학교 역사학과

1. 들어가는 말
2. 남경교안과 력옥
3. 1746년의 복안교안
4. 아우구스트 사건
5. 귀양 사건
6. 의화단 반교
7. 결론

1. 들어가는 말

중국의 천주교 역사는 천주교의 유입 및 교회와 정부의 관계에 따라 몇 단계로 나눌 수 있다. 당나라 때의 '경교(景敎)'도 포함한다면, 기독교 신앙은 대략 6세기 말에 이미 중국에 전해졌다.[1] 이 지파는 끊어졌다 이어졌다를 반복하며 중국에서 원나라(1279~1368) 때까지 지속되어졌는데 기본적으로는 소수민족의 종교였다. 원나라 때에도 프란치스코회 선교사를 교황께서 중국으로 파견하여 선교를 하였으나, 규모가 제한적이었으며 기간도 짧았다. 비록 한팔리(汗八里, Khanbaliq 지금의 베이징) 총주교구 및 천주(泉州)교구를 건립하기는 하였으나, 선교사는 계속 이어지지 못하였고, 이후에도 교회가 존속되었다는 증거를 찾을 수는 없다.

마테오 리치(利瑪竇, Matteo Ricci)가 중국에 온 것은 천주교 선교사가 중국에 들어온 또 다른 단계이다. 로마 교황청이 포르투갈 및 스페인과 협정을 체결한 후, 포르투갈 국왕은 동방으로의 선교활동을 후원할 의무를 갖게 되었다. 당시 포르투갈의 상선(商船)은 육지로 왕래하는 것보다 더 많은 빈도로, 선교사를 데리고 동방으로 왔

---

[1] '大秦景敎流行中國碑'에 따르면, 景敎가 중국에 들어온 것은 貞觀 9년(서기 635년)이다. 그러나 景敎를 전한 것은 중앙아시아 지역의 소그디아나인(Sogdian)이었다. 이들 중 가장 큰 종교 신앙은 조로아스터교와 마니교였지만 불교 및 景敎의 신도들도 있었다. 6세기 중엽 소그디아나인은 이미 중국을 왕래하는 단골손님이 되었고, 많은 사람들이 이미 北魏의 수도인 洛陽에 정착하였다. 중국의 신도는 날이 갈수록 늘었으며 소식이 이란의 景敎 총본부에도 전해졌다. 貞觀 9년에 이란으로부터 온 알로펜은 정식으로 당나라 정부와 관계를 수립하였고, 貞觀 12년에는 정부의 허가를 얻어 長安에 '大秦寺'를 건립하였다.

다. 중국 선교사에서 이 단계를 명말청초(明末淸初) 시기라고 한다. 이 예수회 선교사를 위주로 하는 시기에 그들은 기본적으로 '토착화(inculturation)'란 선교 개념을 채택하여 중국 문화와의 충돌을 줄이고자 하였고, 140년간 대체로 자유롭게 선교할 수 있었다. 그러나 이 단계에도 여전히 천주교에 반대하는 사건이 적지 않았다. 반교(反敎) 사건 중 가장 대표적인 것은 1616년의 '남경교안(南京敎案)' 및 1664년의 '력옥(曆獄)'인데, 모두 중국에서의 천주교 발전에 매우 큰 영향을 주었다.

강희(康熙) 황제(1662~1722) 서거 후, 뒤를 이은 옹정(雍正) 황제(1723~1735)는 중국에서의 천주교 전파를 금지하기 시작했다. 이때부터 1860년 함풍(咸豊) 황제 연간까지가 130여 년간 종교를 불허하는 시기였다. 옹정 및 건륭(乾隆) 황제(1736~1795) 시기에는 선교가 금지되었지만, 발각된 선교사는 국경 밖으로 추방하는 방법을 채택하였으며, 발각된 교우(敎友)에 대한 처벌은 상대적으로 비교적 가벼웠다. 그러나 1746년 복안(福安)에서 스페인 국적의 도미니크선교회 선교사 5명이 체포되고, 30여 명의 교우도 함께 체포되었다. 그리고 복건(福建) 지방행정 장관 주학건(周學健)의 주도 아래 이 5명의 도미니크선교회 선교사는 차례로 비밀리에 처형되었다. 가경(嘉慶) 황제 즉위 9년에 궁정 선교사인 덕천사(德天賜, Adeodato Santo Agostino) 사건 조사를 통하여 천주교가 여전히 중국 내륙에서 활동하고 있음이 드러났고, 또 북경(北京)에서도 많은 만주인 신도가 발견되었다. 이 일로 가경 황제는 크게 우려하였으며, 가경 16년에「서양천주교처벌특별조항[西洋天主敎治罪專條]」을 제정하였다. 선교사 및 교우의 우두머리가 일단 체포되면 처리 방식은 국경 밖으로 추방하거나 혹은 군인으로 충당하거나 더 나아가 교수형에 처하는 것이었다.[2] 이후로 조영(趙榮) 신부, 교우 오국성(吳國盛), 장대붕(張大鵬) 등은 가경 19년에 체포되어 모두 교수형에 처해졌다. 1815년 사천(四川) 대목(代牧) 서덕신(徐德新, Gabriel-Taurin Dufresse) 주교, 이태리 국적의 프란체스코선교회 남월왕(藍月旺, Joannes a Triora Lantrua) 신부, 중국 신부 원재덕(袁在德)이 체포되었고, 이후 이 조례에 따라 모두 교수형에 처해졌다. 이후 유방제(劉方濟, François-Régis Clet) 신부는 1820년에, 동문학(董文學, Jean Gabriel Perboyer) 신부는 1840년에 모두 이 조례에 따라 교수형에 처해졌다.

1840년은 중국 역사에 있어서 절체절명의 시기이다. 영국은 아편을 구실로 전쟁을 일으켰고 중국과 1842년에 「남경조약(南京條約)」 및 이후 1843년에 「5개항구통상부첨수습조항[五口通商附粘善後條款]」을 체결하여, 광주(廣州)·하문(廈門)·복주(福州)·영파(寧波) 및 상해(上海) 5개 개항지를 획득하였으며, 개항지에서 집을 빌리거나 집을 지어 거주할 수 있게 되었다. 기타 유럽의 국가들도 '일방적 최혜국대우[片面最惠國待遇]'를 거쳐, 한 걸음 더 나아가 이들 개항지에 거주할 수 있는 권리를 확충하였다. 1844년 프랑스는 중국과 「황포조약(黃埔條約)」을 체

---

2 중국의 사형은 참수와 교수형이 있다. '白蓮教'는 일단 체포되면 우두머리와 반란분자를 동등하게 처리하였고, 지방 관리들이 조사 후 직접 '즉각 집행 참수형'을 할 수 있었고, 죄가 덜한 자는 '감옥에 가뒀다가 하는 참수형'을 집행하였다. 천주교의 악함이 白蓮教보다 못하였다. 그러므로 '서양 사람은 스스로 경서를 찍고, 강연회를 만들고 많은 사람들을 미혹한다. 만주인 등은 서양인에게 전수를 받아 스스로 이름을 정하고 민중을 미혹하는데 확실한 실제 근거가 있으니 우두머리는 교수형에 처한다.'고 하였다. 중요성이 좀 줄어, '선교와 미혹한 사람이 적고 이름이 없으면 기다렸다 교수형에 처하였다', 발견된 교우가 만일 背教하지 않으면 '黑龍江의 索倫達呼爾로 보내 노예로 삼고 만주인은 만주문서에서 삭제한다.'

결하였는데, 이 가운데 천주교의 중국 전파와 관계가 있는 것은 제22조 및 제23조이다.

"프랑스인 및 5개 개항지 거주자는 수의 많고 적음을 막론하고(주택을 임대하거나 창고를 빌려 화물을 저장하고 혹은 토지를 임대하여 스스로 집을 짓거나 창고를 건설하는 것을 허용한다. 프랑스인은 또한 예배당, 병원, 주제원(周濟院), 학교, 묘지를 만들 수 있다. 지방관은 영사관과 함께 프랑스인의 거주가 적당하고 건축이 알맞은 땅을 고려하여 결정한다.(제22조)「凡法蘭西人至五口居住者, 無論人數多寡, 聽其租賃房屋及行棧貯貨, 或租地自行建屋建行. 法蘭西人亦一體可以建造禮拜堂、醫人院、周濟院、學房、墳地各項. 地方官會同 領事官酌議定法蘭西人宜居住宜建造之地.」(第22款)"

"프랑스인이 5개 개항 지역에서 거주 혹은 왕래 시 부근에서의 산책을 맘대로 할 수 있으며, 낮 동안의 이동은 내륙 사람들과 다르지 않다. 그러나 영사관과 지방관의 조계지 의정을 넘어서는 안 된다. …… 프랑스의 어떤 사람도, 이 금지 조례를 어기거나 혹은 조계지를 넘거나, 혹은 내륙 먼 곳으로 들어가면 중국의 관원이 조사하고 체포하도록 하지만, 프랑스 영사관이 호송하도록 한다. 중국의 관리와 국민은 체포한 프랑스인을 구타, 상해, 학대하여 양국의 우호를 저해해서는 안 된다.(제23조)「凡佛蘭西人在五口地方居住或往來經遊, 聽憑在附近處所散步, 其日中動作一如內地民 人無異, 但不得越領事官與地方官議定界址, …… 佛蘭西無論何人, 如有犯此例禁, 或越界, 或遠入內地, 聽憑中國官查拿, 但應解送近口佛蘭西領事官收管; 中國官民均不得毆打、傷害、虐待所獲佛蘭西人, 以傷兩國和好.」(第23款)"

이 조약의 보호 아래, 선교사들은 위에서 말한 항구 및 더 나아간 지역의 일정한 범위 내에서 자유롭게 행동할 수 있었으며, 교회, 병원, 고아원 및 학교를 지을 수 있었다. 1846년 프랑스 특사의 요구로 도광(道光) 황제는 조서를 선포하여 천주교의 법률상의 사교(邪敎) 지위를 취소하고, 이전의 금교(禁敎) 시기에 몰수했던 교회 재산 반환을 허용하였다. 선교사의 입장에서 보면 당시의 정세는 날로 여유로운 것이었다. 그리고 개방되지 않은 곳에서의 선교사 역시 날로 증가하였는데, 그들은 현재는 비록 숨어서 선교하지만, 얼마 지나지 않으면 전면적으로 자유롭게 선교할 것을 바라고 있었다. 그러나 함풍(咸豐) 황제는 1850년 즉위 후에, 오히려 조약 파기를 결정하고, 1856년 파리외방전교회의 아우구스트(馬賴, Auguste Chapdelaine) 신부가 광서(廣西)와 귀주(貴州) 접경 지역으로 들어가 선교하자 이를 체포한 후, 조약에 따라 밖으로 추방하지 않고 현령(縣令)에 의해 고문받다 죽게 하였다. 이 일이 영국과 프랑스 연합군의 빌미가 되어 중국은 1858년에 할 수 없이 열강과 천진조약(天津條約)을 체결하게 되었으며, 이후 1860년에는 북경조약(北京條約)을 체결하게 되었고, 더 많은 항구를 개방하는 것 외에도, 천주교와 기독교는 모두 중국 내륙으로의 선교 허가를 획득하게 되었다. 프랑스도 이러한 조약을 거쳐 중국에 있는 선교사의 권리 보호를 주장하였는데, 소위 '재중 프랑스 교회 보호권[法國在華保敎權, French Protectorate in China]'이 그것이다. 중국의 천주교 역사에 있어서 '조약으로 선교를 보호하던 시기'에 진입하게 되었다.

1860년부터 1900년까지 중국 천주교도의 수는 약 30만 명에서 70만 명으로 증가하였다. 과거의 예수회, 도미니크회, 프란치스코회, 라자리스트회[遣使會] 및 파리외방전교회 외에도, 벨기에의 성모성심회(Congregatio Immaculati Cordis Mariae), 이태리의 밀라노외방선교회(Pontificium Institutum pro Missionibus Exteris), 독일 선교사 중심의 성언회(聖言會, Societas Verbi Divini)도 선교에 열정을 쏟으며 19세기 중국으로 왔다. 중국 국적의 성직자들도 점차 증가하였으며, 심지어 어떤 선교 지역에서는 외국 국적의 선교사 수를 초과하였다. 수녀회도 선교의 조력자 역할로 중국에 왔는데 그중 가장 대표적인 것이 인애회(仁愛會, Societas Filiarum Caritatis a S.Vincentio de Paulo)와 증망회(拯亡會, Society of the Helpers of the Holy Souls)이며, 동시에 대목 구역에 중국 수녀회가 성립되었는데, 예를 들면 요셉 수녀회 및 성모 헌당회(獻堂會)이다. 중국 교회를 질적으로 또 양적으로 개선하는 것과 함께 조약으로 선교를 보호하던 시기 또한 가장 강렬한 종교 반대 활동이 있었다. 중국에서 순교한 성인 가운데 귀주(貴州)의 프랑스 국적의 선교사 문내이(文乃耳, Jean Pierre Néel)와 7명의 중국 국적의 신도가 있다. 1861년과 1862년에 각기 귀양부(貴陽府)의 청암(青巖)과 개주(開州)에서 사망했으며 그들은 모두 귀주 제독(提督) 전흥서(田興恕)의 암시와 묵인하에 피살되었으므로 '전흥서교안(田興恕敎案)'이라고도 불렀다. 수천 건의 크고 작은 충돌 사건이 1860년에서 1900년에 일어났는데, 일부는 청나라 때 만들어진 '총리각국사무아문(總理各國事務衙門)' 문서에서 볼 수 있다. 그러나 더 많은 부분은 중앙으로 보고되기 이전에 지방에서 선교사와 지방 권세가 혹은 선교사와 지방 관원의 협조로 해결되었다. 이러한 사건 가운데 1870년의 '천진조약'은 가장 대표적인 것으로, 교회가 사람을 꾀어 팔아먹고, 아이들의 눈과 심장과 간을 빼내 약을 만든다는 소문으로 더 크게 선동하였는데, 프랑스 라자리스트회 선교사 사복음(謝福音, Claude-Marie Chevrier), 중국 국적의 신부 1명, 인자당(仁慈堂)을 관리하는 인애회의 유럽 수녀

10명, 주 천진(天津) 프랑스 영사 및 그 수행원, 천진의 외국 상인 몇 명 및 인자당에서 거두어들인 유아 10여 명이 피살되었다. 이후 1900년의 의화단(義和團)운동이 바로 가장 규모가 큰 반교(反敎) 사건인데, 전기 청나라 정부의 방임과 후기 청나라 정부의 지지 아래 직례(直隸)에서만 사망한 천주교도가 약 1만 4천 명이었다.3

중국 천주교 역사에는 모두 123분의 성인(聖人)이 있는데, 성 방제사(方濟沙)는 전체 아시아에 속했으며, 동문학(董文學)은 1996년에 성인으로 시성되었고, 2000년에 120분의 다른 순교복자의 시복을 이끌었다. 이후 성언회(聖言會)의 중국 선교의 대표 성복(聖福) 요셉(聖福若瑟, Josef Freinademetz)은 2003년에 성인으로 시성되었는데, 그는 중국 성인 중 유일한 정수(精修) 성인이다. 이 121분의 중국의 순교 성인은 금교(禁敎) 시기부터 시작해서 조약 보호 시기까지 활동하였고, 대부분이 의화단(義和團)운동의 단계에서 순교하였다. 1900년 이후의 자유회(慈幼會)의 성 뇌명도(雷鳴道, Luigi Versiglia)와 성 고혜려(高惠黎, Callisto Caravario) 두 분은 모두 1930년 선교 도중 토비(土匪)에 의해 살해되었다.

순교자는 반교활동의 결과였다. 그러나 몇몇의 개별 반교활동은 규모가 매우 컸으나 순교자가 없거나 혹은 순교자가 있어도 각종 이유로 순교 명단에 오르지 못했다. 그러므로 본문은 순교자와 관련된 개별 사건 탐구에 국한하지 않고, 비교적 상세한 사료가 있는 반교 사건

---

3 '直隸'는 기본적으로 현재의 河北省, 北京市 및 天津市를 포함한다. 당시 예수회가 관리하던 直隸인 東南代幕區 신도는 5천여 명이 사망하였고, 라자리스트회 관할의 直隸 北代牧區의 교우는 8천여 명이 사망했다. 또 다른 라자리스트회가 관리하던 直隸 西南代牧區는 의화단 규모보다 작았으므로 '단지' 147명의 교우만 피살되었다.

에 중점을 두어 더 많은 설득력을 갖는 의견을 제기함으로써 천주교에 반대한 진정한 이유를 설명하고자 한다. 이 논문의 또 다른 중요한 목적은 중국 정부와의 조약 보호 시기 반교의 역사에 대한 해석과 대화 임을 부정할 수 없다. 그들이 이러한 순교자와 제국주의자를 연계시키거나 혹은 반교자(反敎者)의 행동 속성을 반제애국(反帝愛國)으로 설명하거나, 혹은 순도자(殉道者)의 윤리 도덕을 의심하는 것은 모두 주관적이거나 잘못된 분석이다.

2. 남경교안과 력옥

남경(南京) 예부시랑(禮部侍郞) 심최(沈㴶)는 반교 측의 대표였다. 남경 예부시랑의 공석으로 그는 1615년 이후로 남경 예부의 최고 관리였다. 1616년 6월(萬曆 44년 5월), 그는 「참원이소(參遠夷疏)」를 올리고 남경교안(南京敎案)을 개시하였다. 심최의 상주문이 북경(北京)에 도착한 후 서광계(徐光啓) 등의 천주교 관리들은 관보를 통하여 알게 되어 소통할 대책을 강구하기 시작하였고, 황제의 지시가 내려지기 전에 부담을 풀고자 하였다. 그러나 심최는 1616년 9월 1일 남경에서 선교사 왕풍숙(王豐肅, Alphonse Vagnoni), 사무록(謝務祿, Alvare de Semedo)과 수사(修士), 교우, 교회 직원 약 10명을 체포하였다. 동시에 북경의 서광계는 천주교의 선교 사업을 구제하기 위해, 「변학소(辯學疏)」를 올렸다. 이후 심최는 우선 왕풍숙과 사무록 두 사람에 대해 알아본 후 1616년 9월 「재삼원이소(再參遠夷疏)」를 올렸는데 만력(萬

曆) 황제는 누차 무반응이었다. 중국 국적 예수회 수사 종명례(鐘鳴禮)는 이때 항주(杭州)에서 남경까지 모든 선교사를 지원하고 있었는데, 뜻밖에도 심최 측이 알게 되어 종명례를 9월 말에 체포하였고, 심최가 관할하는 남경 예부는 「사악한 무리 체포 후 고시[拿獲邪黨後告示]」를 발포하였다. 종명례 등을 합동 심리한 이후, 1617년 1월 심최는 「삼원이삼소(參遠夷三疏)」를 올렸다. 이때 마침내 만력 황제의 칙령을 받아 왕풍숙, 사무록 등의 선교사는 추방되었다.4

심최의 반교 이유는 4건의 반교 문헌을 분석해야 할 것이다. 「삼원이소(參遠夷疏)」에서는 우선 중국의 근본은 유가의 학술에 있으며, 이 전제하에 우선 '중국의 오랑캐에 대한 방어를 중시'해야 하며, 외세로 하여금 제멋대로 중국 경내에 머물게 할 수 없다고 하였다. 그 다음엔 '바른 것으로 사악한 것을 엄격하게 금지'해야 하는데, 민간에 차례로 일어나는 다양한 신앙에 대하여 조사하여 금지해야 한다는 것이다. 이러한 '무당의 작은 술수'는 일단 약간 시작되기만 하면 바로 금하여 근절해야 하며, '어리석은 백성을 유혹하지 못하니, 만세의 치안이 계획대로 되며 오래도록 이어질 것이다.[不使爲愚民煽惑, 其爲萬世治安計, 至深遠也]'5 천주교는 그가 생각하기에는 막아야 하고 금지해야 하는 오랑캐의 소교(小敎)였던 것이다. 「삼원이소」의 또 다른 중요한 점은 1611년 후 선교사들이 참여하여 역법(歷法)을 바꾸고자 했다는 것이다. 역

4　曾德昭(葡)著, 何高濟譯, 『大中國志』, 台北 : 台灣古籍出版有限公司, 2003年, pp.258~276; 夏瑰琦編, 『聖朝破邪集』, 香港 : 建道神學院, 1996年, pp.58~118 및 費賴之(法)著, 馮承鈞譯, 『在華耶穌會士列傳及書目』上冊, 北京 : 中華書局, 1995年, pp.83~92를 종합함.

5　沈㴶, 「參遠夷疏」, 『聖朝破邪集』, pp.58~59.

법의 정확도 여부는 일월성신(日月星辰)의 관측 및 상응하는 우주의 형태에 있다. 마테오 리치부터 이때까지 선교사들이 채용한 우주의 형태는 기본적으로 '천동설[地心說]'로, 지구가 우주의 중심이고, 해와 달과 수성·금성·화성·목성·토성 5성은 소위 '칠정(七政)' 혹은 '칠요(七曜)'로 지구 주위를 돈다는 것이다.6 심최는 태양은 '하늘의 날실이고, 달과 5성은 한 하늘에 있다.[天之經也, 而月五星同在一天之中]'고 생각하였다. '지금 오랑캐가 말하는 것은 칠정이 이동이 다르며, 제각기 하늘에 겹쳐 있다고 한다. 또 칠정은 모든 하늘의 중심으로 각기 지구 중심과 다른 곳에 있다고 한다. 그것은 터무니없고 이치에 맞지 않으며 혹세무민(惑世誣民)이 심하다.' 하늘과 사람이 서로 호응하니, 선교사의 우주 형태는 바로 자연에만 관계된 것이 아니어서 중국 사회의 예의의 기준과 기율에 영향을 미칠 수 있었기 때문에, 그는 이러한 선교사들은 중국의 가치관 및 사회 체계를 파괴할 것이라고 의심하였다.7

「삼원이소」 중의 심최의 반 천주교의 또 다른 이유는 이단(異端)의 소교(小教) 성질이었다. 비정통 종교에 대한 습성인 죄상을 열거하여 고발하는 것은 그 논리성을 묻고 일반적으로는 또 돈과 관련된 것을 고발하는 것으로 다음과 같이 말하고 있다.

"신은 또 백성을 속여서 미혹시키는 '조상은 제사를 지낼 필요가 없으나 천주는 우러러 받들면 지옥을 면하고 천당에 갈 수 있다.'와 같은 말을 들

6　利瑪竇의『乾坤體義』및 陽瑪諾가 1615년에 출판한『天問略』에서 모두 말하고 있음. 張勤瑩,「十七世紀在華耶穌會士的傳教策略 - 陽瑪諾『天問略』중의「巧器」와「天堂」」,『成大歷史學報』第37號, 臺南:成功大學歷史學系, 2009年, p.105를 인용함.
7　沈㴶,「參遠夷疏」,『聖朝破邪集』, p.61.

었다. 천당 지옥의 설은 불교와 도교에도 있는데, 이것으로 부모에게 효도하고 형제에게 공손할 것을 권하는 것으로 불효와 불제(不弟)로 나쁜 업을 쌓는 이들에게 본보기로 경계하고자 하는 것이다. 그러므로 유가의 학술에도 도움이 된다. 지금 조상에게 제사를 하지 말라고 권하는 것은 불효를 가르치는 것이다. …… 그러나 빈민과 백성들은 매일매일 달콤한 말로 남을 꼬드기는 것을 당하고 있으니 그 종교를 기꺼이 따르고, 많은 재물을 사람 수대로 헤아려 나눠 준다고 들어, 천주교는 이렇게 사람을 도우니 어리석은 무리가 다소 이득이 되어 그것을 믿는다.[臣又聞其誑惑小民輒曰:「祖宗不必祭祀, 但尊奉天主, 可以升天堂, 免地獄.」夫天堂地獄之說, 釋道二氏皆有之, 然以之勸人孝弟, 而示懲夫不孝不弟造惡業者. 故亦有助於儒術耳. 今彼直勸人不祭祀祖先, 是教之不孝也. …… 然閭左小民, 每每受其簧鼓, 樂從其教者, 聞其廣有貲財, 量人而予, 且曰天主之教如此濟人, 是以貪愚之徒, 有所利而信之]"[8]

심최의 「재삼원이소(再參遠夷疏)」는 왕풍숙(王豐肅) 등의 사람들이 체포되었다는 것을 알고 보낸 것으로, 중점은 외부 오랑캐가 북경의 중요한 지역에 둥지를 틀고 들어앉아 사교(邪教)를 퍼뜨린다는 것이다. 심최는 여기에서 천주교를 마법의 사술(邪術)이라며 다음과 같이 말하고 있다.

"왕풍숙은 간악한 귀신 같은 자로 공공연히 정양문(正陽門)과 홍무강(洪武崗)의 서쪽에 숨어서 무량전(無樑殿)을 만들고, 오랑캐의 동상을 설치하여 어리석은 백성들을 유혹했다. 또한 그 종교를 따르는 자에게는 매

---

8 沈㴶,「參遠夷疏」,『聖朝破邪集』, p.61.

사람마다 은 3냥을 주며 집안사람들의 생년월일을 쓰게 하고는 저주가 있다고 말하며 불러 모았고, 다들 약속한 듯이 몰려갔는데 이것은 바로 민간가요를 두루 전하는 것 같았다. 매월 초하루와 보름날 이외에 또한 방(房)·허(虛)·성(星)·앙(昂)(별자리 이름, 현재의 요일 단위와 유사)의 나흘을 모임의 기일로 정했는데, 매 모임에 적으면 50여 명이었고, 많으면 200여 명이었다. (……) 종적이 이와 같지만, 만일 사대부들에게 엄격하게 끊게 하면 오히려 심려할 바는 아니다. 그러나 20년 이래 잠복한 것이 이미 오래되었고 교유를 맺은 것이 역시 광범위하여 어떤 사람이 어떤 날에 일어날지 알 수는 없으며, 이미 습관이 되어 예사로운 일이 되었으니 작은 일을 즐기느라 중요한 것을 잊는 것이 비일비재하였다.[豐肅神奸, 公然潛往正陽門裏, 洪武崗之西, 起蓋無樑殿, 懸設胡像, 誑誘愚民, 從其教者, 每人與銀三兩, 書寫其家人口生年日月, 云有咒術, 後有召呼, 不約而至, 此則民間歌謠遍傳者也.每月自朔望外, 又有房虛星昂四日為會期, 每會少則五十人, 多則二百人. …… 蹤跡如此, 若使士大夫峻絕, 不與往還, 猶未足為深慮.然而二十年來, 潛住既久, 結交亦廣, 不知起自何人何日, 今且習以為常, 賞玩細娛而忘遠略, 比比是矣]"9

이러한 글로 보면 처음에 「삼원이소(參遠夷疏)」에는 선교사의 역법(曆法) 개정 참여가 심최의 주요 반교 이유였으나, 실제로 그를 자극하여 행동하도록 한 것은 왕풍숙을 선두로 하는 선교사들이 남경에서 점차 선교활동을 확대했던 것인 듯하다. 심최가 가장 두려워했던 것은 천주교 신도 수가 날로 증가하는 것과 지방의 권세가와 선교사의 순탄한 왕래였다. 그 자신이 선견이 있고 방미두점(防微杜漸, 나쁜 일이 아직

---

9 沈㴶,「再參遠夷疏」,『聖朝破邪集』, p.63.

경미할 때 커지지 못하게 방지하다)의 마음이라는 것을 증명하기 위하여 반드시 선교사가 해를 끼친다는 것을 제기해야만 했다. 그리하여 남경의 웅거를 각 성(省)과 각 군(郡)으로 넓히고, 선교활동을 역법 개정으로 확대한 것이다.

또 다른 한편으로는 심최의 문헌 중 이단 사상에 대한 공포가 가득하다는 것이다. 이교(夷教)가 악의를 숨기고 있다는 의심을 갖고 있던 정황에서 어떠한 천주교의 행동, 특히 일련의 중국의 풍속과 상이한 행동은 쉽게 부정적 의미를 부여하도록 하였다. 선교사는 서양식 교회(대들보 없는 집)를 지었고,[10] 교회에 설치한 것은 십자가와 성모상(왜상)이었으며, 정기적으로 모였는데(미사), 모두 정당치 못하다고 여겨졌다. 의심과 자라나는 헛소문으로 인하여 심최가 그것을 상주문에 쓰게 되었다는 것은 그가 이러한 헛소문을 극히 사실로 믿었다는 것을 말하며, 단지 증거를 찾지 못했을 뿐이라는 것이다. 그는 천주교가 믿지 않는 이들에게는 돈을 주었으며, 그것으로 종교를 믿도록 유혹하였다고 믿었다. 종교를 믿을 시 사주팔자를 제공하면, 주문을 사용하여 신도를 제어하는 데 사용한다고 생각하였다. 이로움으로 유혹하고 또 마법 주술을 사용한 이상, 천주교는 백련(白蓮)과 무위(無為) 등과 같이 반드시 뿌리 뽑아야 할 사교임이 증명되었다.

1664년의 력옥(曆獄)은 표면적으로는 시작한 자가 양광선(楊光先)이었으나 그는 베이징의 위세 높은 명사일 뿐이었다. 그는 선교사의 내

---

[10] 예수회는 연간 보고에서 '이 예배당은 매우 크며, 유럽의 양식을 따랐으며, 정면에는 돌 십자가를 세웠다(該堂很大, 仿照歐洲格式, 正面立一石十字.)'라고 명확히 지적하였다. 高龍鞶著, 周士良譯, 『江南傳教史』第一冊, 台北: 輔仁大學出版社, 2009年 12月 初版, p.150 참고.

용은 모두 뜻있는 사람이 자신에게 전해 준 것이라고 고발하였다. 그는 단지 청나라 초기 정치투쟁의 바둑돌 하나에 불과했으나 그의 반교 문건은 일련의 중국의 사상체계를 옹호하는 선비들의 심리에 반향을 일으켰으며, 실제로도 반교를 조성하였다. 그는 1659년 6월 혹은 7월(順治 16년 5월)에 아담 샬(湯若望)을 공격하는 「선택의(選擇議)」, 「적류론(摘謬論)」 및 「벽사론(闢邪論)」 제1편 등 세 편의 글을 썼다. 「선택의」에서는 순치(順治) 황제의 총애하는 아들 영친왕(榮親王) 매장 연월일시에 대하여 양광선의 정통한 점괘 오행지학(五行之學)에 따르면 하나도 길(吉)하지 않다는 것을 지적하였다. 이 물음으로 인하여 흠천감(欽天監) 감정(監正)인 아담 샬은 이 일에 대하여 어떤 책임을 져야 하는가?[11] 「적류론」은 아담 샬이 널리 보급한 서양 역법에 대하여 질문하였다. 양광선은 스스로 "역리만 알 뿐, 역수는 모른다.[止知曆理, 不知曆數]"[12]고 하였는데, 전문적인 치력자(治曆者)가 아니었으며, 그가 서양 역법을 반대하는 이유는 '이하지방(夷夏之防)'과 중국 본위(本位)였다. 예를 들면 "네 개의 과가 나누어 설치된 것은 예로부터 그러하였는데, 지금은 오직 하나인 계산에만 기대니 옛 제도의 모든 과를 폐하는 데 이르렀다.[四科之分設從古已然, 今惟憑一己之推算, 竟廢古制之諸科]"[13]는 것이다. 관련된 춘분 날짜에 대한 논쟁 시에도 그는 "예를 갖추고 입춘의 날에 천자가 친히 삼공(三公)·구경(九卿)·제후(諸侯)·대부

---

11 楊光先, 「選擇議」, 『不得已』 上篇은 『天主敎東傳文獻續編』 第三册, 台北 : 學生書局, 1986年 2月 再版, pp.1163~1167에 수록됨.

12 楊光先, 『不得已』 下篇, 『天主敎東傳文獻續編』 第三册, p.1264.

13 楊光先, 「摘謬十論」, 『不得已』 上篇, 『天主敎東傳文獻續編』 第三册, p.1170.

(大夫)들을 이끌고 겨울날 성 밖에서 봄을 맞이하려니, 전례에 있어서 얼마나 중대한가? 이때에 이국의 새로운 규정으로 나라의 예의를 혼란하게 하니, 천제를 모멸하고 천자를 업신여김이 이보다 심한 것은 없다.[禮經立春之日, 天子親率三公九卿諸侯大夫, 以迎春於冬郊, 關於典禮, 何等重大, 茲以偏邦之新法, 淆亂上國之禮, 輕慢天帝而褻天子莫此爲甚焉]"14라고 하였다. 아담 샬의 서양 신력은 미래의 2백 년만을 계산하였는데 양광선은 "신하는 임금에 대하여 반드시 만수(萬壽)로서 축원해야 하며, 나라의 복이 무궁하길 기원해야 한다. …… 약망(若望)은 2백 년의 책력으로 나아가니, 그 죄가 어찌 죽음을 이길 것인가?[臣子於君, 必以萬壽爲祝, 願國祚之無疆. …… 而若望進二百年之曆, 其罪曷可勝誅]"15라고 생각하였다.

「벽사론」은 이름 그대로 천주교를 사교로 여기는 것인데, 양광선이 글을 지어 그것(천주교)을 물리치고자 하였다. 전체 세 편은 대체로 모두 유가 중심에서 천주교 교의(敎義)를 잘못 이해하였다. 예를 들어 동정녀 마리아가 아이를 낳은 것을 양광선은 "남녀가 혼인하고 화합하는 것은 만물의 조화로 생기는 것이며, 인간의 일반적인 원칙이다. 부모가 모두 계시니 자식이 수치를 아는 것이며, 어머니가 있으나 아버지가 없으니 자식은 오히려 영화롭지 못하게 되는 것이다 …… 세상에 오로지 짐승만이 어미를 알고 아비를 알지 못하는데, 이 천주교는 진정 아비를 알지 못한다고 생각하는가? 그렇지 않다면 어떻게 아비가 없는 귀신을 이와 같이 존귀하게 받드는가?[男女媾精, 萬物化生, 人道之常經

14　楊光先,「摘謬十論」,『天主教東傳文獻續編』第三冊, p.1174.
15　楊光先,「摘謬十論」,『天主教東傳文獻續編』第三冊, pp.1178~1179.

也. 有父有母, 人子不失之辱.有母無父, 人子反失之榮. …… 世間惟禽獸知母而不知父, 想彼教盡不知父乎? 不然何奉無父之鬼如此其尊也]16"라고 하였다. 그도 유가의 입장 및 민속신앙의 각도에서 천당과 지옥설을 다음과 같이 반대하였다.

"천당과 지옥은 부처가 신묘한 도리로서 종교로 만들어 우매한 사람들을 두렵게 만든 것이며, 진실로 천당과 지옥이 있는 것은 아니다. 선을 행하면 백 가지 상서로운 일이 생기고 악을 행하면 백 가지 재앙이 생기는데, 백 가지 상서로운 일과 백 가지 재앙은 바로 현세의 천당과 지옥인 것이다. 이 천주교는 천당과 지옥이 위와 아래에 있다고 확신하며, 받들면 천당에 오를 수 있고 받들지 않으면 지옥에 떨어진다고 하니, 진실로 천주는 바로 사람을 불러 아첨하고 모시는 소인배일 뿐이며, 어떻게 천지를 주재할 수 있겠는가? (……) 부처의 뉘우침이란 바로 顔子의 과오를 거듭 범하지 않는 배움이며, 아직 죄가 완전히 사라진 것은 아님을 말하는 것이다. 그러나 이 천주교는 예수의 어머니에게 애원하면 즉 그 죄가 사면되고 천당에 오를 수 있다고 하는데, 강간하고 도둑질하고 사기 치고 거짓말하는 자들이 모두 천인이 될 수 있다면 천당은 실제로 이들의 큰 도피처인 셈이다. 부처의 보잘것없는 견해를 줍고는 부처가 지옥에 떨어지면 영원히 구원을 받지 못할 것이라고 말하는데, 시샘하는 부녀가 말하는 가슴속에 가득한 시기와 질투가 아닌 것이 없다.[天堂地獄, 釋氏以神道設教, 勸怵愚夫愚婦, 非眞有天堂地獄也. 作善降之百降(百祥), 作不善降之百殃, 百祥百殃即現世之天堂地獄. 而彼教則鑿然有天堂地獄在於上下, 奉之者升之天堂, 不奉之者降之地獄, 誠然則天主乃一邀人媚事之小人爾, 奚堪主宰天地哉. …… 釋氏之懺

---

16 楊光先,「闢邪論」上,『不得已』上篇,『天主教東傳文獻續編』第三冊, pp.1109~1110.

悔即顏子不二過之學, 未嘗言罪盡消也, 而彼教則哀求耶穌之母子即赦其罪而 升之於天堂, 是奸盜詐偽皆可以為天人, 而天堂實一大逋逃藪矣. 拾釋氏之唾 餘, 而謂佛墜地獄中永不得出, 無非滿腔忌嫉以騰妬婦之口]"[17]

양광선은 마테오 리치의 『천주실의(天主實義)』 혹은 『기인십편(畸人 十篇)』을 연구한 적이 있는데 아담 샬의 『진정서상(進呈書像)』과 비교 하여, 마테오 리치의 작품 중에 예수 사망과 부활에 대한 묘사가 빠져 있는 것을 날카롭게 관찰해 냈다. 그는 다음과 같이 평하여 말하였다.

"마테오 리치가 중국에 오니 도교의 무리들이 그를 배척했는데, 사대부 들은 그가 불교와 도교를 배척하는 것을 보고는 자신과 같은 유교의 동류 라 생각한 고로 사귀며 돕고 그를 추천하였는데, 뜻밖에 그의 의론의 사악 함과 치우침을 잊어버리고 그 종교가 사악한 악마라는 것을 깨닫지 못했 다. 또한 그들의 책에는 단지 예수가 세상을 구원하고, 공무를 마치면 다 시 하늘로 올라가며, 죽음이 자연의 법칙을 따른다는 것을 말하지 않는다 고 쓰여 있는 고로 온 세상의 관리들이 모두 그에게 속고 있는데, 이것은 마테오 리치가 크게 간악한 자이기 때문이다. 그와 같은 무리인 湯若望(아 담 샬)의 지식은 마테오 리치보다 더 저급하여 예수의 정사를 상신하는 책 이나 그림 중에 버젓이 모두 드러내고 있는데, 나는 처음부터 그 책을 얻 어 보아서 그것을 알고 있었다. 이는 나라의 바른 법을 어기는 범죄이거늘, 어떻게 중국에 와서 하늘을 바꾸려는 성인이 될 수 있으랴?[利瑪竇之來中 夏, 並老氏而排之. 士君子見其排斥二氏也, 以為吾儒之流亞, 故交贊之援引之, 竟忘其議論之邪僻, 而不覺其教之為邪魔也. 且其書只載耶穌救世, 公畢復昇

17　楊光先,「闢邪論」上,『天主教東傳文獻續編』第三冊, pp.1111~1112.

歸天, 而不言其死於法, 故舉世縉紳皆為其欺蔽, 此利瑪竇之所以為大姦也. 其徒湯若望之知識卑闇於利瑪竇, 乃將耶穌之情事於進呈畫像中和盤托出, 予始得, 即其書以譬之. 豈有彼 國正法之罪犯, 而來中夏為造天之聖人]"18

양광선의 이러한 놀라운 고발은 베이징 성의 관리들의 보편적인 찬양19을 얻었다고 스스로 일컬었으나, 순치(順治) 연간에 진정한 반교 행동을 일으키지는 못했다. 왜냐하면 양광선은 시비를 좋아하는 무리로 아담 샬의 총애 또한 아직 다 사라지지는 않았기 때문이다. 강희(康熙) 초년에 흠천감 역과(曆科) 이조백(李祖白)이 지은 『천학전개(天學傳概)』가 출판되었는데, 성경의 창세기 기록을 굳게 믿는다는 전제 아래, 이조백은 세계 창조의 시작을 다음과 같이 말하였다.

"태초에 사람의 자손은 여덕아(如德亞)에 모여 살았으며, 이외에 동서남북 어디도 사람이 사는 곳이 없었다. …… 그 후 생육이 날로 번성하여 아득한 곳까지 흩어져 가게 되었으며, 먼 동쪽이나 서쪽에도 사람이 살기 시작했는데, 그 시기는 대략 동일하다. 역사서를 고찰하여 시대를 추측해 보면 중국에 있어서는 복희씨이며, 설령 복희씨의 시대가 아니더라도 역시 분명히 복희씨 이전의 시대와 멀지 않으며 중국에 사람이 살기 시작했던 때이다. 중국의 태초 사람은 실제로 여덕아의 후예이며 서쪽에서 동쪽으로 왔다.[初人子孫, 聚處如德亞(按:猶太), 此外東西南北並無人居. …… 其後生齒日繁, 散走遐逖, 而大東大西, 有人之始, 其時略同, 考之史册, 推以歷年,

---

18　楊光先,「闢邪論」下,『不得已』上篇,『天主教東傳文獻續編』第三册, pp.1129~1130.
19　林東陽,「楊光先及其反教事件」,『歷史與宗教―紀念湯若望四百週年誕辰暨天主教傳華史學國際研討會論文集』, 台北 : 輔仁大學出版社, 1992年 12月, p.191.

在中國為伏羲氏, 即非伏羲, 亦必先伏羲不遠, 為中國有人之始矣. 惟此中國之 初人, 實如德亞之苗裔, 自西徂東]"20

이 책을 얻은 양광선은 다시 천주교를 규탄할 핑계를 찾아서는 강희 3년 5월에 「청주사교장(請誅邪教狀)」을 써서, 이때 아담 샬의 제거를 바라는 만주 고관의 관심을 얻었다. 양광선은 다음과 같이 진술하였다.

"서양인 탕약망(湯若望)은 여덕아국(如德亞國)의 정법을 모반한 예수회의 선교사로 명나라 때에 조공을 바치지도 않고 함부로 북경에 왔다. 사악한 신하인 서광계(徐光啟)는 신기하고 교묘한 기물을 탐하여 바다의 법률에 따라 쫓아내지 않고 도리어 조정에 숨겨 두고, 曆을 고쳐 거짓 명분을 삼고는 사악한 종교를 암암리에 행사하였다. 오늘날에 이르러 역관 이조백(李祖白)에게 『천학전개(天學傳概)』라는 요망한 책을 만들게 하고는 동쪽과 서쪽 모든 나라가 다 사악한 종교의 자손이라고 말하고 있다. 중국에 온 자가 복희씨(伏羲氏)가 되고 육경(六經)과 사서(四書)가 모두 사악한 종교의 중요한 말과 글이 되었으니 어찌 본국을 배반한 것이 아니며, 다른 나라를 좇는 것이 아닌가! …… 또한 제남(濟南), 회안(淮安), 개봉(開封) 및 경사(京師) 등에 사악한 무리들이 널리 퍼져 모두 30개의 예배당이 있다. 향산(香山) 깊은 곳에 만여 명이 들어앉아 소굴로 만들고는 바다를 건너 왕래하고 있으며, 약망(若望)은 역법을 빌려 궁궐에 몸을 숨기고 조정의 기밀을 엿보고 있다. …… 오늘날의 불교와 도교의 회합을 보면 임금의 명을 받들어 엄격하게 개혁했는데, 이들만이 홀로 조정에 항거하여 매 예배당이

---

20 李祖白, 『天學傳概』, 收入 『天主教東傳文獻續編』 第三册, p.1058.

매년 60여 차례 모임을 갖고 매회에 6, 70여 명이 모이며, 각각에게 금패와 수를 놓은 주머니를 주어 증명서로 삼는다. 저 양광선은 감히 실제로 믿을 수 없기에 친척인 강광(江廣)에게 부탁하여 거짓으로 이 종교에 투신하니 과연 금패, 수를 놓은 주머니, 요사스런 책, 모임 날짜를 적은 종이를 주었다. 20여 년 동안 모여진 무리들이 백만이고 천하에 흩어져 있으니 무엇을 하려는 것인가?[西洋人湯若望, 本如德亞國謀反正法賊首耶穌遺孼, 明季不奉彼國朝貢, 私渡來京. 邪臣徐光啟貪其奇巧器物, 不以海律禁逐, 反藏於朝, 假以修曆爲名, 陰行邪教. 延至今日, 逆謀漸張, 令曆官李祖白造天學傳槪妖書, 謂東西萬國皆是邪教之子孫, 來中夏者爲伏羲氏, 六經四書盡是邪教之法語微言, 豈非明背本國, 明從他國乎! …… 又布邪黨於濟南、淮安…開封並京師共三十堂. 香山鼂盈萬人踞爲巢穴, 接渡海上往來, 若望藉曆法以藏 身金門, 窺伺朝廷機密. …… 目今僧道香會, 奉旨嚴革, 彼獨敢抗朝廷, 每堂每年六十餘會, 每會收徒二三十人, 各給金牌繡袋以爲憑驗.光先不敢信以爲實, 乃託血親江廣假投彼教, 果給金牌一面, 繡袋一枚, 妖書一本, 會期一張.証二十年來, 收徒百萬, 散在天下, 意欲何爲]"21

이러한 양광선의 행동은 아담 샬(湯若望), 블리오(利類思), 마갈라니스(安文思), 페르비스트(南懷仁) 등의 선교사가 체포되도록 하였고, 흠천감의 천주교 관원도 체포되어 하옥되었으며, 전체 중국의 외국 국적 선교사를 광주(廣州)로 집중되도록 하였다. 본래 아담 샬은 사형을 언도받았지만 태황 태후의 알선으로 연금으로 바뀌었고, 천문대의 천주교 관원 5명은 사형에 처해졌으며, 역법을 모르는 양광선은 흠천감 감

---

21 楊光先,「請誅邪教狀」,『不得已』上篇,『天主教東傳文獻續編』第三冊, pp.1076~1078.

정(監正)이 되었다. 1668년까지 강희(康熙) 황제는 직접 이 분쟁에 개입하였고, 아담 샬이 결백하자 1671년 강희 황제는 선교사가 원래 선교지로 되돌아가는 것을 허가함으로써 비로소 이 반(反) 천주교 사건은 끝이 났다.

종합해 보면, 양광선이 우선 제기한 반교의 이유는 역법으로 남경교안의 심최와 입장이 같았다. 그러나 그가 중점을 두는 것은 사실 역법이 아니고 서양인이었다. 1668년 11월 황제가 직접 역법을 물어보고자 논쟁의 양측을 소집하였을 때, 양광선은 역법의 정확도 여부를 토론하는 것을 원하지 않았다. 그러나 강희 황제에게 "신은 황상의 신하로 결코 빼앗는 나라 사람들과는 왕래하지 않았습니다. 저들은 일본을 빼앗고, 려송(呂宋, 현재 필리핀의 북쪽 섬)을 망하게 하였는데, 올해는 우리나라를 도모하려고 널리 천주교의 예배당을 세웠습니다."[22]라고 말하였다. 이러한 외국인이 음모를 가지고 중국을 탈취하려는 것에 대한 고발이 「벽사론」 중의 큰 중점이며, 그와 심최의 또 하나의 비슷한 관점인 것이다. 마찬가지로 스스로 유가의 정통을 유지하면서 외국인이 중국에 퍼져 있기에, 외국인이 무엇을 하는 것과 상관없이 이미 중국인에 대한 잠재적인 위협이라고 생각했다. 양광선이 보아 하니 서양인은 부정적이며 하등의 명사(名詞)인데, 이러한 편견 아래 양광선은 아담 샬의 행위 및 천주교의 문건에서 자신의 해석에 따라 증거를 찾아 천주교는 이단의 사교라고 지칭하였다. 이것이 양광선과 심최가 세 번째

---

22 林東陽,「楊光先及其反教事件」,『歷史與宗教 -紀念湯若望四百週年誕辰暨天主教傳華史學國際研討會論文集』, p.197.

로 같은 점이다. 천주교를 이단의 사교로 고발한 부분에서 둘이 선택한 경로는 비록 다르지만, 심최는 주로 천주교가 마법과 사술을 한다고 고발하였고, 양광선은 천주교의 교의에서 시작하여 동정 마리아가 아들을 낳은 것에서부터 예수가 십자가에 못 박혀 천당과 지옥에 가는 것이 모두 양광선에게 증거가 되어 천주교는 단사(端邪)의 이단 사설(邪說)로 설명되었다. 그러나 어떠한 경로를 선택하였건 그들은 모두 천주교의 사교 성질을 증명하였다고 스스로 여겼다.

3. 1746년의 복안교안

1746년 주학건은 복건(福建)의 지방행정 장관[巡撫]을 맡았는데, 복안 지역에서 여성이 천주교를 신봉하여 동정을 지켰다는 소문을 듣고, 교화(教化)로 인하여 상심이 되어 복안 지역의 천주교 신봉의 정황을 낱낱이 조사하기 시작하였다. 은밀한 현장조사 과정에서 뜻밖에도 현지에 외국 선교사가 숨어 있음을 발견하였다. 현지 관부(官府)의 벼슬아치 중 천주교도가 암약하고 있음을 알고 녹영(綠營)의 관리와 병사를 동원하여 수색해 단번에 베드로(白多祿, Pedro Mártir Sanz), 요아킴(華若亞敬, Joaquin Royo), 독일 프란치스코(德方濟各, Francisco Serrano), 요한(費若望, Juan Alcobel)과 프란치스코(施方濟各, Francisco Diaz) 모두 5명의 외국 국적 선교사를 잡았다. 같은 사건으로 체포된 교우는 모두 50여 명이었다.[23] 2000년 10월 1일 베드로 주교 등 5명의 선교사는 성인으로 시성되었다.

건륭(乾隆) 11년 5월 28일 주학건은 상주문을 황제에게 올리며 자신이 이전에 이미 천주교에 대해 다음과 같이 알게 되었다고 하였다.

"천당과 지옥이라는 허황되고 망령되며, 이치에 맞지 않는 말로 어리석은 백성을 유혹하여 그 종교에 들어가게 하여 조상을 알지 못하고, 우리의 신명을 믿지 않고, 부모로서 몸을 빌린 것처럼 여기며, 서양인으로서 대부로 삼는다. 또한 사악한 말로 유혹하여 어린 여자아이가 동정을 지키며 시집가지 않고 아침저녁으로 서양인을 모시고, 남녀가 섞여 있어서 풍속을 어지럽히고, 인심과 세상의 교화에 해가 되는 것이 매우 극심하니 철저히 제거하지 않을 수 없으며 사악한 종교를 청산해야 할 따름이다.[以天堂地獄誕妄不經之說, 誘惑愚民, 使入其教者, 不認祖宗, 不信神明, 以父母為借身, 以西洋人為大父, 且惑其邪說, 幼女守童貞不嫁, 朝夕侍奉西洋人, 男女混雜, 敗壞風俗, 其為害於人心世教者, 最深且烈, 不可不痛加滌除, 以清邪教耳]"[24]

시작 단계의 심문을 거친 후 주학건은 한 걸음 나아가 천주교가 사람의 마음과 세상을 해(害)하는 사교 외에도 더욱 대역무도하여 성세(聖世)를 용납할 수 없는 상황을 발견하였다. 첫째, 선교사들이 본국의 지원을 받고 있는데 그 동기가 다음과 같이 의심스러웠다.

---

[23] 韓琦、吳旻編校,「福州遭難事實」,『歐洲所藏雍正乾隆朝天主教文獻匯編』, 上海:上海人民出版社, 2008年 2月 一版, pp.149~152. 모두 6차례의 체포가 있었는데, 성소재지에서 심문 기간에 다시 선교사를 도운 교우 및 비교우가 10여 명이었다.
[24] 「福建巡撫周學健奏報嚴禁天主教摺」, 건륭(乾隆) 21년 5월 28일, 中國第一歷史檔案館編, 『清中前期西洋天主教在華活動檔案史料』第一冊, 北京:中華書局, 2003年 10月 一版, pp.85~86.

"이러한 종교를 행하는 오랑캐가 중국에 오고, 이 나라들은 모두 매년 돈과 식량을 호송했는데, 광동(廣東)의 오문(澳門)에 이르고 오문의 오랑캐는 본지의 사람을 고용하여 비밀리에 은자를 가지고 몰래 사방으로 가서 여기저기에 공급했다. 예를 들어 현재 체포된 백다록(白多祿) 선교사는 매년 돈과 식량 150냥을 썼으며, 비약용(費若用) 선교사는 매년 100냥을 썼고, 독일의 황정국(黃正國) 등의 선교사들은 매년 돈과 식량으로 80냥을 썼다. 이전에 처음 중국에 와서 선교할 때에는 한 사람을 불러 입교시키면 한 사람당 많은 돈을 주었는데, 이후에 입교자가 많아지자 다시는 주지 않았다. …… 오랑캐들은 모두 국왕의 지원을 받은 고로 중국에서 의식이 풍성했으며, 지출하는데 넉넉하였고, 험난한 것을 두려워하지 않았고, 재물을 아끼지 않으며 중국에서의 선교에 힘썼다.[此等行教夷人來至中國, 彼國皆每歲解送錢糧, 至廣東澳門, 澳門夷人雇倩本處土人, 潛帶銀兩, 密往四處散給, 如現在拏獲之白多祿, 每年食錢糧一百五十兩, 費若用, 每年食錢糧一百兩, 德黃正國等每年食錢糧八十兩, 從前初到中國行教之時, 招引一人入教, 給與番錢一員, 後願從者眾, 不復給與. …… 夷人等皆受國王資給, 故在中國衣食豐贍, 用度寬裕, 是其不畏險阻, 不惜厚資, 務行其教於中國]"[25]

둘째, 천주교는 마법을 이용하여 많은 사람을 미혹되게 하는 사교이다. '죄를 사하고', 성체를 받는 것은 주학건이 보기에 모두 비법(祕法)으로 마술 같은 효과를 낸 것이다. 압수한 유골과 이름을 알 수 없는 고약 등은 사교를 지향하는 증거였다. 사술 때문에 심지어는 고문 시에도 아픔을 방어하는 것이다. 주학건은 다음과 같이 말하였다.

---

25 「福建巡撫周學健奏報嚴禁天主教摺」, 『清中前期西洋天主教在華活動檔案史料』 第一册, p.86.

"서양 천주교는 우선 인심을 견고히 다지는 것을 위주로 하여 그 성경에 새겨진 사악한 말과 큰 뜻을 가르쳐 결국에는 사람의 한 가닥 마음에 오로지 천주를 모시는 것만을 알게 하려 한다. 또한 부모를 돌보지 않아도, 물과 불을 피하지 않아도 자연히 천당에 오를 수 있다고 한다. 그리고 한번 마음이 변하면 바로 지옥에 떨어진다고 한다. 무릇 남자나 부녀가 입교하는 시초에는 우선 밀실에서 그 이전에 행한 죄악과 떳떳하지 못한 일들을 모두 말하도록 하는데, 이것이 죄를 사해 줄 것이다. 죄를 사하는 것을 마치면 각각의 사람들에게 돈 모양의 큰 밀가루 떡 하나를 주며 모든 이들의 입속에 넣게 하고, 다시 포도주 한 잔을 주며 각각 마시도록 한다. 밀가루 떡을 성체로 여기며, 술을 성혈로 여기는데 이렇게 한 차례 받아들인 이후로부터는 남자와 부녀를 막론하고 견결한 마음으로 신봉하게 된다. 이로부터 모녀와 처첩은 문을 닫고 함께 모시는데 절대로 혐오하거나 꺼리지 않는다. 어린이부터 노인까지 평생 모시며 후회하거나 게으름 피지 않는다. 그들에게 준 밀가루 떡과 술은 이들이 밀실에서 스스로 만든 것으로 모두들 오랑캐가 떡과 술 속에 몰래 미약을 탔다고 말하는데, 이로써 한번 받아들이면 평생 회개할 줄 모르게 된다. 백다록(白多祿) 선교사 무리들이 체포된 즈음에 혹자는 땅속 움집이나 겹겹의 벽 속에 있었으며, 혹자는 선교사 신변에 있었고, 몰약과 고약 및 아이의 뼈 등을 수집했는데 모두 이름을 알 수 없어서 그들에게 물으니 입에서 나오는 대로 둘러대어 함부로 믿을 수 없었다. 12일 범국경(范國卿) 등이 황정국(黃正國)을 심문할 때 몹시 교활하고 또한 공개적으로 공안을 드러내기 때문에 목에 형구를 씌웠다. 이들은 독일 황정국의 패거리들에게 빨리 경전을 암송하도록 했으며 독일 황정국은 침묵하기도 하고 암송하기도 했다. 이들은 형구를 받자 마치 서로 모르는 것처럼 하는데 그 교활함이 대단하여 측량할 수 없을 정도였다. 분명히 미약이나 특이한 술책을 가지고 사람의 마음속에 들어가게 했을 것이며, 그런 연후이기에 백성들을 미혹하는 데 있어서 가장 깊고 폭넓게 할 수 있었을 것이다.[而西洋天主教, 則先以固結人心爲主, 其所講授刊刻之邪說大旨, 總欲使人一心惟知事奉天主, 不顧父母, 不避水火, 自然可登天堂. 一有翻悔, 便入地獄. 凡男婦入教之始, 先於密室內, 令盡告其從前所作過惡曖昧之事, 謂之解罪, 解罪既畢, 每人給與錢大麵餠一枚, 納諸口中, 復與葡萄酒一杯, 各令嚥下, 以麵餠爲聖體, 以酒爲聖血, 自此一番領受之後, 無論男婦, 堅心信奉. 從此母女妻妾, 闔家供奉, 而絶無嫌忌, 自幼至老, 終身伏侍而不知悔倦, 其所給之麵餠與酒, 伊等密室自製, 咸謂夷人於餠酒之中, 暗下迷藥, 是以一經領受, 終身不知改悔. 白多祿等擒獲之際, 或於地窖複壁, 或於身邊, 搜獲末藥膏藥及孩骨等類, 皆莫能辨名, 詰訊伊等, 則隨口支吾, 率不可信, 十二日范國卿等審訊施黃正國時, 因其狡黠異常, 且上堂拉翻公案, 加以刑夾, 伊即令同夥德黃正國, 快誦番經, 德黃正國即默與持誦, 伊受刑夾, 若爲不知, 是其狡獪伎倆, 幻不可測, 必有迷藥異術, 中於人心, 然後能蠱惑民人最深且廣]"26

셋째, 이 사교는 '주가 내 안의 나라'라는 마음을 갖고 있어, 어리석은 백성은 종교를 믿은 후 뜻밖에도 자신이 중국의 관원과 백성의 신분이란 것을 잊고 그 마음은 이 외국의 사교로 전향하게 된다며 다음과 같이 말하였다.

"처음에 함께 입교한 남자와 부녀는 단지 삼사백 명일 뿐이지만 따로 찾아보고 심문하면 실제로는 2천여 명이고, 동정녀들은 200여 명이다. 신이 은밀히 방문하고 관찰하니 복안성(福安城) 마을에 선비나 백성 등 남자와

---

26 「福建巡撫周學健奏報嚴禁天主教摺」, 『淸中前期西洋天主教在華活動檔案史料』第一册, pp.87~88.

부녀들이 많이 모여 사는데 입교하지 않은 자가 아주 적었다. 이 현의 서리나 관아의 하인들이 대부분 이 종교를 따르는 사람들이어서 심문할 때 극력으로 비호하고 소식을 전달하니 결국은 실질적인 자백을 얻을 수 없었다. 비약용(費若用)을 심문할 때, 마침 폭우가 한바탕 내렸는데, 이 현 관아의 하인이 뜻밖에 자신의 여름 모자를 덮어 주었고, 이들은 스스로 비를 맞으며 서 있었다. 17일이 되어 백다록(白多祿) 등 다섯 사람을 차례로 호송하여 성으로 가는데, 현의 입구에 남자와 부녀들 천여 명이 모여 이들을 배웅하는데, 혹자는 머리를 안고 통곡하고, 혹자는 옷과 은전을 주고, 혹자는 가마를 붙잡고 부채질하였다. 전체 마을의 선비와 백성 및 관아의 하인들은 왕법을 두려워하지 않고 몸을 던져 사교의 오랑캐를 숭배하고 받드니, 진실로 평소에 어떤 사악한 말과 환술로 인심을 미혹하여 이렇게까지 끝까지 단결하게 만들었는지를 알 수 없었다. 이들은 패역무도한 자이고, 교구장 진종휘(陳從輝)의 집을 조사하여 파란 비단에 금을 수놓은 천주의 주렴을 찾았는데, '주는 내 안의 나라'라는 네 글자가 수놓아져 있었다. 이들이 중국에서 선교하는 것에 대하여 오랫동안 생각해 보았지만 진실로 물을 만한 것은 없었다.[初供入教男婦僅三四百人, 隔別究訊, 實有二千餘人, 守童貞女有二百餘口, 及臣密加訪察, 福安城鄉士庶, 男婦大聚, 未入教者甚少, 該縣書吏衙役, 多係從教之人, 是以審訊時. 竭力庇護, 傳遞消息, 總不能得一實供. 審訊費若用時, 適下暴雨一陣, 該縣衙役竟將自己涼帽給予遮蓋, 伊自露立雨中. 迨十七日將白多祿等五人遞解赴省, 縣門聚集男婦千餘人, 送伊等起身, 或與抱頭痛哭, 或送給衣服銀錢, 或與打扇扎轎, 通邑士民衙役, 不畏王法, 捨身崇奉邪教夷人, 誠不識其平日有何邪說幻術, 蠱惑人心, 乃竟固結不解至於如此. 其尤悖逆不道者, 查閱教長陳從輝家, 搜出青緞繡金天主簾一架, 上繡「主我中邦」四字, 是其行教中國, 處心積慮, 誠有不可問者]"27

옹정(雍正)연간의 관례에 따르면 이러한 비합법적인 선교를 하는 오랑캐는 추방해야 하지만, 주학건은 상술한 세 가지 이유로 응당 더 엄격한 방식으로 처리해야 한다고 생각하였다. 그는 건륭(乾隆) 황제에게 '국법으로 중하게 다스려야[從重治以國法]'[28] 함을 건의하였고, 천주교는 사교로 법률 규정에 따라 사교의 우두머리는 사형에 처해야 한다고 주장하였다.

심문이 종결되어 갈 때 주학건은 군기처(軍機處)가 보내온 처벌 원칙을 받았다. 지방 고관에 대한 존중에 근거하여 군기처는 주학건의 진술에 일부 동의하였으나, 이전의 사례에 따라 천주교가 백련교(白蓮教) 같은 사교는 결코 아니라고 생각하였다.

"관리가 현장에서 체포한 오랑캐를 일률적으로 마카오로 보내야 하며, 기간을 정하고 명령을 내려 강제로 배를 태워 추방해야 한다. 그 종교를 따르는 남자와 부녀들에 대해서는 그 죄가 크거나 가르쳐 인도할 수 없는 자를 선별하여 법률에 따라 취조해야 한다. 만약 모르고 미혹된 자나 정상을 참작할 만한 자라면 꾸짖어 석방하며 다시는 소란을 일으키지 말도록 해야 한다.[應令該撫將現獲夷人概行送至澳門, 定限勒令搭船回國. 其從教男婦, 亦擇其情罪重大不可化誨者按律究擬. 若係無知被誘, 情有可原之人, 量予責釋, 不致滋擾]"[29]

---

27 「福建巡撫周學健奏報嚴禁天主教摺」, 『清中前期西洋天主教在華活動檔案史料』第一冊, p.88.

28 「福建巡撫周學健奏報嚴禁天主教摺」, 『清中前期西洋天主教在華活動檔案史料』第一冊, p.89.

29 「福建巡撫周學健奏報嚴懲行教西洋人摺」, 건륭(乾隆) 11년 9월 12일, 『清中前期西洋天主教在華活動檔案史料』, pp.115~116. 이 점에 있어서 周學健은 지방관이 심리한 자백 내용대로 황제에게 보고하지는 않았다.

주학건은 건륭의 지시를 받은 군기처에 동의하지 않고 다시 황제에게 상주문을 올렸다. 그는 천주교는 사교임을 완강히 주장하며, 상술한 증거 외에도 다시 "심문한 오랑캐의 교활한 자백에 의하면 처녀가 종교를 따를 때, 동관으로 얼굴에 바람을 불어 그 마귀를 제거하면 즉 능히 정절을 지킬 수 있다고 한다. 이에 깊이 조사하니 오랑캐들은 동관으로 사람의 배에 바람을 불어넣으면 평생 배필을 생각하지 않게 된다고 하니, 이러한 환술과 기만은 매우 심각하다.[訊之夷人狡供, 處女從教之時, 以銅管吹面, 去其魔鬼, 即能守貞. 及細加察究, 夷人以銅管吹人臍肚, 即終身不思匹偶, 是其幻術詭行, 更不可測也]"30를 덧붙였다. 이후 주학건은 재차 선교사는 각 나라의 스파이라고 암시하며 다음과 같이 말하였다.

"서양 각 나라는 이득을 추구하는 데 정통하고, 큰 배로 화물을 운반하며 내지에 들어와 경영하는데 모두 각 나라 국왕의 자본을 들여온 것이다. 그 선주나 주인들은 모두 그 나라의 외국 관리이다. 국왕은 아주 미세한 부분까지 이득을 독점하는데, 오로지 중국에서 선교하는 일에는 거액의 비용을 아끼지 않고 매년 기일에 맞춰 은자를 운반해 주며 선교하는 자들에게 주어 마음대로 비용을 쓰게 한다. …… 전심전력하여 이득을 꾀하는 나라는 자산을 각 성에 두루두루 흩어져 두고 무엇을 하려는지 그 숨겨진 행동을 알 수 없을 정도로 은밀하다.[西洋各國精於謀利, 凡海舶販運貨物來

---

30 「福建巡撫周學健奏報嚴懲行教西洋人摺」, pp.117~118. 주학건은 선교사가 자백한 내용 중에 경비는 서양 교우의 모금으로부터 왔다는 말을 전혀 믿지 않았으며, 그 경비는 국왕으로부터 왔다고 굳게 믿고, 선교사는 국왕을 위해 중국에 선교를 한다고 추측하였다.

至內地經營, 皆領該國王資本. 其船主板主等, 皆該國之夷官也. 國王專利取盡錙銖, 而獨於行教中國一事, 則不惜鉅費, 每年如期轉運銀兩, 給與行教人等, 恣其費用. …… 夫以精心計利之國, 而以資財遍散於各省, 意欲何為, 是其陰行詭秘, 實不可測也]"31

주학건의 선교사에 대한 일관된 마음과 용기는 인상 깊으나, 천주교에 대한 오해의 심리 상태를 계속 유지하는 가운데, 이러한 일관된 마음과 용기가 더욱더 주학건을 보기만 해도 몸서리치게 하였다. 그는 또 다음과 같이 말하였다.

"서양의 풍토는 그 음식과 욕망이 중국과 서로 유사한데, 오로지 중국에서 선교하는 오랑캐들은 부자간을 없애고 욕망을 끊고 평생 국왕을 위해 늙어 죽을 때까지 선교한다. 또한 민간에 숨어 있는데, 혹자는 겹겹의 벽 속에 살며, 혹자는 땅속의 움집에 숨어 몸을 사리지 않고 법을 어기며 대체로 뉘우치는 마음도 없으니, 지독하게 인내하며 모질고 음험한 것이 정말로 지독하다.[西洋風土, 其飲食嗜欲與中華相似, 獨行教中國之夷人, 去其父子, 絕其嗜欲, 終身為國王行教, 至老死而後已. 且其藏匿民間也, 或居複壁, 或藏地窖, 忘身觸法, 略無悔心, 是其堅忍陰狠, 實不可測也]"32

주학건은 또 천주교의 위해(危害)는 백련교(白蓮教)만 못하다는 군기처의 의견에 대해 반박하며 다음과 같이 말하였다.

---

31 「福建巡撫周學健奏報嚴懲行教西洋人摺」, 『清中前期西洋天主教在華活動檔案史料』, pp.116~117.
32 「福建巡撫周學健奏報嚴懲行教西洋人摺」, 『清中前期西洋天主教在華活動檔案史料』, p.117.

"역대로 백련(白蓮)이나 미륵(彌勒) 등의 불법적인 군중들의 모임은 모두 무지한 매국노들이 이를 빌려 오합지졸을 충동질한 것으로 즉시 박멸되었다. 천주교는 언행에 변함이 없어 은연중에 감화되도록 하여 인심을 자연스럽고 즐겁게 얻으니, 흩어지지 않고 단결하게 된다. 그 의도하는 바에 있어서 가까운 이득을 달갑게 여기지 않으며 속성에 힘쓰지 않고, 앙심을 품고 비밀리에 드러내지 않고, 사람들은 그 술책에 빠져도 느끼지 못하니 매국노가 邪敎를 만든 것에 비하여 그 해독이 더욱 극심하다.[歷來白蓮・彌勒等敎聚眾不法, 皆無知奸民借此煽惑烏合之眾, 立即撲滅. 天主敎則不動聲色, 潛移默誘, 使人心自然樂趣, 以至固結不解, 其意之所圖, 不屑近利, 不務速成, 包藏禍心而祕密不露, 令人墮其術中而不覺, 較之奸民所造邪敎為毒更深.]"33

주학건의 고집과 다방면의 활동 아래, 5명의 스페인 도미니크회 선교사들은 연이어 사형에 처해졌고, 복안 지역의 선교활동은 상당히 엄중한 타격을 받아 10여 년 후에서야 비로소 점차 회복되었다.

종합해 보면 주학건은 천주교가 사교임을 주장하였다. 사교이기 때문에 천주교에 부도덕한 행위가 존재하고, 동정녀는 실제로는 선교사의 정부(情婦)이며 죄를 사하는 것은 바로 떳떳하지 못한 남녀관계를 맺는 것이다. 사교이기 때문에 천주교는 마법 사술을 정해 갖고 있으며, 성체와 독경도 초자연적인 효과를 갖는 것이다. 마법 사술의 시행에 협력하기 위해서는 반드시 각종의 마취제가 있어야 하고, 이러한

---

33 「福建巡撫周學健奏報嚴懲行敎西洋人摺」, 『淸中前期西洋天主敎在華活動檔案史料』, p.120.

마취제는 부도덕하고 비정상적인 방식으로 만들어진다. 예를 들면 죽은 사람의 눈, 심장과 간장으로 약을 만든다. 그리고 이 사교의 더욱더 무서운 점은 사람의 마음을 튼튼히 묶는다는 것이다. 지방 백성들이 일단 믿게 되면 결코 꺾이지 않는 이유가 바로 이 미혼약의 효능이 매우 강하기 때문이다. 선교사는 실제 외국의 간첩이며 오랜 기간 지방에 잠복하여 스며든다고 하며, 자주 이렇다 보니 지방에 믿는 사람이 많아질수록 중국을 향한 마음이 갈수록 멀어지는 것을 크게 우려할 부분이다.

심최 및 양광선의 반교 문건과 비교하면, 주학건과 앞의 두 사람은 외국인을 의심하는 심리 및 천주교가 반드시 제거해야 할 사교라고 주장하는 것에 있어서 기본적으로 인식이 같다. 자신의 입장을 서술함에도 주학건과 두 사람은 마찬가지로 유가 정통을 옹호하는 선비로 스스로 자처한다. 그러므로 주학건에게 이 옳고 그름의 전쟁은 참여하지 않으면 안 되는 것이었다.

더 심하게는, 천주교를 마법 사술로 지칭하는 부분에서 주학건의 반교 문건에는 심최와 양광선 두 사람이 언급하지 않았던 내용도 많이 들어 있다. 1746년에 이미 금교(禁敎) 20여 년에 들어섰으므로 전파가 금지된 천주교를 비록 옹정(雍正)이 결코 백련 같은 사교라고 정하지 않았지만 민간에 널리 알려진 헛소문은 이미 천주교에 더 많은 오명을 덧씌웠다는 것을 미루어 짐작할 수 있다. 주학건은 바로 이러한 헛소문을 믿는 고관이었다. 심최는 천주교에 대하여 마법 사술이라고 하면서 '이것은 민간 가요에서 널리 퍼진 것'이라며 자신의 말에 대한 책임에서 회피했는데, 양광선은 이러한 내용을 전혀 언급하지 않았다. 주학건은 맹세가 성실하여 믿을 만할 정도로 상주문에서 직접 언급하였는데, 이러한 주학건의 생각은 대중의 인식과 같았다는 것을 설명한다. 이러한 보편적 인식은 반신반의의 상태로, 군기처의 선회도 직접 주학건의 고발을 반박할 수 없었는데, 이 또한 이러한 인식의 보편성을 설명한다고 할 수 있다.

4. 아우구스트 사건

어떤 사이비 논조는 선교활동이 아편전쟁 이후에 회복되었다고 여긴다. 그러나 실제로는 1840년 아편전쟁 전, 1820년쯤에 회복되었는데, 프랑스 대혁명 및 중국의 금교가 쇠락·부진한 선교활동에 영향을 미쳤기 때문이다. 파리외방전교회(Missions étrangères de Paris)는 1816년부터 아시아로 다시 선교사를 파견하기 시작하였다. 1817년에 선교사가 또다시 사천(四川)에 들어가게 되었고, 당시 운남(雲南)과 귀주(貴州)는 모두 사천의 대목(代牧) 구역이었다. 파리외방전교회는 1846년에 광동(廣東)과 광서(廣西)로 들어갔으며, 1849년에는 기유밍(明稽埒, Phillipe.F. Guillemin)이 광주(廣州)에 와서 이 두 성(省)의 감목(監牧)을 맡게 되었다. 일찍이 예수회 선교사가 18세기에 광서성(廣西省)을 여행하였으나 교우들의 거점을 만들지는 않았으므로 광서는 19세기 천주교의 사막이었다. 1850년에 '태평천국(太平天國)'이 일어났는데 발원지가 바로 광서이며, 당시 광서는 크게 혼란하여 각종 비밀스런 종교의 교비(教匪), '천지회(天地會)'의 비밀결사단 및 지방 도적들이 어지럽게 일어났다. 청나라 정부는 광서에 대한 제압을 할 때도 있고 못할 때도 있었으므로 선교사는 광서에 들어갈 기회가 전혀 없었다. 태평군(太平軍)의 중심 세력이 장강(長江) 유역으로 이동할 때, 파리외방전교회는 광서에서의 모험적인 행동을 전개하기 시작하였고 그 책임자가 바로 아우구스트(馬賴, Auguste Chapdelaine)였다.

아우구스트는 1814년에 태어나서, 1843년 29세에 선교사로 임명되었다. 유럽 선교가 최고조였던 그 당시의 영향으로 1851년에 중국에 가서 선교하기로 결정하고 파리외방전교회에 들어갔으며, 1852년에 중국으로 출발하였다. 나이가 좀 많은 것 외에 그와 기타 파리외방전교회가 세계 각지로 파견한 선교사는 다를 것이 없었다. 나이가 많았기 때문에 혼자서 어려운 일을 맡았으며, 비로소 그가 집행할 수 있었다. 광서에 들어가기 위해서 광주에서 서강(西江)을 따라가야 했으나 혼란한 상황에 쉽지 않았다. 아우구스트는 남령(南嶺)을 넘고, 호남(湖南)을 거쳐 귀주(貴州)의 귀양(貴陽)으로 갔다.

아우구스트는 1854년 1월 말에 귀양에 도착하여 현지 사투리를 배우기 시작하였으며, 이만미(李萬美, François E.Lions)를 도와 선교 업무를 하였다.[34] 아우구스트가 광서로 들어갈 수 있었던 것은 노정미(盧廷美)의 도움이 주요했다. 노정미는 이족(彝族)으로 어려서부터 공부하였다. 두 번의 수재(秀才, 科擧 과목 이름) 시험에 응시하였으나 모두 탈락하였다. 그러나 이미 지방에는 드문 학자였다. 1849년에 노정미는 청수교(淸水敎)를 믿었는데 이때 그는 38세였으니, 이 나이에 이미 노

---

34 Adrien Launay, "Le Vén. Auguste-Chapdelaine," *Les Cinquant-Deux Serviteurs de Dieu*, Tome Second(Paris: Tequi Librairie, 1893), pp.287~292.

정미가 인생의 의미를 찾고 있었다는 것을 상상할 수 있다. 이후에 노정미는 타지에서 옮겨 온 교우를 만나게 되었고, 경서(經書)를 읽은 후 천주교로 개종할 것을 결심하였다. 1853년 10월에 노정미는 정식으로 세례를 받은 이후 천주교 신앙을 귀주와 광서 변경 지역의 친척과 친구들에게 전하였다. 종교를 믿은 후 아주 경건하고 정성스럽던 노정미는 1854년 10월 혹은 11월에 귀양으로 가서 프랑스 선교사를 만나 자신의 고향 랑대청(郎岱廳)의 모구장(毛口場, 지금의 安龍縣)에 많은 친척이 천주교에 귀의하고자 준비하고 있고, 이외에도 광서 지역의 백가채(白家寨), 요산(窯山), 광산(光山) 등지에도 친척과 친구들이 천주교를 믿을 준비를 하고 있음을 알렸다.[35] 광서로 들어가고자 준비하고 있던 아우구스트에게 있어서 노정미는 바로 주님께서 파견하신 천사 같았다.

   아우구스트의 보고에 따르면 그와 노정미가 5일을 걸어서 12월 8일에 서림현(西林縣)의 백가채 교회 구역에 도착하여 선교 작업을 시작했다고 한다. 백가채는 노(盧)씨의 친인척들로 이루어진 마을로 원래 많은 사람들이 청수교를 믿었다. 선교 열흘도 못 되어 원래 천주교를 믿고자 준비하였으나 나중에 마음이 변한 백삼(白三)이 관에 고발하여, 관아에서 바로 아우구스트와 노정미 및 4명의 예비교우를 잡아서 40리 떨어진 서림현 소재지로 데리고 갔다. 도(陶) 현령(縣令)은 심문 시의 태도가 매우 매서웠으나 노정미는 묻는 대로 답하며 떳떳하게 대하니 현령의 태도는 점차 완화되었다. 이후 아우구스트를 심문하였는데, 그의 중국어 실력이 아직 충분치 않아 무엇을 물을 수가 없자 바

---

35 劉宇聲編,「盧廷美」,『中華殉道先列傳』, 台北 : 天主教教務協進會, 1977年, p.47~48.

로 이 둘을 감옥에 가두었다.36

다음 날 현관(縣官)의 태도는 특별히 사근사근하게 변하여 천주교는 좋은 종교라고 찬양하기 시작하며, 아울러 아우구스트 및 노정미와 천당 지옥에 대해 토론하기 시작하였다. 또한 많은 사람에게 어떻게 기도하는지 보여 주게 하였고, 그들의 교리책을 가져갔다. 결국 그는 많은 사람들에게 아우구스트 일행에 대하여 벌을 주고 싶지 않다고 하였다. 현관이 그들을 법정에 머물게 한 이유는 그들이 위험에 빠지는 것을 보고 싶지 않았기 때문이다. 현관은 어떠한 돈이나 물건도 바라지 않았으며, 시골 사람들은 이 종교를 이해할 여유가 없었기 때문에 단지 아우구스트 등이 시골에서 선교하는 것만을 불허하였다. 아우구스트 등을 어떻게 처분할 것인지에 대하여는 반드시 그는 지부(知府, 명청시대 府의 장관)와 의논해야 했다.37 그들은 다시 16일간 구금되었는데 이 기간에 많은 지방의 권세가들이 호기심에 관아로 와서는 그들과 교의를 논하였다. 그 중 라(羅)씨 성의 1차 과거 합격자 한 사람이 천주교에 호감을 나타냈다. 크고 작은 도적의 재난으로 도로가 끊어져 현령이 보낸 파발꾼은 지부(知府)를 찾지 못하였으므로 현령은 그들을 석방하였다. 뜨거운 감자인 아우구스트를 귀주로 돌려보내려고 하였으나 도로 사정상 통행이 불가능하였으므로 왕(王)씨 성의 하급 관리 집에 머물도록 하였다가 나중에는 담(譚)씨 성의 도교도 집에 머물게 하

---

36 "Lettre de M. Chapdelaine, 10 Juillet 1855," *Annales de la Propagation de la Foi*, Tome XXVIII, Paris, 1856, pp.452~453.

37 "Lettre de M. Chapdelaine, 10 Juillet 1855," *Annales de la Propagation de la Foi*, Tome XXVIII, pp.455~456. 또 다른 견해는 陶 縣令이 교우들의 뇌물을 받고 태도를 바꿨다고 한다. 이 견해는 사실일 가능성이 크다.

였다. 1855년 2월 하순 중국의 설을 지낸 후, 아우구스트는 현(縣)소재지를 떠나 우선은 백가채로 갔다가 요산(窯山)에서 부활절을 지내며 첫 번째인 성인 예비교우 10명에게 세례를 주었는데, 이때 몇 명인지 모르는 영아도 함께 세례를 받았다. 아우구스트는 그 다음 4월에 귀주로 되돌아가 당시의 모든 선교사와 마찬가지로 교회 구역을 순행하며 그의 의무를 다하였다.[38]

1855년 12월에 아우구스트는 혼자 서림으로 되돌아왔는데 현령은 이미 운남(雲南)에서 온 장명봉(張鳴鳳)으로 바뀌어 있었다. 아우구스트가 서림에 도착했을 때, 현소재지에서는 믿음의 여부에 대한 논쟁이 있었기 때문에 백성들은 평안하지 않았다. 이전에 담(譚) 도교도 집에 머물렀을 때 귀의했던 라(羅)씨 성의 과거 1차 합격자는 아우구스트에게 자신의 집에 머물 것을 청하며 그를 안전하게 보호하고자 하였다. 아우구스트는 6주간 머물렀는데,[39] 이 기간에 앙심을 품은 자가 현령에게 천주교는 사교로 교우들은 모두 날 수 있으며, 비밀스런 법술을 갖고 있으며, 변할 수 있으며……,[40]라고 고발하였다. 사실 첫 번째 아우구스트가 체포되었을 때, 사람들은 일행을 꼭꼭 동여매 묶었는데 호송 도중에 누군가 사라질까 매우 두려워했기 때문이다.

아우구스트는 라씨 집에 6주간 머물다가 정세가 지나갔다고 생각하

---

38 Adrien Launay, "Le Vén. Auguste-Chapdelaine," *Les Cinquant-Deux Serviteurs de Dieu*, pp.296~297; 『中華殉道先烈傳』, p.49. 1855년 2월 17일은 중국의 설날이며, 1855년의 부활절은 4월 8일이었다.

39 Adrien Launay, *Histoire des Missions de Chine*-Mission du Kouang-si (Paris, 1907), p.67.

40 "Lettre de M. Guillemin" 8 juillet 1856, *Annales de la Propagation de la Foi*, Tome XXVIII, p.463.

여 부근의 교회 구역을 살펴보러 가기로 하였다. 설을 지낸 후 그는 우선 요산(窯山)으로 갔다. 앙심을 품은 자는 아우구스트가 보호자의 집에서 떠났다는 것을 알고 2월 22일에 관부(官府)에 아우구스트가 군중을 충동하여 유혹하고 있다고 알렸다. 2월 24일에 현령은 100여 명을 요산으로 파견하여 아우구스트를 체포하였는데 그중에는 관아의 하인과 민단(民團, 지주가 조직한 민간단체)이 포함되어 있었다. 아우구스트가 한 발짝 먼저 소식을 알게 되어 바로 현 소재지의 라씨 집으로 피하였다. 2월 25일에 관아의 하인들이 자취를 찾을 때까지 그와 함께 대여섯 명의 교우가 체포되었다.[41]

현령 장명봉(張鳴鳳)은 아우구스트의 심리를 시작하며 천주교는 사교라고 질책하면서 아우구스트가 반역을 기도하였다며 그에게 배교(背敎)를 요구하였다. 아우구스트는 거부하며 반역 의도가 없었다고 하였는데 결국 죽장(竹杖)으로 300대를 맞았다. 2월 26일에는 다시 법정에서 가혹한 형벌이 언급되었다. 2월 27일에 현관이 사람을 보내와 교우들과 의논하길 500냥을 아우구스트의 자유와 바꿀 수 있다고 주장하였다. 교우들은 120냥밖에 없다고 깎았으나 300냥은 되어야 한다고 하였다. 아우구스트는 교우들이 돈으로 자신을 구해 내려고 한다는 것을 알고 그들의 호의를 거절하며 자신은 감옥에서 죽기를 원한다고 하였다.[42] 당일 오후 아우구스트가 다시 심리를 받은 후 현관은 사형을 언도하며 집행 기일은 2월 28일로 정하였다. 숨이 곧 끊어질 듯

---

41 Guillemin 및 Launay의 견해를 종합함. 1856년 중국의 설날은 2월 6일임.
42 Adrien Launay, "Le Vén. Auguste-Chapdelaine," *Les Cinquant-Deux Serviteurs de Dieu*, Tome Second, p.302. 또 다른 견해는 2월 29일에 사망하였다고 한다. Launay가 가장 많은 자료 출처이므로 이것을 기준으로 함.

하던 아우구스트는 형벌을 기다리지 못하고 28일 새벽에 감옥에서 사망하였다. 아침에 망나니가 감옥에 도착하여 아우구스트가 이미 사망한 것을 발견하고는 그를 끌어내어 참수하였는데 이후 교우들이 시신을 수습할 때에는 심장과 간이 이미 온데간데없었다.[43]

조계영(曹桂英)은 같은 사건으로 피살되었는데, 그녀는 이만미(李萬美)가 여성 예비자와 아이들을 지도하도록 서림현 일대에 보낸 여성 교우였는데 바구니 모양의 형구에서 사망하였다. 또 한 사람은 백소만(白小滿)이었는데 요산 소속 교우로 아우구스트가 잡히기 10여 일 전에 정식으로 세례를 받았으나, 배교하지 않고 죽기를 원하였는데 참수된 이후 시체는 산짐승의 먹이가 되었다.[44] 이 세 명은 모두 중국의 순교성인이었다. 이 재난이 노정미에게 미치지는 않았으나, 인근의 생활권, 귀주 지역 소속에서 지속적으로 선교를 하다 1858년 1월 선교 선생 왕병(王炳) 및 동정녀 임소(林炤)와 함께 랑대청(郎岱廳)의 꼭두각시 대록지(戴鹿芝)에 의해 사교를 믿는다는 이유로 사형에 처해졌으며,[45] 이 세 사람도 순교성인 명단에 올랐다.

이 반(反) 천주교 행위는 어떻게 발생하였는가? 무엇 때문에 천주교도들을 사형에 처하는 방식으로 대하였는가?

우선 천주교는 새로운 종교 신앙이었기 때문에 하나의 집합체에 유입될 때 자연스럽게 원래 있던 종교 신앙에 대한 도전이 된다. 집합체

---

43 Adrien Launay, *Histoire des Missions de Chine*-Mission du Kouang-si (Paris, 1907), p.80.

44 Adrien Launay, *Histoire des Missions de Chine*-Mission du Kouang-si, p.80; 『中華殉道先烈傳』, pp.40~42. 상대적으로 白小滿에게 있어서 背教者는 많았다.

45 『中華殉道先烈傳』, pp.46~60.

중의 누군가가 귀의하려고 하면 역시 누군가가 원래의 신앙을 고수하고자 이 새로운 신앙에 저항하게 된다. 예를 들면 백가채(白家寨)를 들 수 있는데, 이 촌락의 원래 주류 신앙은 청수교(清水教)였다. 『중화순도선열전(中華殉道先烈傳)』에서 언급한 지역 불량배 백삼의 반교 원인은 천주교와 청수교의 차이를 느꼈기 때문이었다.[46] 때로 이러한 선교로 인한 친족의 대립 혹은 마찰은 작은 가정에서 일어난다. 아우구스트의 두 번째 체포와 관련하여 명계랄(明稽埒)의 조사에 따르면 '젊은 예비교우인 남편은 타 종교인인 아내와 싸우게 되었는데, 남편이 아내의 행위가 바르지 않다고 질책하였다. 그러자 아내는 자신의 부모 형제에게 울며불며 하소연을 하였고, 아내의 부모 형제는 관아의 잡역부였지만 천주교에 대하여 조금도 반감을 갖고 있지 않았었는데',[47] 아우구스트가 서림(西林)에 온 기회를 이용하여 신임 현관 장명봉(張鳴鳳)에게 고발하였다.

상술한 예에서 예비교우인 남편과 그 아내는 아마 다른 문제가 있었을 것이나 남편이 예비자인 것이 적어도 이미 아내의 권리와 이익을 획득하는 핑계가 되었고, 이 핑계로 그녀는 또 부모와 형제의 지지를 얻을 수 있었을 것이다. 그녀의 부모 형제가 무엇 때문에 천주교에 대하여 이렇게 적의(敵意)를 가졌는가에 대하여는 아마도 전통 중국 문화의 정통이 아닌 종교에 대한 기술에 있을 것이다. 또는 아마도 태평천국(太平天國) 및 각 지역에서 봉기한 도적들이 야기한 과도한 연상(聯想)에 있었을 것이지만, 아우구스트와 예비교우는 실제로 그 지방을

---

46 「盧廷美」, 『中華殉道先烈傳』, p.48.
47 "Lettre de M. Guillemin" 8 juillet 1856, A.P.F, XXVIII, p.463.

해치는 어떤 일도 결코 하지 않았다.

다음으로 천주교는 중국의 오랜 역사 맥락 중에 이단 사교로 여겨졌는데, 이는 장명봉 혹은 대녹지(戴鹿芝)가 교우를 사형에 처하는 원인이 되었을 것이다. 장명봉은 조계영에게 다음과 같이 물었다.

"무엇 때문에 그들을 새처럼 날도록 가르쳤는가?"
"무엇 때문에 낮이 아닌 밤에만 그들을 가르쳤는가?"
"목숨을 유지하고 싶다면 솔직히 말해라, 너는 馬 신부의 여자이지?"
"馬 신부는 돈을 얼마나 갖고 있는가?"[48]

첫 번째 물음에 대한 전제는 조계영이 모종의 법술(法術)을 갖고 있다고 믿는 것이므로 자연 규율을 어기고 하늘을 날 수 있는 것이며, 또한 이 법술이 믿음의 유인(誘因)이 되어, 종교를 믿도록 어리석은 남녀를 유인할 수 있는 것이다. 두 번째 물음은 선교를 비밀스럽게 행하는 것을 가리키는데, 대낮에 공개적으로 선교하지 못하기 때문에 반드시 사람들에게 말할 수 없는 일이 있는 것인데, 이것이 바로 이단 사교가 '밤에 모이고 낮에 흩어지는' 것에 대한 죄상의 고발인 것이다. 세 번째 물음의 사고방식은 이러하다. 사교인 이상 논리 도덕을 지키지 않을 것이다. 그러므로 조계영과 아우구스트는 남녀 관계를 맺었을 것으로 확신하였다. 네 번째 물음도 마찬가지로 천주교는 사교임을 주장하는데 보편적인 인식 가운데 각종의 사교가 되는 원인 중 하나가 재물을 긁어모으는 것이므로 아우구스트 신부는 분명 부자이다. 장명봉이

---

[48] "Lettre de M. Guillemin" 8 juillet 1856, A.P.F, XXVIII, p.473.

기회를 틈타 교우들에게 재물을 강탈했는가의 여부는 중요한 것이 아닙니다. 왜냐하면 그가 아우구스트·백소만(白小滿)·조계영에게 중형을 선고하여 나타내고자 했던 그의 주요 목적은 천주교를 금지하고자 한 것이기 때문이다. 만일 실제로 재물을 강탈하고자 하는 행위를 했다면, 이는 부수적인 행동일 따름이다.[49]

『중화순도선열전』의 랑대청(郎岱廳)의 꼭두각시 대녹지(戴鹿芝)와 장명봉에 대한 서술은 큰 차이가 있다. 대녹지는 노정미 등의 사람들에 대하여 고문을 하지 않았으나 뇌물을 받은 후 한족과 묘족이 섞여 사는 무구장(毛口場)으로 내려가도록 하였다. 사건을 야기한 원인은 노정미가 자기 조상 사당의 뒤에 교우들이 집회하고 성경을 읽는 경당(經堂)을 건축하였기 때문이다. 글에서는 다음과 같이 말하고 있다.

"그에게는 文才라고 하는 셋째 숙부가 있었는데, 역시 종교를 믿고 싶다고 하였는데 여러 번 시일을 끌었다. 廷美는 지역에서 세력이 있어 文才가 많은 덕을 보았는데, 믿음을 갖게 된 후 廷美가 더 이상 관심을 갖지 않자 숙부가 좋을 것이 없었으므로 이미 원한의 싹이 심어졌다. 게다가 사당을 고치고, 조상에 제사 지내는 데는 돈을 내지 않고, 사당 뒤에 經堂을 지으려고 하니 風水가 파괴되어 원한이 뼈에 사무쳤다.[他有個三叔叫文才, 也表示過想信教, 卻一再延宕.廷美在地方上有勢力, 文才沾光不少, 可是信教後廷美不再管閒事, 叔父就得不到好處, 已經種下了恨苗.更加不出錢修祠堂、祭祖

---

49 이러한 서술은 明稽埠 조사에서 획득한 것으로 그의 대상은 당연히 피살되지 않은 교우였다. 교우가 재산을 강탈당했다고 서술하였는데, 정말 張鳴鳳의 바람이었을 수도 있고, 관아의 하급 관리가 기회를 이용하여 편취한 것일 수도 있다.

宗, 還要在祠堂後面造經堂, 破壞風水, 便恨之入骨了]"⁵⁰

이 서술에서 두 가지를 주의할 수 있다. 우선 노정미가 지역의 거물이라는 것으로 모구장(毛口場) 지역의 교우 집합체의 성장에 큰 공헌을 했음을 추측할 수 있다. 노정미가 영수로 있는 교우 집합체의 사람 수는 이미 매우 많았으며, 노정미의 위엄과 명망으로 인하여 일을 처리하는 것이 저조하거나 숨길 것이 없었다. 두 번째 주의할 점은 노정미가 믿음을 가진 후에 사당을 수리하는 데 돈을 내지 않고, 제사에도 참가하지 않았으나 사당 뒤의 토지를 사용하려고 했다는 것이다. 노정미가 의거한 것은 농촌의 공공재산 개념이었다. 취락에 일정한 비율의 교우가 있는 이상 원래의 사당 공공재산 가운데 일부 토지를 나누어 교회가 공용으로 하는 것은 자연스럽게 가능하다는 것이다. 그러나 취락의 또 다른 원래 있던 신앙을 유지하고 있던 주민에게 있어서 사당의 공공재산에 교회 경당을 짓는 것은 가문을 짓밟는 행위이며, 게다가 조상에 제사를 지내지 않는 것은 집합체와 분리하겠다는 표현으로 교우들이 가족의 배반자로 느껴졌다. 이것이 바로 노문재(盧文才)를 우두머리로 하는 노(盧)씨 친족이 교우 집합체를 반대한 주요 원인이었다.

대녹지(戴鹿芝)가 심문할 때의 어떤 서술은 그가 천주교를 반대한 이유를 반영하고 있다. 그는 노정미에게 다음과 같이 물었다.

"무엇 때문에 유교를 받들지 않는 것인가? 세상의 종교는 우교(牛敎), 마

---

50 「盧廷美」, 『中華殉道先烈傳』, p.50. 이런 상황의 서술은 신뢰도가 매우 높다.

교(馬教), 인교(人教) 등 아주 많은데, 너는 사람이라서 인교를 받드는가. 무엇 때문에 이렇게까지 속아서 스스로 미혹되는 것은 그렇다 하더라도, 남에게 또 퍼뜨리려고 하는가? 本府는 네가 치안을 어지럽히고, 스스로는 고생스럽고, 또 타인을 연루시킬 것이 우려가 된다. 지역의 일은 네가 관여하지 않으면 되는 것이고, 만일 네가 뉘우친다면 이전처럼 지역을 대신하여 힘을 다하여 이익이 되는 일을 한다면 本府는 너를 바로 용서할 것이다.[你為何不奉儒教? 世界上教門多得很, 有牛教、馬教、人教, 你是人該奉人教. 為何受騙到如此地步, 自己被迷惑不算, 還要替它傳播? 本府怕你擾亂治安, 自己吃苦, 又連累別人, 地方上的事你偏不去管, 如果你肯悔過, 像從前一樣替地方出力, 辦公益事, 本府就饒你]"51

상술한 내용으로 대녹지가 정통 명분과 교화를 옹호하는 입장에서 천주교는 외국으로부터 온 이단 사교로 여겼음을 알 수 있다. 그는 노정미가 미혹되어 천주교를 믿은 후 전통 유가(儒家)의 가치체계에서 벗어났고, 이로 인하여 지역사회 집합체에서도 이탈하게 되었다고 생각하였다. 이러한 인식에는 대녹지가 반드시 노정미와 왕병(王炳) 등의 사람들을 죽일 필연성이 결코 없었으며, 만일 이들이 배교할 수 있어 유가 및 지역사회 집합체에 되돌아온다면 되는 것이다. 그러나 노정미 등의 사람들에게 있어서 이는 불가능한 선택이었다.

아우구스트 및 노정미 등의 피살은 두 가지 독립된 사건이다. 그러나 반교의 원인은 모두 복합적인 것이었고, 매우 비슷하였다. 반교의

---

51 「盧廷美」, 『中華殉道先烈傳』, p.52. 천주교를 더럽히려는 분위기에서, 천주교가 일련의 反教 선전품 중에 그 諧音으로 '豬叫' 혹은 '豬教'로 불렸는데, 이러한 이유는 문장 중에 '馬教', '牛教' 등의 호칭의 원인이었다. 戴鹿芝의 묻는 말에서 '豬叫'를 언급했을 것인데, 『中華殉道先烈傳』의 편찬자가 언급을 꺼려 피하였을 것이다.

원인을 구분해 보면 천주교를 이단 사교로 보았다는 것과 심지어는 이로 인하여 천주교가 마법 사술을 갖고 있다고 여겼다는 것이다. 또 어떤 반교자는 천주교가 들어온 이후, 원래 있던 사회 무리 관계에 변화가 생기거나 더 나아가 충돌하거나 결별하게 되었다고 느꼈다. 또 다른 측인 피살된 순교자에게 있어서 순교의 원인은 아주 단순하다. 신앙을 지키기 위한 것일 따름이었다.

5. 귀양 사건

1853년 교황청은 호박리(胡縛理, Louis Faurie)를 귀주(貴州)의 대목(代牧) 주교로 임명하였으나, 당시 그가 거절하였으므로 동문헌(童文獻, Hubert Paul Perny)이 교구장을 맡게 되었다. 1859년 교황청은 재차 호박리 신부를 주교로 임명하였는데, 이때는 받아들여 1860년 9월 36세에 취임하였다. 비록 젊었지만 귀주에 온 지 이미 8년이 되어, 이만미(李萬美, François Eugène Lions)·매서만(梅西滿, Simon Jude AlphonseMihière)·임국주(任國柱, Léonard Vielmon) 등의 지지를 받았으며 경험 있는 선교사의 영수였다.[52] 그는 1852년에서 1860년까지의 기간에 여러 차례의 종교 재난을 겪었으나 모두 혼신을 다해 물리쳤다. 정부의 추적조사는 가장 심각한 문제가 아니었으며, 귀주가

---

52 Adrien Launay, *Histoire des Missions de Chine*-Mission du Kouy-Tcheou, Tome première, pp.529~530.

선교에 가장 영향을 미친 원인은 동란(動亂)이었다. 회족(回族), 중족(狆族)53 및 흑묘족(黑苗族)을 포함하여 모두 동란을 이용하여 일어났으며, 도적, 비밀단체 등도 나뉘었다 합쳤다 하여 지방 치안을 교란하였다.54

　1861년 5월 23일 호박리는 임국주와 함께 자주색 4인교를 타고 앞에는 십자가가 선도하고, 뒤에는 깃발, 북 치는 악대가 따르며 귀주 지방행정 장관 하관영(何冠英)을 방문하러 갔으며, 다음에는 귀주 제독 전흥서(田興恕)를 방문하러 갔는데, 전흥서는 군의 업무가 바쁘다는 핑계로 피하여 받지 않았다. 이것은 상당히 논쟁이 되는 방문이었다. 이후 귀양 사건(貴陽事件)이 발생했을 때, 중국의 관원들은 '호(胡) 주교, 임사탁(任司鐸) 등을 조사하니 귀주에 오래 머물렀고, 아는 사람도 많았다. …… 갑자기 자주색 4인교를 타고 프랑스 의관을 입고, 많은 종복을 데리고, 여러 관리를 알현하니 성(省) 전체가 놀라고 두려워하며 사람들이 외쳐댔다.'라고 하였다. 이러한 견해는 모순적이다. 1860년 이전의 선교활동은 비밀스럽게 진행되었고, 귀주는 종교 재난이 빈번하였기 때문에 지방관이 호박리 및 임국주를 알게 된 것이 여러 해가 되지 못했을 것이기 때문이다. 사실 이것은 귀양 사건의 핑계일 따름이었다. 호박리가 성대하게 의식을 갖추고 지방의 수장들을 보러 간 것은 사천 동부 주교 범약슬(范若瑟)의 제안이었다. 범약슬은 이전에 똑같이 의식을 갖추고 성도(成都)의 장군 숭실(崇實)을 방문하러 갔는

53　布依族의 옛 호칭임.
54　Adrien Launay, *Histoire des Missions de Chine*-Mission du Kouy-Tcheou, Tome II, pp. 39~42.

데 그에 의하면 효과가 매우 좋았다고 한다.[55]

전흥서(田興恕)는 군에서 공을 세워 일어난 새로운 권세가였는데, 귀주 지역의 각종 동란의 대부분은 그가 평정하였으며, 『청사고(淸史稿)』에서는 그에 대하여 "변방을 개간하고 지키는 책임을 신속히 마치어 공을 믿고 교만하였고, 또한 예의를 중시하지 않았으며, 여기저기에서 일을 만들어 누차 탄핵을 받았다.[驟膺疆寄, 恃功而驕, 又不諳文法, 左右用事, 屢被彈劾]"[56]라고 서술하였다. 그는 1861년 5월 24일 귀양성(貴陽城)의 교우들을 등록하기 시작하여 미사에 참여하는 교우들의 거동을 감시하였다. 그 다음 5월 27일에는 임국주가 가마를 타고 성에 들어가 성의 관리들을 방문하였을 때, 그는 기병대를 보내 체포하도록 하였는데 임국주를 만나지 못하였다. 이후 기병대는 성에 있는 예배당을 포위하고 동시에 전(田) 대인이 직접 병사들을 이끌고 성에 있는 예배당을 헐어 버릴 것이라고 전하였다.[57] 이후 임국주는 귀양의 지부로부터 여러 번 공문을 받고 관아에 불려 가서 수차례 조사를 받고 경박한 말로 백방으로 조롱을 당했다.[58]

동시에 전흥서와 귀주 지방행정 장관 하관영(何冠英)은 전체 성의 관리들에게 연명 공문을 보내 각지에서 교회를 원망할 것을 격려하였

---

55 Adrien Launay, *Histoire des Missions de Chine*-Mission du Kouy-Tcheou, Tome II, p.48.

56 「田興恕」,『淸史』仁壽本, 卷四百二十一, 列傳二百七, 台北:成文出版社影印出版, 1971年, p.4810.

57 Adrien Launay, *Histoire des Missions de Chine*-Mission du Kouy-Tcheou, Tome II, pp.53~57.

58 『同治朝籌辦夷務始末』, 卷六, p.41. 台北:國風出版社影印本, 1963年, p.156.

는데 그 글은 다음과 같다.

"새로운 길을 개척하는 데 있어서 이단과 사악한 말이 백성에게 가장 많이 해를 끼친다. 성안의 천주교는 더러운 곳이나 저자에 있으며 사람을 놀라게 하는 일을 벌이지 않았기에 관대하게 대했다. 최근에는 방자하고 거리낌 없이 행동하니 그 마음을 알 수가 없다. 사람을 사방으로 보내어 임의로 부추기고 미혹하니, 관리에게 성과 마을을 막론하고 모두 주의해서 검열하기를 간청했다. 이들은 외부에서 온 사람이 있으면 교주 등의 이름을 잘못 부르며 선교하고 사람을 미혹하게 하려고 하니 언제든지 쫓아내길 바란다. 천주교와 연관된 것은 직접적으로 말할 필요도 없을 것이며, 외부에서 온 비적이 이들을 보더라도 남겨 두려 하지 않을 것이다. 만일 옛날 방식을 빌려 법으로 처리할 수 있다면 매우 타당하고 잘한 일일 것이다. 세상 도리의 무너짐이 이미 이렇게까지 이르렀으니 무슨 힘으로 기울어진 풍도를 만회하겠는가? 이는 태수가 전심전력할 일일 뿐이며, 반드시 착오가 있어서는 안 되고 두려워하지 말길 바란다. 만일 힘써 처리한다면 반드시 응당 관직이 올라갈 것이다. 만일 주의하지 않고 마음대로 듣고 전달받은 것을 배운다면, 그리고 그런 것들이 일단 조사되어 드러나면 그 허물은 역시 가볍지 않을 것이다.[徑啟者, 異端邪說最為害民, 省中天主敎, 前因溷跡市廛, 別無駭人聽聞之事, 是以姑予寬容. 近乃肆行無忌, 心實叵測. 誠恐遣人四出, 任意煽惑, 尚祈台端無論城鄉, 一體留心稽查, 如有來外方之人, 謬稱敎主等項名目, 欲圖傳敎惑人, 務望隨時驅逐. 不必直說係天主敎, 逕以外來匪人目之, 不得容留. 儻能藉故處之以法, 尤為妥善. 世道之壞已至於此, 如何力挽頹風, 是在太守明府之盡心力耳, 必無差謬, 幸弗畏葸. 如果辦理得力, 定當優敘. 儻不經心, 任聽傳習, 一經查出, 咎亦匪輕也]"[59]

---

[59] 『同治朝籌辦夷務始末』, 卷六, p.42. 國風影印本, p.156.

전홍서는 무인으로 일자무식이라 이러한 글은 그의 참모가 쓴 것이다. 그의 참모 중 무환장(繆煥章)이란 사람이 있었는데 이때 서명하여『구겁보훈(救劫寶訓)』이라는 소책자를 만들어 사방에 보냈다. 호박리는 이것을 전홍서가 주도한 또 다른 반 천주(天主) 선언문이라고 보았는데 매우 합리적인 견해이다.『구겁보훈』의 글은 현재 이미 알 길이 없는데, 호박리의 설명으로 "천주교의 이름을 천조교(天祖教)로 바꾸는 것은 할일없는 짓으로, 백방으로 욕보이는 것이며 시정 소인도 말할 가치가 없는 말이다.[改天主教之名為天祖教, 將無做有, 百般辱罵, 內皆市井小人不屑出口之言]"[60]라는 것만이 그 글에 있었음을 알 수 있다.

당시 귀주의 비밀종교가 성행한 상황을 '구겁(救劫)' 두 글자를 사용하여 나타낸 것은 아주 적절하였는데, '겁(劫)'은 비밀종교에 통용되던 관념이다. 불교를 빌려, 더욱이 명청 시기 민중에게 익숙했던 것은 '삼양겁변(三陽劫變)'이었다. 세상을 '청양(青陽)', '홍양(紅陽)', '백양(白陽)'의 세 기간으로 나누고, 세 기간의 말에 '강겁(降劫)'하여, '연등불(燃燈佛)'·'석가불(釋迦佛)'·'미륵불(彌勒佛)'이 나누어 다른 시기를 주관한다고 생각하였다. 명청 시기 비밀종교가 일어나기 전, '홍양은 다했고, 백양이 흥할 것임[紅陽將盡, 白陽將興]'을 항상 선전하였다.[61] 이것이 비록 비밀종교의 관념이었으나 지방 권세가들의 수용도는 매우 높았다. 이 당시 지방 권세가들에게는 '난세를 떠받치고 붓에 굴복하는[扶鸞降筆]' 신을 강림케 하는 활동이 유행하였기 때문이다. 요청해 온 주요 신은 '관공(關公, 관우신, 關聖帝君)', '태백성군(太白星君, 태백성신)', '문창제군(文

---

60 『同治朝籌辦夷務始末』, 卷六, p.44. 國風影印本, p.157.
61 漢文起主編,『中國民間秘密宗教辭典』, 成都 : 四川辭書出版社, 1996年, pp.251~252.

昌帝君, 학문번창신)'들이었는데, 마찬가지로 세상을 '겁구(劫救, 위협하고 구하는)'하는 큰 신들이다. 그들이 구제[救]되기를 바라는 위협[劫]은 그 당시 귀주 도처의 모든 도적들이었으며, 백성들이 고통에 동요하는 상황이었다. 지방 권세가의 입장에서 각종 비밀종교는 정세를 틈타 일어나 형성된 '교비(教匪, 반란을 일으킨 종교단체)'들로 당시의 큰 재난에 큰 책임을 져야 하는 이들이었다. '천주교'를 '천조교'라 부른 것은 바로 이러한 '교비'들을 비유한 것이다. 전흥서와 하관영(何冠英)이 연명한 공문에는 우선 저자에 숨되 사람을 놀라게 하지는 않는 소교(小敎)라 일컬었는데, 사실 대부분의 비밀종교에 대한 평소의 서술과 아주 부합한다. 나중에는 최근에 제멋대로 굴어 두려움이 없는 교주란 명목이 있다고 일컬었는데 이는 사건을 일으킨 교비와 비교하여 논한 것이다. 이후 도처의 관리 무장 조직에 세상의 퇴폐한 풍기를 바로잡자고 하였는데 이는 구겁사상(救劫思想)과 호응한다고 할 수 있다.

귀양성(貴陽城)의 정세가 흉흉할 무렵인 1861년 6월 21일 귀양부(貴陽府) 소속 청암진(靑巖鎭)의 요가관(姚家關) 예배당이 현지 무장 조직에게 포위되었다. 청암(靑巖)은 귀양(貴陽) 정남향의 20여 킬로미터 거리에 위치하였는데 귀양의 성벽으로 귀양 남쪽 모퉁이로 군사 요충지였다. 호박리는 1859년에 이곳에 대수원(大修院, 대수도원)을 설립하였는데 중국과 프랑스가 북경조약(北京條約)을 체결하기 전이었다. 이로써 현지에 이미 교우 집합체가 있었고, 이곳에서 땅을 사 예배당을 지었음을 알 수 있다. 조국주(趙國澍, 畏三)는 현지의 선비 집안의 권세가로 부친 조옥지(趙玉墀)는 향시에 합격하고 지역의 학관(學官, 학교의 관리)을 역임하였다. 지역의 방위를 위하여 당시 지방에는 단련(團練, 지주계급의 지방 무장 조직)을 만드는 것이 성행하였다. 조외삼(趙畏三)은 생원

(秀才)일 뿐이었으나 집안 배경으로 인하여 청암에 무장 조직을 만들려고 할 때 모두들 그를 우두머리로 추천하였다. 이 무장 조직은 1853년에 만들어졌으나 1860년 석달개부(石達開部)의 태평군이 귀주를 도망쳐 달아날 때, 적에게 항거하는 효과를 발휘하였으며, 청암을 보위하였을 뿐 아니라 많은 지방의 수복을 도왔다. 조외삼은 이로 인하여 도대관(道臺官, 행정감찰관 혹은 府 장관)에 임명되었으나 실제로는 여전히 지역에서 단련(團練)을 관리하여 귀주단련(貴州團練)의 영수였다.62

단오절 당일 귀주 현지에서는 역병(疫病)을 제거하는 풍습이 있었는데, 군중들이 요가관(姚家關) 대수도원을 지날 때, 아이들이 '서양인의 사무실인 예배당을 불태우자.[火燒天主堂, 洋人坐班房]'라고 외쳤다고 한다. 대수도원의 문지기인 나정음(羅廷蔭)이 밖으로 나와 군중들과 시비가 붙어 충돌이 발생하였다. 무장 조직의 우두머리인 조외삼이 듣고 병사들을 데리고 와서 4명의 수사를 데리고 갔으나 당일 다시 방면하였다. 하루가 지난 뒤 조외삼은 무리를 데리고 와 수도원을 때려 부수었고, 다시 장문란(張文瀾), 진창품(陳昌品) 및 교우 나정음 세 사람을 잡아갔다.63 얼마 지나지 않아 조외삼은 귀주의 전체 성(省)의 단련

---

62 卜永堅, 李林, 『科場·八股·世變 -光緒十二年丙戌科進士群體研究』, 香港 : 中華書局, 2015年, p.526.

63 "Lettre de Mgr. Faurie, 4 août 1861," *Annales de la Propagation de la Foi*, TomeXXXIV, Paris, 1862, p.424. 각종 서술의 경과는 약간 차이가 있다. 『中華殉道先烈傳』, p.63에서는 음력 5월 2일에 趙畏三이 4명의 수사(修士)와 羅廷蔭를 처음 체포하였다고 하였다. 그러나 당일 그들을 방면하고, 그들에게 背教를 고려하게 하여 수사들은 잠시 1리(里) 밖의 楊梅高의 성에 가서 숨었다. 단오절 때 무장 조직이 다시 와서 우선 羅廷蔭를 먼저 잡아갔고, 도중에 성 소재지에서 돌아오던 張文瀾, 陳昌品을 만나 그들도 체포하였다. 단오절에 아이들이 '서양인의 사무실인 예배당을 불태우자'라고 크게 외치는 것은 인터넷에서도 여러 번 소개된 青巖教案의 일반적 문장이다. 이 중에 하나는 何長風, 張祥光이 저술한

(團練) 우두머리로 등용되었고, 직함은 '단무도(團務道)'였다. 동시에 귀양성 내에는 교우를 살해했다는 소문이 사방에서 일어나 교우들은 매우 긴장하였는데, 심지어 많은 사람들이 이로 인하여 호박리에게 종부(終傅)성사를 요청하기도 하였다.

이 세 명의 신도는 용천사(龍泉寺) 옛 절에 한 달간 구금되었는데, 호박리가 전흥서와 조외삼에게 석방을 청하는 서한을 보냈지만 어떠한 반응도 없었다. 7월 29일에 구금되었던 세 사람은 갑자기 비밀리에 참수되었는데, 평소에 밥을 갖다주던 여성 교우 왕라씨(王羅氏)도 함께 피살되었다. 하루 전날 진창품(陳昌品)이 연필로 안 신부(Claude-rançois Sabattier)에게 편지를 써서 그들을 감금한 사람이 그들을 또다시 학대하기 시작하였으니 프랑스 공사에게 기소하고, 전 대인이 조외삼에게 예배당을 헐어 버리라고 명령한 것도 고발한 후에 그들의 머리를 베어야 한다[64]고 하였으나, 그 다음 날 바로 처형되었다. 중국의 법률에 따르면 사형을 집행하려면 지방에서 중앙으로 심사 비준을 보내야 한다. 이 4명은 중앙의 사형 허가를 받을 수 없었다. 조외삼도 이렇게 할 용기가 없었을 것이므로, 전흥서의 명령이었을 것이다.

이후 귀양부 소속 개주(開州) 협사용(夾沙龍)[65] 지역에서 선교사 문내이(文乃耳, Jean Pierre Néel)와 교우가 피살되었다. 문내이는 1860년에 중국에 와서 언어를 배운 후, 1861년에 개주(開州) 지역의 선교사

『貴州近代史』, 貴州人民出版社, 1987年을 유래라고 언급하고 있는데, 페이지 수가 없다. 각종의 견해를 종합해 보면 체포는 단오절 전후로 확정할 수 있다.

64 Adrien Launay, *Histoire des Missions de Chine*-Mission du Kouy-Tcheou, Tome II, p.71.

65 현재의 貴州의 開陽縣 夾沙龍으로, 開陽縣 서북서 방향의 약 4킬로미터에 위치한다.

로 파견되었다. 얼마 지나지 않아 협사용의 예비교우 수가 원래 4명에서 신속히 증가하여 100여 명까지로 증가하였다. 그러나 그에 따라 현지 단련과 마찰이 발생하여 날이 갈수록 정세가 긴박해졌다. 1862년 2월 15일 문내이는 호박리에게 현지의 긴박한 정세를 서한으로 보냈고, 문내이는 성 소재지에 가서 원조 요청을 하고자 준비하였다. 그러나 호박리는 "현재 나는 여기에서 교우를 격려하고자 머물러야 합니다. 오늘 아침 나는 나의 집주인, 이곳의 최초 예비자 교우에게 보좌를 세례하였습니다."[66]라고 하였다. 첫 번째로 세례를 받은 이 교우의 이름은 장천신(張天申)이었으며, 원래는 청수교 신도로 개양현(開陽縣) 성에서 천주교 선교 선생을 우연히 만나 잡담을 하다 천주교에 흥미가 생긴 후 다시 귀양으로 가서 신부님을 찾아 교리를 배웠다. 협사용의 예비교우 집합체는 거의 그가 발전시킨 것이며, 아마도 많은 이가 원래 청수교 신도였을 것이다.

2월 16일에 무장 조직원들은 문내이, 진현긍(陳顯恆), 장천신, 오학성(吳學聖)[67] 등의 4명을 연이어 체포하고 개주 주령(州令) 대녹지(戴鹿芝)에게 호송하였다. 관의 공문서 중에는 '개주 협사용의 백성들이 종이 다발 용등(龍燈)놀이 하는데, 천주교인들을 핍박하여 용(龍)을 제사하도록 하니 종교를 받드는 이들이 제사하지 않았다. 그리하여 무장 조직 우두머리 주국장(周國章)이 관리에게 보고하여, 이 주(州)의 관리가 20일 10여 명을 데리고 갔다.[因開州夾沙龍百姓, 紙紮龍燈為戲, 逼

---

66 "Lettre de Mgr. Faurie" 23 février 1862, *Annales de la Propagation de la Foi*, TomeXXXIV, Paris, 1862, pp.388~389.
67 네 명의 이름은 『中華殉道先烈傳』, 『敎務敎案檔』에 따른 것으로, 陳顯恆은 陳傳經으로 불렸고, 張天申은 張天中으로 썼으며, 吳學聖의 이름은 吳貞相이다.

天主教人祭龍, 奉教人不祭, 於是團首周國章稟官, 該州官即於二十日帶數十餘人[68]'는 것을 체포 이유로 들며, 문내이 등을 체포해 간 것이다. 대녹지(戴鹿芝)는 이미 교회를 원망하며 교우를 살해한 경력이 있으며, 또 상급의 지시로 주(州) 관아에서 신문하지 않고, 4명을 성 밖의 근거지로 데려갔다. 문내이는 대녹지에게 여권을 제출하고, 조약의 선교 보호에 대해 설명하였으나 그는 아랑곳하지 않았다. 다만 뒤이어 4명에게 배교를 권하고, 배교를 하지 않겠다는 답을 들은 후 한 번의 포 소리가 울리고 4명이 연이어 참수되었다. 둘째 날, 여성 교우의 교육을 책임지는 동정녀 장역씨(張易氏)도 참수되었다. 수급(首級)은 성문에 걸어 사람들이 보게 하였고 나머지 시신은 성 밖에 버려 밤에 들개들이 먹어 버렸다.[69] 그들은 법에 따라 극형에 처해진 것이 아니고, 대녹지에 의해 도적들에게 체포된 반란의 예이며, 재량권을 받아 편의대로 처리한 것으로 이곳에서는 이것이 정법(正法)이었던 것이다.

이 두 차례의 사건에서 전홍서는 응당 반교를 위해 교우를 살해한 책임이 있다. 중국 정부 측도 확실히 그렇다고 동의하였는데, 이러한 동의는 중국 정부 측의 입장에서는 보기 드문 일이다. 기타 백성과 교회의 충돌에서 관원들은 설령 반교활동을 지지했을지라도 대부분은 막후에 숨어 있었고, 중국 정부 측도 이러한 지방 고관들을 위해 적극

---

68 『教務教案檔』第一輯 第三册, p.1345. 이 서술에서는 관원 戴鹿芝가 사람을 파견해 교우를 체포하고, 지역 團練의 영수 周國章은 관아에 보고만 하였다고 하였는데, 『中華殉道先烈傳』에서의 周國章이 체포 후 戴鹿芝에게 보냈다는 것과 서로 다르다. 관의 공문서의 서술은 순서의 합법성을 강조하려고 하지만 지방 團練이 官府의 명령 없이 마음대로 사람을 체포할 수는 없는 것이다.

69 "Lettre de Mgr. Faurie" 23 février 1862, *Annales de la Propagation de la Foi*, TomeXXXIV, pp.388~389.

적으로 책임을 묻지 않고 늘 책임을 이름 없는 군중들에게 미루거나 혹은 우발적인 사건이라고 설명하였다. 청나라 조정은 전흥서의 할거와 전횡이 빨리 사라지고 안정되기를 희망하였다. 그러나 또 전흥서의 세력을 두려워하여 계속해서 기회를 엿보며 실제 행동으로는 옮기지 않았다. 프랑스가 선교사의 피살에 강렬하게 항의하자 이 틈을 이용하여 청나라 조정은 전흥서 문제를 처리할 기회를 찾았다.

중국 정부 측의 견해에 따르면, 전흥서의 반교는 호박리가 성대하게 의식을 갖추고 만나기를 원한 때문으로 대등한 예를 차렸어야 한다는 것이다. 만일 이 말이 사실이라면, 전흥서는 중국의 관리를 대표하는 유형으로, 그들은 본래 서양인을 '야만적인 오랑캐'로 중국인에 비해 하등의 민족으로 여겼는데, 조약 체결 후 이러한 하등 민족이 한 수 위의 자태로 나타난 것을 받아들이고 싶지 않았던 것이다. 이것이 아마도 부분적으로는 확실한 이유일 것이다. 그러나 전흥서와 하관영의 연명 공문 및 무환장(繆煥章)이 서명한 『구겁보훈(救劫寶訓)』을 보면, 전흥서와 그의 참모는 천주교를 이단 사교로 생각하여, 이것으로 지방 관리 및 단련의 반교를 격려하는 근거로 삼았으므로, 이것이 천주교도를 살해한 중요한 이유일 것이다. 청암(靑巖) 군중이 대수도원 교우와 말다툼을 한 것 혹은 협사용의 예비교우가 용희(龍戱)에 참가하지 않은 것, 이러한 중국 측의 기록에 대하여는 실제로 그 일이 있었는지 확인할 길이 없으니, 여전히 사건 후의 책임은 지방의 군중을 핑계로 삼았다고 보는 것이 더 낫겠다.

그러나, 교우가 종교 색을 띠는 민간활동에 참가하지 않았다는 서술은 교우들이 이미 사회와 주체적으로 분리된 것으로 교우들을 지역사회 집단의 파괴자로 본 것과 같다. 개주 협사용 지역에서 발생한 백성과 교회의 충돌에는 사회적 요소가 있다. 문내이가 들어가기 전에 현지에는 예비교우 몇 명만 있었으나, 문내이가 선교를 시작한 후 100여 명의 예비교우가 빠르게 모였다. 이것은 바로 현지 사회에 충격으로 작용하였다. 모인 이들은 예비교우들 혹은 아마도 지역 세력이 약한 단체였을 것이며, 그들이 믿는 목적은 사회적 지위의 개선이었는데, 바로 이것이 더 쉽게 지역 통제자의 민감한 신경에 저촉된 것이다.

어떻든 간에 문내이와 장역씨(張易氏) 등의 사람들은 단순한 신앙인일 뿐이며, 복잡한 것은 귀주와 중국의 정세였다. 이것이 2000년에 그들이 순교자로 시성된 이유이다.

6. 의화단 반교

1900년 의화단(義和團) 사건으로 사망한 선교사 및 교우는 120명의 성인 중 86명으로 그 수가 가장 많다. 1900년에 사망한 거의 2만 명의 교우 중 프란치스코회 소속의 태원(太原)과 형양(衡陽)교구는 2,400여 명이나 되지만 29명만이 시성되었다. 하북성(河北省)의 '직례동남대목구(直隸東南代牧區)'는 예수회의 구역인데 마찬가지로 수천 명 중 36(56)명만 발탁되었다. 기타 지구는 정식 조사를 거치지 않았으며 중국공산당이 대륙을 통제하였으므로 조사가 멈추었다.

시간적으로 1898년 4월부터 11월까지의 리원둔(梨園屯) 사건 이후 1899년 6월 이후부터 1900년 1월까지 하간부(河間府) 일대는 의화권(義和拳, 의화단의 별칭)이었고, 같은 기간 인접한 산동(山東)의 평원(平

原), 치평(茌平) 일대는 신권(神拳)이 흥기하였다. 이 시기를 의화단운동의 '국부기(局部期)'라고 부를 수 있다. 1900년 4, 5월에 의화단은 직례(直隸), 래수(淶水), 정흥(定興) 일대에 다시 발생했으며, 동일 기간 보정부(保定府) 청원(清苑) 일대에도 날로 심각한 교회와 권법의 대치가 있었다. 오래지 않아 사태는 제어할 수 없게 되었고 전면적인 교우 토벌 살해의 상태에 들어갔는데, 이것이 의화단운동의 '광란기(狂亂期)'이다.

국부기에서 광란기에 이르기까지의 많은 교회 박해 사건 중에서 의화단이 일어난 것은 제국주의의 침략 때문인지 확인할 수 있을까? 선교사와 교우가 침략자 측을 대표하는지 확인할 수 있을까? 많은 민중들이 압박으로 인하여 점점 더 심각해져 더 이상 참을 수 없게 된 후의 결과인지 확인할 수 있을까?

1) 개별 사건의 사례 관찰

(1) 관현(冠縣) 리원둔

리원둔은 권법 수련으로 유명한 부락으로 부근의 사류채(沙柳寨), 간집(干集)도 모두 그러하다.[70] 1869년에 새 교우 100여 명은 마을에 정착하여 마을의 공공재산인 옥황묘(玉皇廟)를 3무(畝)의 사당터로 나누었다.[71] 1873년에 교우들이 옥황묘 사당터에 예배당을 지으려고 할

---

70 程歗, 「社區精英群的聯合和行動 -對梨園屯一段口述史料的解說」, pp.11~12.
71 중국 전통의 농촌에서는 공통의 종교 신앙으로 인하여 마을의 사당은 모든 마을 사람들의 공동재산에 속한다. 사당을 유지하는 하나의 방법이 사당의 재산이며, 마찬가지로 사당의 경작지에 속한다. 梨園屯 玉皇廟는 사당터 및 사당의 재산으로 모두 38에 이커였는데, 1860년대 전란으로 玉皇은 파괴되었고, 사당은 황폐화되었다.

때, 마을의 우두머리가 반교 군중을 조직하였다. 그러나 이 '군중'은 바로 권법을 배우는 이들과 유사하거나 권법의 무리였다. 다만 그들의 행동만은 당시 지역사회의 지방 권세가의 규범 아래 있었다. 유사한 반교(反敎) 사건이 1881년과 1887년에도 예배당 건설로 인하여 생겼는데, 모두 다 마을의 우두머리인 좌보원(左保元), 좌건훈(左建勛), 류장안(劉長安) 등이 이끌었으나 참여한 '군중'은 천 명 이상에 달했다.72 이렇게 많은 사람은 설령 구경하는 사람들을 포함하더라도 권장(拳場, 무술장)의 규모를 한참 초과하였는데, 리원둔의 전체 주민이 1,695명이기 때문이다. 장정들이 권법 수련을 할 때 각 권장은 250명을 넘지 못하므로73 인근의 다른 마을의 권회(拳會, 권법회)에서도 참가를 하지만 응원을 하려는 것이며, 모두 본 마을의 영수의 통제 관할하에 있었다.

　사건 자료 중의 리원둔 충돌의 초점인 삼무폐묘(三畝廢廟)74는 마을 명사와 유지가 마을 사람들을 대표하여 개종한 천주교 교우들에게 나누어 준 것이다. 분배한 비율은 합리적이었고, 심지어 마을 사람들의

72　狄德滿著, 崔華杰譯, 『華北的暴力和恐慌 -義和團運動前夕基督教傳播和社會衝突』, 南京：江蘇人民出版社, 2011年, pp.318~319.

73　「義和團時期梨園屯全村人口、土地、戶數表」, 收入路遙主編, 『山東大學義和團調查資料匯編』, 上冊, 濟南：山東大學出版社, 2000年, p.163. 표 앞에서는 참가한 義和拳 사람을 72戶(75명)로 설명하고 있는데, 대략 1戶당 장정 1명인 것이다. 72戶는 마을 전체 283戶의 4분의 1이다. 장정이 꼭 권법을 수련하는 것은 아니며, 각종의 拳會(권법회)에 참가한다고 반드시 義和拳에 참가하는 것은 아니다. 그러므로 본 마을의 각종 拳會(권법회)의 참가자가 250명을 초과할 수 없다고 추측하는 것이다.

74　中央研究院近代史研究所編, 『教務教案檔』 第 五輯第一冊, pp.459~460・pp.464~465. 사당 폐기의 인정은 매우 중요한 것이다. 만일 마을 사람들의 중요한 신앙이라면 玉皇廟는 무너져서는 안 되기 때문이다. 설령 전쟁 피해로 파괴되었더라도, 玉皇大帝를 믿지 않는 천주교 교우들에게 줄 수는 없는 것이다. 그러므로 마을의 '漢敎(중국 종교)' 측에서는 사당의 재산이 중요하다.

눈으로 보면 마을 사람들은 약간의 이익을 본 것이었다. 법률적으로 보면, 토지 분배의 절차가 충분히 완수되어 교회 측도 이의가 없으므로 합법적인 것이었다. 이것은 이후 여러 차례 사당 재산 분쟁의 실마리가 되어, 관청 측에서 지속적으로 옥황묘(玉皇廟) 사당터를 교회 측에 나누어 주는 이유가 되었다.

그러나 법률은 단지 중국 농촌 생활에서 고려해야 할 많은 것 중의 하나일 뿐이며, 이 삼무(三畝)의 교회 재산은 실은 천주교, 즉 이 외국에서 온 세력이 리원둔 사회 집단에 끼워 넣거나 혹은 분열시킨 상징물이었던 것이다. 말하자면 리원둔은 선교사가 의지하는 교우라고 할 수 있다. 특히 교우의 영수는 이 지역사회의 걸출한 적수인 것이다.[75] 어떤 가족으로 말하자면 가족 중의 일부 구성원이 천주교를 믿는데, 예를 들면 염씨(閻氏) 가족 같은 것으로, 이는 가족에 대한 배반이며 염씨 종친으로 하여금 리원둔 내지는 인근의 사회집단에서 머리를 들 수 없게 하는 것이다. 일반적인 리원둔 주민에게는 교우 집단이 1868년에 출현한 이후, 그들은 점차 이 10분의 1쯤 되는 교우가 사회에서 이상한 동물처럼 느껴지고, 일상생활의 속도에도 차이가 나게 되고, 많은 공적인 일에는 불참하게 되며, 더 이상 나누어 부담하지 않게 되는데, 더 중요한 것은 서로 다른 신앙을 갖는다는 것이다.[76] 그러나 교우들은 그 인구 비율과 다르게 특수한 대우를 받게 되니 공평하게 하자는 생각이 저절로 생겨나는 것이다.

---

75 中央研究院近代史研究所編, 『敎務敎案檔』 第四輯 第一冊, p.277. 이 교우의 이름은 王桂(貴)齡이며, 서술은 부정적인 것이다.

76 程歗, 「社區精英群的聯合和行動 -對梨園屯一段口述史料的解說」, 『歷史研究』, 2001年 第1期, p.8.

다른 각도로 보면, 교우 측도 자신들이 불공평한 대우를 받았다고 느끼는데, 선교사들의 이러한 느낌은 아마도 교우보다 더 심각할 것이다. 선교사에 대하여 말하자면 그들은 중국의 법률 절차에 따라서 지역 명사와 유지의 동의까지 얻은 것이다. 그러나 나중에 부락의 주류 세력이 마음이 변하여 전체적으로 모든 합법적인 처리를 무효로 하는 것은 당연히 받아들이기 어려운 것이다. 선교사들도 리원둔의 새로운 교우들의 신앙이 반드시 공고한 것만은 아니라서 사회집단의 강한 압력에 부딪치면 신앙을 버릴 가능성이 많다는 것을 이해하고 있었다. 통계에 의하면 의화단(義和團) 시기의 리원둔 교우의 호구 수는 9호[77]로, 1869년의 20여 호구와 비교해 보면 교우 수가 이미 반 이상이 줄었다. 이것으로 여러 차례의 교회 박해를 추론할 수 있다. 그러므로 교우 측 특히 선교사로 말하자면 옥황각(玉皇閣) 사당터 위의 예배당도 중요한 상징물 중 하나로, 이 예배당을 유지시키는 것은 이곳에 정착할 수 있는가의 관건이 되는 것이다. 바꿔 말하자면, 리원둔 권단(拳團)의 지속적인 교회 박해 행위는 유효한 것으로, 천주교, 이 외래로부터 온 세력을 추방해 낼 수 있었다.

(2) 평원의 강자리장

산동(山東)의 평원현(平原縣)의 강자리장(杠子李莊)은 정부의 공문에서 형상화한 신권(神拳)의 기원이다. 강자리장과 유사한 신권 단체는 평원(平原), 은현(恩縣)의 많은 촌락에 있었는데, 1899년 3, 4월 이

---

[77] 「義和團時期梨園屯全村人口, 土地, 戶數表」는 路遙主編의 『山東大學義和團調查資料匯編』, 上冊, 濟南 : 山東大學出版社, 2000年, p.163에 수록되어 있음.

후 이미 조직되었다. 강자리장에는 원래 천주교 교우가 없었고, 1890년대 후기에 이르러 몇 호구의 사람들이 믿기 시작하였다.

산동 순무(巡撫) 육현(毓賢)의 견해에 따르면 강자리장에서 백성과 교회의 충돌이 발생한 것은 종교인인 이금방(李金榜)과 평범한 백성인 이장수(李長水)의 불화 때문이었다. 교민(教民)이 평민을 압박하여 현령 장해(蔣楷)가 교민 소송사건을 처리하면서 공평하게 하지 않았다는 것이다. 게다가 수하의 부역자 진덕화(陳德和)를 방임하여 시골에 권회를 조직한다는 이름으로 여러 가지로 편취하고 또 평민 6명을 체포하니 권비(拳匪)라 불리고, 현성(縣城)의 감옥에서 감독하였다. 백성들이 불복하여 신권 영수 주홍등(朱紅燈) 등과 연락하여 분규가 계속되었다.[78] 그러나 육현의 견해와 부(府), 현(縣)의 관리의 보고를 비교해 보면 이 가운데 큰 차이가 있음을 발견할 수 있으며, 또한 그의 견해가 근거가 있다는 충분한 증거를 찾을 수 없다. 장해의『평원권비기사(平原拳匪紀事)』와 1960년대의 방문 취재를 다시 비교해 보면 육현의 견해가 가장 신뢰도가 없다고 할 수 있다.

1960년대 중국 역사학자의 대규모 방문 취재에서 방문 취재를 받게 된 이승운(李勝雲)의 견해에 따르면 강자리장에서 충돌이 발생한 이장수와 이금방은 일찍이 이금방이 입교하기 전에 이미 악감정이 있었으며, 당시 소송에서 이금방이 이미 이겼다고 하였다. 이금방은 입교 후 이장수를 찾아가 귀찮게 하지 않았다. 이장수는 천주교는 서양의 종교라서 "천주교를 없애 버리면 바로 서양 사람들을 쫓아내게 될 것"이라

---

[78] 「山東巡撫毓賢摺(光緒二十五年十月初六)」,『義和團檔案史料』, 北京: 中華書局, 1979年, p.34.

고 생각하였다.[79] 그러므로 서양 종교와 천주교를 반대하는 것이 평민을 괴롭히는가의 여부는 직접 관계가 없을 것이라고 생각하였다고 한다.

(3) 래수(涞水)현 고락(高洛)마을

애성(艾聲)의 『권비기략(拳匪紀略)』과 관련된 남고락촌(南高洛村)의 교우의 내력에 근거하면, 그들의 원래 신앙은 '마마교(摩摩教)'인데, "그 마을의 지도자 염락복(閻洛福)은 음란하고 사악한 것을 싫어하여 현령 우자견(于子堅)을 상부에 보고하여 태형을 내리고 욕되게 하였다. 여섯 집안은 원수로 여겨 결국 천주교에 들어가 보복을 도모하려 했다."[80] 소위 '음란하고 사악한 것을 싫어한다.'라는 것은 애성(艾聲)의 정통적인 시각이며, 결코 이러한 마마교를 신봉하는 사람들이 확실히 도덕적 하자가 있다는 것을 말하는 것은 아니며, 역시 애성의 고락촌(高洛村) 지도자인 염락복에 대한 지지를 의미하는 것이다. 그밖에 래수현령 축불(祝芾)의 「경자(庚子)년 교안(教案) 서한」의 견해에 근거하면, 래수 남고락(南高洛)에서 1899년 초기에 백성들과 종교 간의 충돌이

---

79 路遙主編, 『山東大學義和團調查資料匯編』, 下冊, p.946.
80 艾聲, 『拳匪紀略』, 『義和團(一)』, 上海：上海人民出版社, 2000年 6月 影印一版, p.448 에 수록됨. 원문에는 '摩尼教'인데, 청대의 비밀종교이다. 摩尼教란 이름을 사용하지 않았다. 摩摩教는 그 이름이 확실히 있으며 '한대 선향교[一炷香教]'가 별칭이다. '一炷香教'는 청대에 성행한 河北 山東 일대의 비밀종교이다. 『拳匪紀略』은 활판인쇄의 형식으로 『義和團資料叢刊』에 수록되어 있는데, 1940년대에 편집 과정에서 만들어진 착오로 '摩摩教'가 '摩尼教'로 바뀌어 써진 것이다. 1980년대 구술 방문 취재에서, 南高洛村에 어떤 이가 '摸摸教'를 믿는다고 하였는데, 또 하나의 증거이다. 趙靜等이 정리한 「涞水縣義和團鬥爭事迹」, 黎仁凱主編, 『直隸義和團調查資料選編』, 石家庄：河北教育出版社, 2001年, p.151에 수록되어 있음.

있었는데, 원인은 과거에 먼저 남고락의 촌민인 채성(蔡姓)이 '불사회(佛事會)'의 비용을 균등하게 부담하길 원하지 않았기 때문이다.

"일찍이 그 족인인 염락복(閻洛福)을 고소했지만, 방도가 없어서 여전히 비용을 부담하라고 명령했는데, 채성(蔡姓)이 천주교에 들어가자 염락복은 어찌할 바를 알지 못했고, 이로써 분한 마음을 품게 되었다.[曾將其族人閻洛福控告, 經斷仍令派出, 蔡姓遂投入天主教, 閻洛福無可如何, 因此懷忿]"[81]

이러한 자료들은 결코 전체적인 실정을 설명하는 것은 아니며, 실마리는 '불사회'였다. 그 명칭에 대하여 말하자면, 불사회는 얼핏 보기에 상당히 정통적인 종교활동 같으나, 고금의 두 가지 자료를 비교하여 확인하면 불사회는 바로 현재 고락(高洛)의 음악회이며,[82] 실제적으로는 동일하게 활동하는 종교와 음악의 두 가지 다른 측면이라고 말할 수 있다. 현재 음악회에 대한 조사 중 일종의 노래할 수도 있고 악기를 사용할 수도 있는『후토황제보권(后土皇帝寶卷)』을 발견하였다. 이름은 '후토황제(后土皇帝)'이지만 보권(寶卷, 문학 장르)의 내용은 주로 '후토낭낭(后土娘娘, 일반적으로 후산내내(后山奶奶)라고 한다)'의 신세와 그녀의 선행에 대한 이야기이다. 비밀종교 연구의 근원 연구를 거쳐『후토황제보권』의 가장 이른 것은 역주(易州)의 한가장(韓家庄)에 보이며, 이름은『승

---

81 祝苇,「庚子教案函牘」,『義和團(四)』, p.373. 상술한 내용의 夏姓, 呂姓 두 사람의 위원은 南高洛村에서 조사한 보고에서 蔡姓 혹은 蔡洛으로 정정하였다.

82 孫慧琴·王克永,「走進"古樂之鄕"-北高洛"音樂會"調查報告」,『商業文化』, 2008年 12期(北京 : 中國商業文化研究會, 2012年 12月), p.183; 齊易,「走進"南高洛"音樂會」,『天津音樂學院學報(天籟)』, 2005年 第3期, 天津市 : 天津音樂學院, 2005年 8月, p.89.

천효법후토황제도원도생보권(承天效法后土皇帝道源度生寶卷)』이다. 한 가장에는 13명의 아가씨가 있었는데, 이들이 후산묘(后山廟) 구룡전(九龍殿)의 구천현녀(九天玄女)이다. 초기의 『후토황제보권』은 길거리에서 구걸하던 가난한 부녀를 주인공으로 삼았는데, 무생노모(無生老母)의 화신이었다. 이 '후토노모(后土老母)'는 고해의 바다를 배 타고 건너 갓난아이와 소녀로 변화되었다.[83]

시간의 발전에 따라 후산노모(后山老母)는 점차 후토신앙(后土信仰)과 결합하여 스스로 정통적이며 불교적이라고 인정하였는데, 이것이 불사회 명칭의 유래라고 말할 수 있다. 19세기 후기에 이르러 스스로 정통이라고 여기던 후산내내(后山奶奶)의 신앙을 믿는 무리들은 더 늦게 들어온 마마교(摩摩敎)의 발생과 마찰이 있었는데, 이것이 고락(高洛)에 천주교가 출현하게 된 계기이다. 아마도 이러한 새로운 교우가 만들어진 동기는 결코 순수하지 않을 것이지만, 새로운 교우가 사단을 일으키는 악인은 아니며, 신구 양파의 비밀종교 간의 충돌이 발행한 이후에 그 중 약한 한쪽이 천주교에 가입했던 것이다.

상술한 사건 사례를 종합해 보면 교우는 그 사회집단에 거주하는 기타 집단과 대개 충돌이 있고, 그들 중에는 원래 나약한 쪽이 있다. 그들의 신앙 동기는 아마도 생활에서 만나게 되는 곤란을 해결하기 위해서일 것이며, 선교사가 사회집단의 충돌 속에서 후원자가 되길 희망했을 것이며, 교우 한쪽 편은 선교사가 협조하여 소송 중에서 승리했을 것이나 패배한 교우가 아닌 측은 분노에 마음이 편치 않았을 것이

---

83 尹虎彬, 「河北民間表演寶卷與儀式語境硏究」, 『民族文學硏究』, 2004年 第3期, 北京: 中國社會科學院少數民族文學硏究所, 2004年 6月, p.80.

다. 그러나 반드시 주의해야 할 것은 청대의 소송 체계 중에서 법률의 공정은 이상적인 것이나 더욱 현실적인 것은 소송 쌍방이 장악하고 있는 사회자원이며, 약세의 촌락 백성들은 바로 선교사가 대표하고 있는 사회 지위를 바꿀 수 있는 기회로 보았던 것이다. 비교적 공평한 생각은 선교사가 향촌에 들어와 선교하며 그들이 대표하고 있는 새로운 우세 지위가 원래 '지역사회의 대표자'인 좌건훈(左建勳), 류장안(劉長安), 이장수(李長水) 및 염락복(閻洛福) 등이 가진 우세 지위에 도전하였으므로 마찰과 충돌이 발생했다는 것이다. 상술한 세 개의 사건 사례와 기타 반교 원인을 알 수 있는 모든 판례를 조사해 보면, 지역사회와 충돌이 있으나 실질적으로 침략이라고 말할 수는 없다.

2) 반교의 벽보 관찰

의화단의 흥기를 연구한 많은 판례를 통해 하나의 현상을 발견할 수 있다. 어떤 부락은 심지어 근본적으로 천주교도가 없었는데, 뜻밖에 권단(拳壇)이 조직되었다. 그들은 온종일 삼사십 킬로미터를 걸어 평소에 왕래나 연락이 없던 교우들이 만나는 곳에 가서 그 지역의 교우를 철저하게 토벌하려고 하였다. 이러한 의화단 반교의 원인들은 '선교사가 교민을 감싸 주어서'가 아닐 뿐만 아니라 또한 신구 단체의 경쟁도 아닌데 그들은 이러한 경험이 없었기 때문이다. 이러한 의화단 단민의 반(反) 천주교의 이유를 이해하는 데 가장 좋은 자료는 '벽보'와 '가요(歌謠)'이다.

의화단운동 시기에 가장 널리 유행한 것은 '신조권(神助拳)'의 벽보이다. 그 문장은 다음과 같다.

"신조권(神助拳)과 의화단(義和團)은 단지 양놈[鬼子] 때문에 중원을 어지럽힌 것이다. 종교를 받들라고 권하고 스스로 하늘을 믿고, 신을 믿지 않으며 조상을 잊는다. 남자가 윤리가 없고 여자는 간음을 행하니 귀신 같은 아이는 모두 남자와 어머니가 태어나게 한 것이다. 만일 믿지 못하겠다면 자세히 보아라, 양놈의 눈동자는 모두 파란색이다. 하늘이 비를 내리지 않고, 땅이 가뭄으로 그을린 것은 모두 예배당이 하늘을 멈추게 한 것이다. 신이 노하고 신선이 원망하며 함께 산을 내려와 도를 전한다. 이는 사악한 것이 아니며, 白蓮이 아니며, 주문을 외우며, 진언을 말하며, 기원을 바라는 종이를 올리며, 담배를 권하는데 각 동굴의 신선들에게 내려오라고 초청하는 것이다. 신선은 동굴을 나오고, 신은 산을 나와 사람의 몸에 붙어 권법을 전한다. 병법의 절기를 다 배우면 양놈을 평정하는 데 어려움이 없을 것이다. 철도를 부수고, 전봇대를 뽑고, 긴급하게 증기선을 파괴한다. 프랑스는 간담이 서늘할 것이며, 영국 미국 독일 러시아는 모두 기가 죽을 것이다. 양놈을 완전히 제거한다면 대 청나라는 통일되고 강산은 안정될 것이다.[神助拳, 義和團, 只因鬼子鬧中原. 勸奉教, 自信天, 不信神, 忘祖先. 男無倫, 女行奸, 鬼孩俱是子母產. 如不信, 仔細觀, 鬼子眼珠俱發藍. 天無雨, 地焦旱, 全是教堂止住天. 神發怒, 仙發怨, 一同下山把道傳. 非是邪, 非白蓮, 念咒語, 法真言, 升黃表, 敬香烟, 請下各洞諸神仙. 仙出洞, 神出山, 附著人體把拳傳. 兵法藝, 都學全, 要平鬼子不費難. 拆鐵道, 拔線桿, 緊急毀壞火輪船. 大法國, 心膽寒, 英美德俄盡消然. 洋鬼子, 盡除完, 大清一統靖江山]"[84]

---

[84] 이곳은 「神助拳之三」을 채용했으며, 陳振江·程歗編輯, 『義和團文獻輯注與研究』, 天津 : 天津人民出版社, 1985年, p.34에 수록되어 있다. 「義和團乩語」, 『義和團檔案史料』, p.18의 판본도 서로 같다. 그 외에 「拳亂紀聞」 중에 유사한 판본이 있다. 『山東義和團調査資料選編』 중에 완전하지 않은 판본이 있다. 「馬永祥調査資料」 중에 누락된 회상 내용이 있다.

다른 하나는 『성유증복재신찰(聖諭增福財神札)』인데, 북경과 산서 지방에서 유행했다. 그 글에서는 다음과 같이 말하였다.

"이것은 천주 예수교가 神聖을 속이고 멸하며, 인륜을 망각하고 천지를 노하게 했기 때문에 비가 내리지 않는 것인데, 팔백만 신병을 내려오게 하여 서양 사람을 제거하자 비로소 비가 내리기 시작했다. 곧 칼을 든 병사가 우르르 몰려와 신속하게 종교를 물러가게 할 것이며 신속하게 佛門이 들어오게 할 것이다. 의화단은 위로는 나라를 보호하고, 가운데로는 백성을 보호하고 안정되게 하며, 아래로는 개인의 몸을 보호하게 한다. 벽보를 보면 신속히 전달하여 한 장을 전달하면 가정의 재앙을 면할 수 있을 것이며, 열 장을 전달하면 마을의 재앙을 면할 수 있을 것이다. 만일 전달하지 않는 사람이 있다면 곧 죽음에 이르는 고통이 있을 것이다.[茲因天主耶穌敎, 欺神滅聖, 忘卻人倫, 怒惱天地, 收住之雨, 降下八百萬神兵, 掃平洋人, 才有下雨之欺(期) ; 不久刀兵滾滾, 急速退敎, 速進佛門.義和團上能保國, 中能保安民, 下能保身.見帖速傳, 傳一張, 免家之災, 傳十張, (免)村之災, 如不下傳者, 即 有吊頭之苦]"[85]

이 대단히 널리 유행한 두 개의 벽보로서 의화단은 천주교(예수교를 포함하여)를 외국에서 전래된 이단의 사교로 보고 있음을 알 수 있다.

---

85 여기에서는 「義和團雜記」, 『義和團史料』, p.8을 채용하였다. 「山西省庚子年敎難前後記事」, 『義和團(一)』, p.508에, 뒤의 '만약 석탄과 기름을 쓰면 반드시 화재가 날 것이다.[若用煤油, 必受其災]'의 두 문장이 있으며, 「慶王爺於四月初九日夜間子時連得三夢」, 『義和團(四)』, p.147에는 뒤의 '기차를 타고 빠른 것을 탐하지 마라. 다만 철도 레일에서 죽을까 두렵다[莫坐火車貪快, 惟恐死在鐵軌之中]'란 몇 마디 말이 있다. 유사한 벽보 중에는 '현재 외국인의 우물에는 몰래 독약이 풀려져 있다.[今有外國人井內暗下毒藥]'라는 말이 있다.

무릇 이단의 사교는 마법과 사악한 술수를 부리며, 파렴치하며 인륜을 해치는 일을 한다. 벽보 중의 천주교에 대한 고발은 주로 윤리를 어지럽히고 간음하며 신명을 믿지 않고 조상을 존경하지 않아서이다. 이것은 중국인의 가치체계 중에서 가장 용인될 수 없는 행위이므로 역시 반교를 하는 데 최고의 선동 능력을 가진 구호가 되었다.

그 외에 주의해야 할 것은 이 두 벽보가 모두 1900년 여름 화북(華北) 지역의 가뭄을 언급하고 있다는 것이며, 그 피해자가 대부분 기아 선상에서 생활하는 의화단 참여자이며, 가뭄으로 인하여 흉작하게 된 것에 대한 우려가 얼마나 엄중한가를 알 수 있다. 그들은 가뭄의 원인을 인륜을 해친 천주교로 돌렸으며, '모든 예배당이 하늘을 멈추게 했다.'라는 것은 가장 선명한 형상이며, 예배당의 건축 방식은 일반적인 것과 달라 일반 백성들의 집에 지은 예배당을 많이 초과했다. 그곳에 모인 이교도들은 응당 대부분 평민이 받은 재난을 책임져야 한다. 이러한 재난을 해소하기 위해서 그들은 반드시 즉각적인 행동을 취해야만 했다.

각양각색의 벽보 중에서 명백하게 외국 침략을 반대하는 부분이 있는가? 경동(京東)과 천진(天津) 일대에 유행했던 소위 '장덕성게첩(張德成揭帖)'은 가히 대표로 삼을 만하다.

"庚子년에 해가 비쳤지만 다시 흐려졌다. 군주는 폭군 걸(桀)과 주(紂)가 아니거늘 어찌 사람이 아닌 것을 도우랴. 사람들은 그릇된 나라와 화약을 맺고 백성들을 재앙에 빠뜨리는 것을 가장 증오하며, 위에서는 행해지지만 아래에는 효과가 없고, 백성들은 억울함을 말하지 못하게 된다. 본래 오늘날까지 인내하던 관리들은 서양 사람을 보좌하며 권세에 빌붙어 동족을 함부로 학대하였다. 하늘이 노하자 양민을 이용하여 붉은 등을 비추니, 백성들이 잘못된 길에 들어가지 않게 되었다. 의화명교(義和明教)는 같은 마음을 속박하지 않고, 모두 재차 서양 요괴를 망치게 했고, 수시로 본명궁(本命宮, 사주의 하나)을 만나게 했으며, 중양절이 되어 풀을 자르면 자연히 뿌리도 제거될 것이다.[庚子之年, 日照重陰 ; 君非桀紂, 奈佐非人 ; 人最恨和約誤國殃民, 上行下效, 民冤不伸.原忍至今, 羽翼洋人, 趨炎附勢, 肆虐同群. 逢天曹怒, 假手良民, 紅燈下照, 民不迷津, 義和明教, 不約同心, 全重漂洋孽, 時逢本命宮, 待當重九日, 剪草自除根]"[86]

이 벽보 안에는 확실히 비교적 강한 정치적 의도가 있으나, 연구자의 판단에 근거하면 이 벽보의 대상은 천진(天津)전투에 참가한 의화단이다. 그들이 제거하려는 대상은 중국을 침략한 서양인 이외에 별도로 '서양 사람을 보좌하며 권세에 빌붙어 동족을 함부로 학대한' 관원[87]들이다. 비록 앞에서 '군주는 폭군 걸(桀)과 주(紂)가 아니다'라고 하여 광서(光緖) 황제(皇帝)를 지지하는 듯하나 뒤에서는 '때마침 본명궁(本命宮)을 만나게 되었다'고 하여 청나라 왕조의 기운이 이미 다하였음을 암시하고 있다. '풀을 자르면 자연히 뿌리도 제거될 것이다.'라는 의미는 바로 서양 사람과의 전쟁을 통하여 의화단은 강대하게 될

---

86 여기에서는「拳亂紀聞」,『義和團(一)』, p.112을 채용함.「庚子紆蜂錄」에 또 다른 판본이 있음. '화약을 가장 증오한다' 뒤에, '영토를 할양하여 배상했는데, 한번 잘못한 것이 오늘날까지 이르렀다.[割地賠款, 一誤至今]'의 여덟 글자를 첨가하였는데, 張守常은「庚子紆蜂錄」의 작가가 첨가하였다고 생각하였다.(張守常,「再說『神助拳, 義和團』揭帖」, 蘇位智等編,『義和團一百週年國際學術討論會論文集』, 濟南 : 山東大學出版社, 2000年), p.83에 수록됨.
87 陳振江、程歗編輯的『義和團文獻輯注與研究』, p.29.

것이며, 장차 청나라 왕조는 일거에 뿌리가 뽑힐 것이라는 것이다. 반교(反敎)에 관한 부분은 이 벽보 중에 언급하지 않고 있다. 원인은 아마도 천진 일대에서의 교우들의 모임이 많지 않기 때문일 것이며, 서양사람과 교우들은 의화단의 관점으로 본다면 일체를 이룬 양면이기 때문일 것이다.

상술한 벽보를 공동으로 분석하면서, 잠시 이런 문건들에 상층의 정통 문인들의 반교의식이 섞여 있는지 그렇지 않은지를 논하지 않기로 하고, 단지 이러한 문자들로부터 판단하면 기껏해야 어렴풋하게 외부를 배척하는 의식을 가지고 있다고 말할 수 있을 뿐이다. 이런 외부를 배척하는 의식은 역시 결코 19세기 하반기에 생긴 것이 아니며, 사실상 전통문화의 산물인 것이다.

7. 결론

본문은 1616년의 남경교안(南京敎案)부터 1900년의 의화단운동(義和團運動) 이래의 대형 반교 사건을 분석하고, 이러한 사건 중의 반(反) 천주교 문건을 종합하여 놀랍도록 유사한 공통점을 갖고 있음을 알 수 있었다. 우선은, 천주교를 마법의 사술인 이단 사교로 보고, 이단 사교인 이상 중국 논리 도덕에 위배되는 특성을 갖고 있다는 것이다. 사회 심리학의 각도에서 사회도덕은 사람들의 욕망을 억압한다. 그러므로 이러한 소위 이단 종교를 마주할 때, 사람들은 사회가 용납하지 못하는 각종 행위가 있음을 상상하는데, 이것이 사실은 이 사회가 허용하지 않는 욕망의 투사작용(projection)이다. 이러한 내용은 사회가 불허하는 남녀 관계, 예를 들면 간통, 근친상간 등을 포함한다. 혹은 아이와 같은 순결한 자의 내장을 떼어 가져가거나[或是割取純潔者如兒童的內臟] 심지어는 신성한 어머니와 태아까지 악용하여 신기한 치료약을 만드는 데 사용하거나, 혹은 자연 규율을 초월하여 가치가 없는 동(銅) 혹은 수은(水銀)을 녹여 금이나 새하얀 은(銀)을 만들어낸다. 또, 사교는 반드시 재물을 긁어모으는 목적을 갖고 있다거나, 혹은 반대로 돈과 재산으로 신도를 살 수 있다는 상상 등이 당연히 천주교에 대한 서술 중에 들어 있을 것이다.

다음으로, 이러한 반교 문건에는 서양인, 서양 물건 및 외래 종교에 대한 혐오와 배척의 심리가 반영되어 있다. 명청 시기의 중국 문화는 이미 가장 강한 주체성과 우월감을 갖고 있었으므로 아주 쉽게 서양인을 열등 민족으로 보거나 서방 문화를 사악한 속임수의 음탕한 기교 혹은 보잘것없는 재주로 보았다. 그리하여 외부인에 대한 의구심이 쉽게 만들어졌고, 외국 선교사가 중국에 온 것은 다른 꿍꿍이가 있기 때문이며, 외국 선교사는 거의 그 나라의 스파이로 활동의 목적은 외국을 위해 정보를 수집하여 중국의 영토를 무력으로 빼앗는 데 이롭게 하기 위한 것이라고 생각했다. 그리고 선교활동은 바로 '온수에 개구리를 끓이듯' 하는 문화 침투로 보고, 신도가 점점 증가할 때 이러한 반교 문건은 천주교도가 교황 혹은 (그 나라의) 국왕에게 충성을 다할 것이므로 다른 나라의 신민으로 변하는 게 아닌가라는 점을 묻는다.

시간의 발전에 따라 이러한 인상은 확대되고 심화되어 후기의 상상력이 더욱 풍부한 반교 문건에는 천주교의 악행은 점점 더 증가되고 무서웠으며, 믿는 사람들도 많았다. 1860년대에 유행했던『호남합성공격(湖南闔省公檄)』혹은『벽사기실(辟邪紀實)』, 1870년의 천진 남녀 선교사 학살 전의 소문, 내지는 1890년대의『귀규해사(鬼叫該死)』같은 것들은 모두 이러한 사상의 영향이 깊었음을 실증하였다. 동시에 이러한 반교 문건이 한 차례 또 한 차례 퍼짐으로 인하여 천주교는 이단 사교로, 이 외국의 종교가 중국 사회 및 문화를 전복시킬 것이라는 인상이 더욱 심화되었던 것이다. 의화단운동 시기의 벽보와 가요는 이것이 권민(拳民)이 기독교도를 학살한 주요 동기임을 실증하였다.

1860년 이후의 조약 보호 선교 시기, 천주교는 권력관계에 있어서 강자가 되었다. 중국의 시골 지역으로 들어갔을 때, 바로 각 지역사회의 권력 구조가 동요하였으며, 공인 외국의 생활방식을 가져왔다. 원래의 지배 권력자 혹은 기득권자는 선교사와 교우 집단이 그 권위에 도전하는 것을 불만스러워 했고, 천주교의 이문화(異文化) 색채에 불만스러워 했다. 그러므로 1860년대에는 단련의 이름으로, 1900년 의화단이 일어난 후에는 혹은 마을의 권단(拳壇)을 확대해서나 혹은 권단을 도입해서 이 이단을 깨끗이 제거하기를 희망하였다. 이러한 천주교 유입과 관련된 지역사회의 충돌은 반교 행위를 합리화하는 핑계가 되었으나 민중 혹은 의화단 반교의 핵심 요소라고 말할 수는 없다. 왜냐하면 많은 사건의 예에서 천주교도가 음모를 꾸미고, 백성들에게 도발하거나 압박한 것은 결코 아니고 반대로 대부분은 지방의 권세가 혹은 권민이 천주교도들에게 주동적으로 도발했던 것을 알 수 있었기 때문이다. 여러 사회집단 중에 이러한 유형의 충돌은 사실 아주 일상적인 것으로 늘 발생하는 것이다. 또한 많은 사회집단에는 원래 충돌이 존재하기 때문에 천주교가 유입되자 혹은 그 중 약자 측이 교회에 도움을 청하여 교우가 되게 된 것이다. 이러한 다양한 사회집단의 충돌이 반드시 충분한 정당성과 자극성을 갖는 것은 아니며, 전체적으로 보편적인 반교 심리를 불러일으킬 수도 있다. 다시 말하면, 반천주교를 반제국주의(反帝國主義)로 보는 것은 민중 혹은 권단의 반교의 중점이 결코 아니다.

2000년 교황청은 중국 순교성인 120명을 봉성(封聖)하여 중국 정부의 감정을 상하게 하였다. 같은 해 9월 28일부터 중국공산당 정부 측은 자신들이 통제하는 각종 매체를 이용하여 봉성(封聖)에 대하여 규탄하였다. 9월 29일 『인민일보(人民日報)』의 동헌(童軒)의 글 한 편이 모든 선교활동에 대하여 기조(基調)를 정하였다고 할 수 있다. 이 글의 제목은 '역사는 속임수로 고치는 것을 용납하지 않는다[歷史不容篡改]'이다. 글 속의 몇 개의 표제는 선교사가 '아편 판매에 참여', '정보 수집과 침략 전쟁에 참여', '불평등조약의 제정에 참여', '8개국 연합군의 침략 및 약탈 참여'였다. 간략히 말하면 선교사가 바로 제국주의의 방흉(幫凶, 공모자)이라는 것이다. 결론에서는 다음과 같이 말했다.

"올해는 제1차 아편전쟁 160주년으로, 의화단(義和團)운동과 8개국 연합군이 중국을 침범한 100주년이며, 中國基督教三自愛國運動(三自는 자치(自治), 자양(自養), 자전(自傳)) 50주년이며, 중국 천주교 반제애국운동(反帝愛國運動) 50주년이다. ……바티칸은 대만(台灣)의 천주교 주교단의 고무 아래 특히 심혈을 기울여 중국 국민이 전국적으로 경축하는 신 중국 성립 51주년의 대단히 기쁜 날에 『봉성(封聖)』을 하여, 제국주의가 종교를 이용하여 중국을 침략한 역사를 부정하고, 중국 국민의 근대사에서의 반제애국운동을 부정하고자 시도하였다. ……"[88]

본문을 쓴 목적은 서방 제국주의의 19세기와 20세기 중국 침략에 대한 사실을 부인하고자 함이 결코 아니다. 본인의 기타 연구에서도 이 시기 유럽 선교사의 종족 우월감을 서술하였고, 일련의 선교 업무에서 일부 선교사들이 실제로 조약 보호에 과도하게 의존한 정황도 있었다. 그러나 상술한 사건들의 분석에서 반제국주의는 반천주교의 주요 원인이 결코 아니며, 시성된 순교자들은 오로지 단순히 진실로 신앙을 위해 생명을 희생했음을 알 수 있다.

---

88 童軒, 「歷史不容篡改」, 『人民日報』, 2000년 9월 29일, 第三版.

논평

김 병 수 신부
한국외방선교회

1

  일반적으로 논평자가 하는 일은 발표된 논문과 논문의 필자에 대해 칭찬과 격려를 보내는 것이 상례일 것이다. 그러나 이번 논문 발표자의 글을 번역하고 논평을 준비하면서 느낀 바를 솔직히 말하자면 답답한 심정이 들었다. 그것은 지난 20여 년간 중국 대륙 천주교회 속에서 직접 관계를 맺고 살아온 본인으로서 느끼는 현실감각의 차이점에서 나온 것이 아닐까 생각된다. 대만에 사는 필자는 중국 대륙의 현실을 피부에 느낄 수 없기 때문인지 무척이나 담담하게 과거의 순교 역사를 사료에 국한하여 서술하였다. 중국 대륙의 현재 교회 상황이 정부와 너무나 대립되어 있고 그 중 많은 부분은 필자가 언급한 의화단의 교난과 연관되어 현재에도 그 역동성이 진행 중이지만 필자의 글에는 이 부분이 거의 반영되지 않았다. 일관되게 역사적 서술에만 국한되어 있어 역사가 지니는 현재에 대한 해석과 미래에 대한 전망이 담겨 있지 않다고 느낀 것이다. 남경교안은 물론 의화단 사건이 현재 중국 대륙 천주교회의 현 상황에 미치는 바는 아주 크다. 지금도 중국 천주교회가 겪는 십자가와 난제들이 모두 연결되어 진행 중이라 말할 수 있기 때문이다.
  의화단 사건, 의화단의난, 의화단운동 등으로 표기되는 이 사건의 실체는 무엇인가? '중국 청나라 말기에 외세(外勢)를 배척하기 위해 일어난 비밀결사'는 일반 사전에 나온 정의이다. 의화단의 전신은 '의화권(義和拳)' 혹은 '의화문(義和門)'인데 1700년대부터 산둥성, 직예성, 하남성, 강소성 일대에 분포되어 있던 비밀결사 단체였다. 백련교의 한 일파인 팔괘교(八卦敎)에 속하였거나, 어떤 부류는 매화권(梅花拳), 또는 신권(神拳), 대도회(大刀會) 등과 연결된 것으로 모두 주먹을 쓰는 무협의 무리들이다. 의화단에 참가한 무리들은 평시에는 각자의 생업에 종사하고, 여가 시간을 이용하여 권봉과 무술을 익혔다. 그들이 '의화'라는 이름을 사용한 것은 부자들을 위협하여 재물을 각출해 내도록 하여 가난한 사람들을 도와주는 일을 해 왔기 때문이다. 이들의 행동이 권술(拳術)을 배우면서 점점 복잡해졌고 종교적 성향을 띠기 시작하자, 가경제 13년(1808)에 청나라 조정은 의화권을 백련교의 지파인 팔괘교와 마찬가지로 '사교(邪敎)'로 보아 이를 금지시켰다. 의화권이 받아들인 종교적인 내용은 대단히 복잡하여 불교, 도교, 유교 등과 민간신앙에서 온 것들이었다. 비밀종교나 민간신앙이 보다 쉽게 군중들에게 받아들여질 수 있었기 때문이다. 이들은 제2차 아편전쟁 이후 선교사의 내지 선교가 인정되면서 자발적으로 반양교(反洋敎), 즉 반 기독교운동에 참여하였다. 청일전쟁 이후에 열강의 침략이 격화되어 가면서 청 정부가 세력이 약해지자, 상처 입은 민족의 자존심을 의화단이란 깡패 조직을 이용하여 상황을 만회하려 하였다. 특히 서태후가 의화단의 후견인으로서 자금을 지원하기 시작하면서 의화권의 명칭도 의화단으로 바뀌었고 마침내 1900년의 봄과 여름 사이에는 직예, 산둥 등지에서 활발히 활동하는 이른바 '의화단의 시대'가 시작되었다. 명칭이 바뀌면서 그들은 사회 기반을 분명히 하게 되었고, 투쟁

목표와 규모는 더욱 확대·변화·발전되었다. 그중 가장 큰 변화는 목표가 항청(抗淸), 반청(反淸)에서 반제(反帝), 반교(反敎), 애국으로 바뀌었으며, 비밀 활동에서 공개 활동으로 전환하게 되었다는 것이다. 때문에 의화단은 서양인의 눈에는 민족 자위 단체로 인식되어 'The Boxer Rebellion'이라 불렸다. 그 의화단의 실체와 행동 강령 등은 후에 문화혁명 기간에 악령이 부활하듯 '홍위병'으로 되살아났다. 이 둘의 공통점은 정부의 어용 조직이라는 점과 폭력을 동반한 만행을 저질렀다는 점이다.

2000년 10월 1일은 교황 요한 바오로 2세에 의해 중국 천주교 성인 120위가 교황청에서 시성된 날이다. 87위는 중국인이고 나머지 33위는 외국 선교사들이다. 중국인 치명자들은 대부분 허뻬이, 샨시, 스촨, 귀주 등지 소속이고 외국인은 벨기에, 프랑스, 이탈리아, 네덜란드, 스페인인이다. 중국 정부는 여러 차례 경고를 가하면서 이번의 시성식을 반대해 왔다. 두 가지 이유에서였다. 하나는, 공산당 창립 기념일로서 국경일인 이날에 시성식을 한다는 것은 중국 정치체제에 대한 도전으로 국가의 존엄성을 모독하는 것이라는 점이고, 다른 하나는 시성되는 대부분의 인물들이 의화단 사건과 연관된 희생자들인데 중국 정부는 아직도 의화단 희생자들을 '투페이(土匪, 도적 무리)'라고 부른다. 시성식은 강행되었고 그에 대한 중국 정부의 보복 조치는 다각적으로 진행이 되었는데 가장 큰 조치는 보편교회와의 교류와 협력을 전면 중단하게 된 것이다. 중국 정부의 반대에도 불구하고 바티칸은 10월 1일 시성식을 강행했고 중국 정부는 홍콩교구에 축하 행사를 자제해 줄 것을 요청했지만 이로 인해 오히려 더 주의를 집중하는 결과를 가져오게 되었다. 중국 외교부의 발표를 통해 이번의 시성 강행은 중국 인민의 감정과 중화 민족의 존엄성에 큰 해를 끼치는 것으로 중국 인민과 정부는 묵과할 수 없다고 발표하였다. 바티칸 역시 바로 반대 성명을 내어 이번의 시성은 중국의 정치와는 무관한 사항이며 중국 정부가 명확한 근거도 없이 신앙의 증거자들을 범죄자로 낙인을 찍은 것에 대해 항의를 하였다. 지금 중국 천주교회의 내부에서는 이로 인해 수많은 제재와 통할이 진행되어 교회가 위축되고 활동이 어렵게 되었다. 상하이의 마주교 사건도 같은 선상에서 이해되어야 할 것이다.

2

발표자의 논문에서 천주교회가 받은 반교적 공격의 핵심과 내용은 '사교'에 있다. 발표자는 반교론자들의 저술을 다량 인용하면서 박해와 순교의 주된 관건이 윤리적, 규범적, 도덕적 수준을 구비하지 못한 소위 사악한 종교로 규정되었음을 지적하고 있다. 중국 땅에서 종교의 문제를 이해하려면 필히 정치적 범주 내에서 '정치와 종교'의 상호성과 역동적 관계를 파악해 내야 한다. 중국 사회의 종횡적 구조를 이루는 대전통과 소전통의 구분, 그로 인해서 구분되어지는 유교와 도교, 불교문화의 차이점, 그리고 여기서 파생되는 정(正)과 사(邪)의 논쟁은 바로 중국 종교 문제의 관건이다. 중국의 정치체계는 한번도 제정 분리를 용납하지 않았다. 통치자는 헤게모니의 누수를 가장 두려워한다. 경제는 언제나 정치를 위해 봉사해 왔고 공존하는 본성을 지니고 있다. 유일하게 정치에 도전할 수 있는 것이 종교이다. 중국에서 종교는 언제나 통치자의 수중에 있어 왔고 그 통제력에서 벗어나려 시도가 있었지만(태평천국의 난, 백련교도의 난, 화룬궁 등등) 언제나 통치자에 의해 제지당해 왔다. 중국의 역사 안에서 보면 중국의 통치자들은 그리스도교 이전까지는 종교에 대해 비교적 관용적인 태도를 견지해 왔다. 불교, 경교, 회교들이 중국에서 외래 종교로서 정착하는 과정에는 큰 배척이나 박해가 많지 않았고 비교적 순탄한 길을 걸어온 셈이다. 위의 종교들이 중국 사회의 현황을 수용하는 태도를 취해 왔기 때문이다. 그러나 통치자의 헤게모니에 대한 도전으로 인식되면 상황은 달라진다. 사교로 낙인이 찍힌 종교 행위는 통치자들의 가차 없는 제재에 직면하지 않을 수 없었다. 중국의 정치와 종교 사이에는 언제나 긴장감이 존재하는데 그 이유는, 정사(正邪)논쟁, 애국과 애교의 선후관계 때문이다. 먼저 정사논쟁을 보자.

1) 정사논쟁 : 무엇을 올바른 가르침인 정교(正敎)라 하고 무엇을 그릇된 가르침인 사교(邪敎)라 할 수 있는지 구분하는 것은 쉬운 일이 아니다. 오류를 범할 가능성도 많다. 종교는 과학이나 철학과 같이 논리에 의해서 존재하는 것이 아니기 때문에 그 구분의 정당성에 대해서 논리적인 근거를 제시할 수는 없는 것이다. 예를 들어서 인격신의 유무로 정사를 구분한다고 해도 그 인격신의 존재를 누가 증명할 수 있는 것도 아니고 해탈을 통해 인간이 구원된다는 가르침 역시 증명해 낼 수는 없는 일이다. 고등 종교와 하등 종교의 구분 역시 서구 종교학의 판단 기준에 의한 것일 뿐이다. 아프리카 미개인들의 미신 같은 종교 역시 그 기능성에서 보면 전혀 손색이 없는 완벽한 종교인 것이다. 그 구분을 억지로 하거나 강압으로 진행한 역사의 경우는 대부분 통치자의 특별한 의도에 의해서 진행되었을 뿐이다. 정과 사는 시대와 통치자의 정서에 의해서 얼마든지 뒤바뀔 수 있다는 말이다. 그래서 정교와 사교의 구분은 그 종교의 윤리관을 근거로 해서 판단되어야

하는 것이지 교리적으로 판단할 수 있는 것은 아니다. 적어도 종교학적으로는 불가능한 일이다. 다시 말해 기복성과 미신성의 유무로 판단할 수 있는 것이 아니라는 말이다. 어느 종교도 예외 없이 종교의 기능과 위치 등에서는 위 두 요소를 벗어나지 못한다. 성모 마리아에게 빠른 쾌차를 비는 것이나 사당에 가서 입학 합격을 비는 것이나 종교학적으로는 같은 것이다. 상등 기복과 하등 기복성을 나눌 객관적인 척도가 없다. 그럼에도 불구하고 중국의 통치자들은 정교와 사교를 구분하고 있다. 중국의 대사전[三民大辭典]에서는 사교를 '정치 주도권자들이 정권에 불리한 정치의식을 지닌 종교 조직을 일컫는 말'이라고 정의를 내렸다. 그러니까 굳이 그 종교의 미신성, 저속한 전례, 교의 내용으로 인해 사교로 규정지어지는 것이 아니라, 정치의 헤게모니에 위협적일 경우 제재의 수단으로써 사교로 단정 짓는다는 것이다. 간단히 말해 중국 정부가 인정하는 종교는 정교이고, 반대하는 종교는 사교이다. 중국의 역사에서 사교로 단정 지어진 종교들은 무위교(無為教), 미륵교(彌勒教), 명교(明教), 백련교(白蓮教), 상제교(上帝教, 태평천국교) 등이 있다.

  사실 남경교안이 발생했던 1621년은 산동에서 백련교도들이 봉기한 해이고 이에 민감해진 중국 집권자들이 천주교에 대해서도 민중을 선동한다는 점에서 백련교들 일파들로 간주하여 극렬한 금교 조치와 박해를 가하게 된 것이다. 시대가 흘러 1900년에 발생한 의화단교난에서도 천주교는 역시 같은 죄목인 '사교'로 몰려 엄청난 박해와 희생을 겪어야 했다. 마테오 리치 생전에는 상층 선교를 중시하여 사대부들과의 교류를 중시하던 흐름이 그의 사후부터 민중을 향한 하층 선교를 지향하면서 정부와 반대자들의 위기의식을 자극한 셈이 되었다. 이러한

'사교'에 대한 중국 정부와 통치자들의 의식은 세월이 흘렀어도 결코 변하지 않은 채로 공산주의 집권으로 이어졌다. 특히 문화혁명 시절에는 이 '사교' 개념을 모든 종교와 지식분자들에게 적용시켜 종교말살 정책을 감행했던 것이고 그 안에 천주교에 대한 박해가 가장 극력하게 진행되었다. 논문의 필자는 반교론자들에 의해 천주교가 윤리적, 풍습적, 사상적으로 사교로 인식되어 박해를 받은 것이라 말하지만 사실은 통치자들의 헤게모니에 대한 불안, 사대부들의 중화중심주의 등이 저변에 깔려 있다고 보아야 할 것이다.

2) 애국과 애교의 선후 문제 : 사회주의 국가 중국의 종교관은 우선은 유물론적 계급사관이다. 마르크스 종교 이론의 관점에서 볼 때 종교는 사회주의 사회의 과도기에서 장기적으로 존재할 수밖에 없는 일종의 사회현상인 것이다. 즉, 종교란 인류가 초자연에 대해 갖고 있는 공포와 무지를 인격화하는 과정을 통해 인간에 의해 만들어진 것이며, 이처럼 인간에 의해 창조된 신의 존재는 통치자에게는 통치 명분을, 피치자에게는 정신적 안위를 제공함으로써 그 사회 저변에 깔려 있는 소외 구조를 바탕으로 사회적 지속성을 갖게 된다고 보는 것이다. 따라서 종교의 사회적 토대는 과학의 발전이 인간이 초자연에 대해 지니고 있는 불가지를 설명해 줄 수 있고, 사회주의 사회의 발전이 사회 저변에 깔린 소외 구조를 타파하여 계급 모순을 해소시켜 줄 수 있을 때 종교는 자연적으로 소멸된다고 보는 것이다. 이러한 인식에 바탕을 두고 중국공산당 및 정부의 종교관은 크게 다음의 세 가지 원칙으로 정리되어질 수 있다.

첫째는 궁극적으로는 종교의 소멸에 마지막 목표를 두고 종교 신앙의 자유도 인정하지만 믿지 않을 자유도 보호하고 존중하며, 종교가 자연 소멸될 때까지 정부는 종교를 집행하고 관철한다는 입장이다. 둘째는 현대화된 사회주의 국가를 건설하는 데 있어 각 민족종교계는 애국을 최우선으로 삼아 중국의 통일에 기여해야 한다는 입장이다. 마지막으로 종교의 독립자주와 자생의 원칙, 즉 삼자(三自) 방침을 통해 종교의 국제 교류 및 상호 교류를 원칙적으로 봉쇄하였다. 이처럼 사회주의 종교관은 기본적으로 애국을 애교 앞에 두고 진행하고 있다. 그러기 위해 모든 종교는 통전[統一戰線] 가치를 인정하여 적극적으로 당과 국가의 사업에 교민들을 동참시켜 나가고 이끌어야 한다고 주장한다. 통일전선적 가치에서 볼 때 종교는 사회주의 문명의 건설, 사회와 정치의 안정, 국가와 민족의 통일, 경제 발전, 대외 교류 나아가 사회주의 현대화 건설에 중요한 요소로 작용할 수 있기 때문이다. 비록 종교가 인민의 계급성과 혁명성을 약화시키는 아편 같은 존재이지만, 소수민족의 통합을 위해 일정한 종교적 자율성을 인정해야 하는 괴리 속에서도 중국 정부는 제도적 안정과 현실적 억제라는 이중적 정책으로 표출될 수밖에 없었던 것이다. 애국을 위한 종교의 존재와 기능은 중국 공산주의 사회의 기본 이념이며 중국 종교의 현황과 전망도 이 안에서만 가능하다.

3) 불교와 천주교의 이하지정(夷夏之爭) 비교를 통해 중원에서의 외래 종교가 본토의 문화와 겪게 되는 메커니즘을 이해할 수 있다. 불교는 중원에 들어온 후 큰 박해를 겪지 않고 연착할 수 있었다. 하지만 여전히 넘어야 할 과제가 있었는데 바로 중화 민족의 우월적 정서[民情]와 국가의 우환의식에서 나온 쇄국적 정서(國情)였고 여기서 이하지

정이 발생하였다. 천년이 흘러 그리스도교가 다시 중원에 발을 들여놓았지만 중국의 문화를 대하는 방법과 자세에서 불교와 커다란 차이점을 보였고 그 결과 중국 천주교는 많은 박해와 순교를 치러내야 했다. 무엇이 달랐고 여기서 얻을 교훈은 무엇인가?

먼저 불교의 태도를 살펴보자. 중국의 통치자들이 항상 염두에 두었던 것은 외침이었다. 그래서 만리장성을 쌓았고 외침자를 모두 새외(塞外), 오랑캐[夷]라고 불렀다. 보수주의적 경향을 띠던 사대부들에 의해 주도되었으니 중국 문화의 큰형님[大哥]으로 자처하며 도통(道統)을 고수하려 했던 유가들이다. 당시에 중국인들은 천하를 이해함에 있어 중국을 한 중심에 두었고 사방은 모두 오랑캐라고 보았던 것이다. 이런 점을 감안하여 불교 측에서는 불교의 보편성과 부처의 위대함을 통해 이하지정을 반대하면서도 중국의 국정(國情)과 민정(民情)을 적절히 수용하였고 그 결과 중원에서 연착할 수 있었다. 그런데 천주교가 중원에서 반박당하는 이유 중에 이하지정 외에 첨가된 부분은 반식민주의적 정서였다. 중국인은 천주교를 양교(洋敎)라 하면서 식민 제국주의자들의 앞잡이라는 점과 정치적인 위기감과 중화의 우환의식을 강조하면서 박해의 근거를 마련하였다. 거기에 중국인들의 자아중심주의를 자극하여 서교와 서학을 외부 간섭으로 판단하였다. 정리하여 보면, 중원에서 불교가 경험한 박해의 원인이 민족·문화·철학적인 측면에 있었다면, 천주교는 그보다 더 강하고 민감한 주제인 중화중심주의, 우환의식, 국제적 정서 등과 연관되어 있었다. 결과적으로 천주교가 중원에서 겪은 충격과 반대의 강도는 불교에 비해 월등히 높았고 훨씬 많은 순교자들이 나오게 된 것이다.

3

중국 교회의 미래를 전망해 보자면 지금 중국 교회의 순교와 순교자에 대한 인식의 현주소를 파악해 보아야 할 것이다. 순교정신의 가치와 이해에 대한 부족으로 인해 중국 교회에 제기되는 사안은 시급한 정도이다. 중국 교회가 한국 천주교회를 벤치마킹하겠다고 말하면서 그 비결을 묻는 질문을 많이 받는다. 몇 가지 답변을 하면서도 최우선에 두는 것이 순교자에 대한 교회와 신자들의 현양 의식이다. 현양이 없으면 통공(通功)도 없다. 우리는 미사 중에 "성인의 통공을 믿으며……"라고 고백하는데 이 말의 뜻은 성인들의 공로가 우리 사람들에게 통하여 도달한다는 의미이다. 곧 천상의 은총이 지상의 신자들에게 나누어진다는 의미이다. 성인 120명이 있지만 중국 사제들은 자신들의 성인 이름 두세 명을 외우지 못한다. 중국 성인들의 이름으로 세례를 받는 행위 역시 중국 교회 안에서는 찾아볼 수 없는 일이다. 120위 성인 호칭기도를 제주도 주문모 피정에서 하려 했지만 일부 사제들이 거부하였다. 중국 정부가 허락하지 않고 있기에, 중국 땅에서 있어 본 일이 없는 현양을 위한 호칭기도 역시 중국 사제들에게는 당황스런 일로 느껴진 것이다. 상하이 진쟈샹 성당에 많은 중국 신부들이 방문하였고 그들이 한결같이 느끼는 바는 한국 교회의 강점은 교회가 자신들의 신앙선조들에 대해 매우 열심하다는 것이다. 성인의 현양, 통공, 교회의 발전, 영성의 심화, 교우들의 열심은 모두 한 축을 이루는 상호관계에 있다. 이런 점에서 세미나를 통해 중국 교회에 대한 한국 교회와 보편교회의 사명은 중국 교회로 하여금 중국 순교자들을 새로운 시각에서 바라보도록 인도해 주는 것이라고 생각된다. 순교의 영적인 가치는 물론 순교성인들에 대한 현양 방법과 의미를 중국 교회에 전해 줄 수 있어야 할 것이다. 중국 교회가 일어서고 활성화되는 원동력은 순교정신을 통해서만이 가능하다. 순교자들에 대한 올바른 인식은 지금 교회의 신앙과 신자들의 신앙심의 근거가 되는 것이기 때문이다. 지금 중국 교회의 박해는 여전히 진행 중이다. 마 주교 폐위 사건, 십자가 철거 사건, 불법 주교 서품 강행 등등 수많은 충돌과 제재가 진행 중이다. 이런 점에서 중국 교회는 신자들로 하여금 교회는 스승이신 그리스도부터 박해를 받아 왔고 그 박해는 어느 교회에서나 있어 왔으며 그럼에도 교회는 박해 속에서 성장해 왔음을 가르쳐야 한다. 순교가 지니는 강력한 힘은 산 자와 죽은 자가 연결되고 통교되는 신앙심 속에서 가능하다. 이런 점에서 본인이 한국 천주교 주교단에 건의한 '화동 3성길'은 양국 교회의 성숙과 발전에 중요한 계기가 될 것으로 생각한다.

조선 초기 천주교회의 큰 주춧돌이었던 세 성직자는 복자 주문모, 성인 김대건, 가경자 최양업이다. 이 3성자는 초기 조선 천주교회 안에서 내·외적으로 연결되어 있다. 내적인 연결성이란 주문모 신부가 방인사제 양성의 중요성을 강조하였고 그래서 조선 천주교회는 일찍부터 성소자 개발에 주력하게 된 것을 말한다. 이로 인해 조선 교회는 비교적 빠른 시기에 방인 신학생들을 선발하여 마카오로 유학을 보내게 되었고 그 결과 성 김대건과 최양업 신부가 탄생하게 되었다. 그리고 외적인 연결성이란 지리적인 공통점을 말하는데 이 세 사람은 모두 중국 강소성과 깊은 관계를 맺고 있기에 초기 조선 천주교회 화동 지역의 3인방으로 불리어질 수 있다. 따라서 이 세 사람과 연관된 성지는 모두 근접해 있어 서로를 연계하여 하나의 코스, 곧 '화동 3성 성지순례길'로 만들어 컨텐츠화할 수 있을 것이다. 그동안 한국에서 중국으로 성지순례를 간다면 하루 정도 진쟈샹 성당을 방문하는 정도에 불과하였고 나머지는 인근의 항주나 쑤죠로 관광을 떠났는데 이것을 중국 성지순례라고 불러 왔던 것이 사실이다. 그러나 조선 천주교회 주춧돌이 되셨던 3성직자들이 모두 중국의 화동 지역이라는 공통점을 지니고 있고 멀지 않은 인접한 곳들에 역사적 장소들이 있어 이를 성지화하고 연계시켜서 성지순례 코스로 만들 수 있을 것으로 기대된다. 이것이 잘 진행된다면 한국의 많은 본당에서 3~5일 정도로 구성되는 성지순례 기간 중에 화동의 의미 있는 지역을 성지순례함으로써 큰 영성 교육 효과를 기대할 수 있을 것이다.

화동 3성 성지순례길을 만들게 되면 한국 최초 해외 성지의 코스로 개발된다는 의미가 있어 한국 신자들뿐만 아니라 중국 교회에도 제공되어 보편교회의 협력과 친교가 가능할 것으로 본다. 더구나 최근에 복자 주문모 신부의 기념 성당이 축성되었고 장래에 시성될 가능성을 지니고 있어 고립되어 있는 중국 교회로 하여금 보편교회와의 친교와 유대를 강화하기에 좋은 프로그램이라고 말할 수 있을 것이다. 현재 중국에는 120명의 성인이 존재하지만 중국의 사제들과 교회는 순교자 현양의 의미와 방법을 모르고 있고 순교성지 개발은 거의 전무한 상태이다. 주문모 피정에 참석하기 위해 제주도를 방문하는 많은 중국 사제들뿐만 아니라 한국 성지순례를 온 중국 신자들이 한국 천주교회의 성인 현양에 대한 태도와 노력에 많이 감동하고 동화되는 것을 보았다. '화동 3성 순례길'이 주교단에서 검토되고 채택되면 교회 신문 지면에서 홍보되어 각 본당에서 순교 교육과 현양 및 성지순례에 적용될 수 있을 것으로 본다. 이 세 사제들과 연관되어 있는 순례지는 모두 5곳으로 계획했고 전체 일정이 화동의 100킬로미터 이내에 위치하고 있어 2~3일간의 일정으로 소화해 내기에 적절한 코스라 여겨진다.

4

　문화와 선교의 상호관계는 현대 세계의 공존과 공생을 위해 필수적이다. 세상의 모든 종교들은 두 가지 요소 곧, 신성과 인성으로 구성되어 있다. 자기 초월적인 요소와 세계 내재적인 요소를 말하는데 이를 굳이 구분하자면 성(聖)과 속(俗)이라 말할 수 있을 것이다. 초월적인 부분을 신학이라 말하고 내재적인 부분을 문화라 말한다. 신학은 신적인 요소를 다루기에 초월적이고 비인간적일 수 있다. 그러나 (종교) 문화는 그 신적인 요소를 인간의 삶 안에서 표현하는 것이기에 당연히 인간적이라 말할 수 있다. 선교를 이해함에 있어서 신적인 요소와 인간적인 요소를 구분하여 이해하고 접근해야 할 필요성이 여기 있다. 신적인 계시(때로는 명령)라 하여 인간적인 요소를 무시하고 타인, 타문화, 타국가에 접근하려 들면 문제가 생기게 된다. 가깝게는 한국, 중국, 일본에서, 그리고 멀게는 고대 로마와 터키, 그리스에서 그리스도교가 타종교, 타문화와 만나면서 엄청난 충돌을 일으킨 이유는 인간적인 요소를 고려하지 않고 신적인 요소만을 강조했기 때문이다. 신적인 가르침, 교의를 지상 절대주의로 상정하고 타문화, 타종교에 다가가면 공존할 여지는 많지 않게 된다. '하나이신 천주를 흠숭하라'라는 유일신적 교의와 배타적 교회론은 타종교, 타문화가 지니고 있는 인간적인 요소들을 사악한 존재로 여기고 배제하는 경향이 있기 때문이다. 제사논쟁, 의례논쟁은 바로 선교의 문제에서 인간적이고 문화적인 요소를 배제했기 때문에 발생한 것이다. 순교의 영적인 가치를 논하기 전에 만약 가톨릭교회가 한국과 중국, 일본에서 종교의 인간적인 요소와 신적인 요소를 정확히 이해하고 구분할 수 있었다면, 그리하여 선교의 현장에서 문화적인 요소를 고려하고자 노력했다면 그렇게나 많은 피를 흘리지 않아도 되었을지 모르고, 아시아 교회는 아마 다른 방향으로 전개되었을지도 모른다. 그러나 가톨릭교회가 선교적 사명을 훼손하지 않으면서 종교의 인간적인 요소 곧 소통, 교류, 친교가 얼마나 중요한지를 깨닫게 되기까지는 몇백 년의 시간이 더 필요했다. 선교에서 문화의 위치와 가치를 제대로 파악하고 올바른 대처를 해야 한다고 말한 것은 불과 50년 전 2차 바티칸을 통해서였지 않은가?

문화와 선교는 칼의 양날과 같은 관계이다. 칼을 갈 때 두 면을 고루 갈아야 칼이 잘 든다. 어느 한 면만 갈게 되면 날이 넘어 오히려 갈아댈수록 더 무뎌지는 경우가 생기게 된다. 선교를 위해 문화가 필요하지만 성급한 마음에 선교의 날에 무리수를 가하게 되면 문화의 날이 무뎌져 결국 양쪽 모두 실패하게 될 수 있다. 선교를 신앙의 차원에서 교회론적으로, 신앙적으로만 이해해 왔던 과거 식민주의 시절의 선교적 오류를 종식시키기 위해서는 문화에 대한 이해가 선행되어야 한다. 인류가 서로 공존하고 평화롭기 위해서는 선교화보다는 복음화가 선행되어야 한다. 온 세상에 가서 복음을 전하라는 그리스도의 명령을 수행함에 있어 이 말씀을 명령적이고 전투적인 의미로 알아듣던 몽매한 시대는 갔다. 복음이 타 종교, 타 문화 안에서 얼마나 성실하고 공손하고 품위 있는 자세를 유지해야 하는 것인지를 재삼 숙지해야 할 것이다. 타인을 대할 때뿐만 아니라 타민족, 타 문화를 대할 때 역시 선교의 전략이 숨어 있는 만남이나 대화는 결코 평화로 갈 수 없음을 알아야 한다. 타 문화에 대한 이해가 선행이 된 뒤에는 그 다음 목표인 복음 선교의 전략적이고 신앙적 차원이 강조된다 해도 늦지 않을 것이며 오히려 더 좋은 결과를 도출해 낼 수 있을 것이다. 순교의 가치와 그 영성의 위대함을 폄하하지 않으면서도 무지, 오류, 오해에서 유발된 충돌과 박해는 미화되어서는 안 될 것이며 그것은 신적인 길도 아닐 것이다. 복음과 문화는 '예' 할 것은 '예' 하고, '아니오' 할 것은 '아니오'라고 말하는 것이 진리와 복음에 대한 올바른 자세이다. 그러나 '예' 해도 될 것을 굳이 '아니오'라고 하여 오해를 자초하여 문화의 충돌을 유발시킬 필요가 있겠는가? 전술한 대로 종교가 인간적이라 함은 또한 문화적이라는 말과 동일하다. 세상의 모든 종교는 예외 없이 문화라는 커다란 틀 안에서 표현되고 인식된다. 그러기에 종교 안의 인간적인 요소는 사람과 유리될 수 없고 사람과 같이 생명성을 지니고 생로병사적 현상을 표출하는데 이것을 문화의 유기체성이라 말한다. 문화를 유기체로 이해한다는 말은 문화에 페르소나(persona)가 있어 그 존재와 위치를 인정해 주고 존중해 주어야 한다는 의무가 포함되어 있음을 말한다. 타 문화와 만나고 관계 맺고 대립하고 충돌하고 융합하는 전 과정 역시 생명체를 대하듯이 하지 않으면 안 된다는 의미이다. 교회론적이거나 교의신학적 차원에서 접근했던 선교를 잠시 접어 두고 유기체적이고 생명체적인 차원에서 이해하고자 하는 노력이 필요하다고 본다. 이제 한국 천주교회는 선교사 천 명을 파견하는 나라가 되었고 한국이라는 사회가 다종교, 다문화 사회로 진입한 시점에서 문화의 문제는 그 어느 때보다 중요한 시기가 되었다. 올바른 선교를 위해서도, 또 한국인들이 세계의 형제자매들과 공존과 평화를 위해서도 문화에 대한 인식을 새롭게 해야 함은 강조해도 모자람이 없다고 하겠다.

이제 논평을 마치면서 몇 가지 질문을 통해 중국 교회의 미래와 전망에 도움이 되고자 몇 가지 주제를 모아 질문을 던진다.

질문1 : 현재 중국 천주교 주교단은 대만 주교단을 의미한다. 대만 정부의 주체성과 독립성이 존중되고 있어도 양국 교회는 어쩔 수 없이 상호성과 관계성을 지니고 있다. 대만 천주교회는 중국 교회의 역사와 현황을 어떤 사관에서 이해하고 바라보고 있는지 궁금하다. 대만과 중국의 양안관계가 정치적이고 사회적인 구분이라면 교회 안에서 두 교회의 상호 이해와 협력은 어느 정도로 진행이 되고 있는가?

질문2 : 대만 천주교회는 박해가 없었던 교회이다. 순교자의 피가 신앙의 씨앗이라는 성인의 말씀과 연관되어 본다면, 본인이 대만에서 선교사 10여 년의 삶을 회고해 보건대 대만 교회의 침체와 활력성이 매우 둔화되었다는 느낌을 받는데 이런 원인 중에 순교정신의 결여가 관건이라는 일부 학자들의 생각이 타당성이 있는가? 대만 천주교회는 교회의 순교정신을 어떠한 방법으로 교육시키고 있는가?

질문3 : 국가와 종교의 관계에서 생기는 갈등 속에서 대만과 중국 본토의 두 천주교회가 느끼는 바는 다를 것이다. 대만 천주교회가 정부를 대하는 태도는 어느 정도로 자유로울 수 있는가? 미래에 양국 천주교회는 정교의 문제를 어떤 양태로 풀어 나가야 한다고 생각하는지 전망과 해법을 듣고자 한다.

한국 천주교 내에서 박해와 순교가 미친 영향

조 성 을 교수
아주대학교 사학과

1. 서언
2. 박해 및 순교의 원인
3. 지도층 구성과 교세 확장에 미친 영향
4. 교인의 의식과 신앙에 미친 영향
5. 결어

1. 서언

한국 천주교회는 외부의 선교사 파견이 아니라 자국(自國)의 지식인들이 한역(漢譯) 천주교 서적을 읽고 토론한 결과 자체적으로 신앙 단계에 도달하였다. 자신의 발로 타국 북경(北京)에 있던 천주교회당을 찾아가 세례를 받는 동시에 천주교 관련 서적을 얻어서 돌아와, 자국 내에 스스로 설립한 교회이다. 이것은 세계사적으로 유례 없는 사건이며 종교적으로 볼 때 놀라운 하느님의 은총과 기적이라고 할 수 있다.

한국 천주교회는 수용의 초기 단계에서 엄청난 박해와 순교를 겪었다. 이것은 조선 사회가 신분 질서를 철저하게 옹호하는 주자학적 이념 아래 있었고 양반 지배층이 당파로 분열되어 있었던 점과 관련이 있었다. 그러나 순교와 박해는 천주교 신앙공동체의 결속과 신앙을 더욱 굳건하게 하였고 교세는 도리어 점차 확장되었다.

박해와 순교는 기독교가 처음 로마에 전파되었을 때도 있었다. 그것은 서양 문명의 원류가 되는 헬레니즘과 헤브라이즘 사이의 '문명 충돌'이라고 할 수 있다. 이와 비교하면 한국 천주교에 대한 박해와 순교의 역사는 동아시아 근세의 주자학적 유교 문명과 서양 기독교 문명 사이의 충돌이라고 할 수 있다. 헬레니즘과 헤브라이즘의 충돌은 궁극적으로 양자의 융합을 통해 중세 초기 교부철학과 중세 후기의 토미즘을 낳았다. 대체로 이것은 '중세적 사유'라고 할 수 있겠다.

한국 천주교는 중세 후기의 토미즘에 기초한 천주교 신앙을 수용하였으나 수용자들의 문제의식은 중세적 사유를 넘는 것이었다. 18세기 조선 사회는 정치, 경제, 사회 등 여러 방면에서 변동이 이루어지는 가운데 양반 중심의 신분제가 점차 붕괴되어 가는 동시에 여전히 신분제적 모순이 지속되는 사회였다. 이런 상황 속에서 양반 지식인층에 속하면서도 정치적으로 소외되어 있던 기호남인계 학자들 사이에서 새로운 사상이 모색되었다. 이들은 주자학적 사유에 대한 회의에서 출발하여 주자학과 대립되는 위치이며, 주자학에 비해 평등 지향적 성격이 있던 양명학적 경향으로 일단 기울어졌다고 여겨진다.[1] 이런 토대 위에서 한역(漢譯) 천주교 서적을 읽고 결국 신앙의 단계에 도달하였다.

이들이 천주교 신앙 가운데 주목한 것은 '천주(天主) 앞에서의 인간 평등'이었다. 이것은 당시의 신분적 차별에 대한 통렬한 비판으로 기능할 수 있었다. 한국 천주교가 처음부터 이런 특징을 갖고 있었으므로, 중세적 사유인 토미즘과는 성격을 달리한다고 생각된다. 한국 천주교 내에서 처음부터 갖고 있던 이런 평등관과 신분제 비판 의식은 엄청난 박해와 순교를 겪으면서 더욱더 강화되어 왔으며, 신앙공동체 속에서 천주에 대한 믿음을 보다 굳건하게 하였다. 아울러 박해와 순교는 교회 지도층 구성에도 변화를 가져와 처음에는 양반 지식인이 교회의 중심이었으나 점차 중인층 지도자들이 늘어나고 여성 지도자도 나타나게 되었다. 이것은 평등의식의 진전과 신분 관념의 타파에 기여하였으며 이와 더불어 교세도 더욱 확장되었다. 이런 변화는 교인들의 의식 및 신앙의 발전과 더불어 진행되었다.

본고에서는 먼저 한국에서의 천주교 수용에 따른 박해 및 순교의 원인을 살펴보고 그 역사를 개략적으로 검토한 다음, 박해와 순교가 지

---

1 이것은 조선에서의 천주교 수용이 조선 후기 사상사의 내재적 발전의 필연적 결과라는 점을 말해 준다. 이에 대하여는 다음의 논문이 참고된다. 서종태, 「녹암 권철신의 양명학 수용과 그 영향」, 『국사관논총』 34, 1992.

도층 구성과 교세 확장에 미친 영향, 교인의 의식과 신앙에 미친 영향 등에 대하여 살펴보고 마지막으로 한국 천주교의 성격, 향후 나아갈 방향에 대하여 생각해 보기로 한다. 본고에서는 조선에 천주교가 수용된 1784년 직후인 1785년 3월에 발생한 을사추조적발(乙巳秋曹摘發) 사건 이후 1839년 일어난 기해교안 시기까지를 다루기로 한다.

2. 박해 및 순교의 원인

박해와 순교의 첫 번째 원인은, 당시 조선 사회의 유교적 명분 질서, 즉 군주에 대한 절대복종과 부모에 대한 효도 중시, 상하관계적 신분 질서, 다시 말하면 유교의 삼강오륜(三綱五倫)적 질서와 천주교의 교리가 충돌한다고 조선의 지배층이 생각하였기 때문이다. 1791년 신해교안 당시 전라감사와 윤지충의 대화에서 이러한 사실이 확인된다.

> "감사 : '네가 매를 맞아 죽게 되어도 그 교(敎)를 버리지 못하겠느냐.'
> 윤지충 : '만약 제가 살아서건 죽어서건 가장 높으신 아버지를 배반하게 된다면 제가 어디로 갈 수 있겠습니까.'
> 감사 : '만약에 네 부모나 임금이 너를 재촉한다면 그 말씀을 따르지 않겠느냐.'
> (윤지충 : 이 질문에 나는 대답하지 않았다.)
> 감사 : '너는 부모도 모르고 임금도 모르는 놈이다.'
> 윤지충 : '저는 부모님도 임금님도 잘 알고 있습니다.'"[2]

이런 첫 번째 충돌 요소 때문에 한국 천주교회는 1784년 말엽(혹은 1785년 초) 창설된 직후, 1785년 3월 을사추조적발 사건으로 박해를 당하였다. 그러나 이때의 박해는 김범우의 순교를 제외하면 상대적으로 보아 크게 가혹한 것은 아니었다. 이때에도 이미 앞서 살펴본 바와 같이, 천주교 교리 자체에 대한 비판이 있었다. 하지만 한국 천주교회가 정면으로 유교의 기본적 가르침 가운데 하나인, 조상에 대한 제사를 부정하지는 않았다.

두 번째 가장 직접적인 충돌 요인은 조상 제사의 거부 문제이다. 천주교에 대한 교리 이해가 깊어지는 가운데 한국 천주교회 내에서 조상에 대한 제사가 우상숭배이며 천주에 대한 믿음과 상충되는가 하는 의문이 생겨났다. 이리하여 1790년 가을 건륭 황제 탄신 축하 사신단에 윤유일(尹有一)을 포함시키도록 하여, 북경 천주교회에 이 문제에 대하여 묻게 하였다. 북경 주교는 조상숭배(제사)는 하느님 숭배에 위배된다고 하였다.[3] 조상 제사는 양반층의 가장 주요한 의무 가운데 하나였기 때문이다. 당시 이에 대한 조선 정부의 확고한 입장은 1791년 신해교안(진산 사건)이 발생하였을 때 진산군수 신사원(申史源)이 한 다음과 같은 말에서 확인된다.

"너는 조상들에게 제사 올리기를 거절하는데, 시랑이란 짐승도 제 어미에게 감사의 뜻을 표하지 않느냐. 또 어떤 새들도 제사 지낼 줄을 알거든

---

2 달레,『한국 천주교회사』상, 한국교회사연구소, 1979, 352쪽.
3 위의 책, 330쪽 및 최기복,「조선조 천주교회의 제사금령과 다산의 조상 제사관」,『한국교회사논문집』2, 1985 참조.

더구나 사람이 그렇게 해야 하지 않느냐. 공자의 글에서 이런 대목을 읽지 않았느냐."4

세 번째 원인은 표면적으로는 잘 드러나지 않지만 당시 당쟁(黨爭)으로 인한 정치적 갈등이다. 즉 남인과 노론 강경파 사이의 정치적 대립, 남인 내부의 정치적 갈등 때문이다. 이것은 같은 기호남인 내에서의 천주교 비판자인 안정복(安鼎福)의 언급을 통해서 알 수 있다.

"남인이 박복하여 집안의 싸움이 이에 이르렀소. 요즘 당의 의론[黨議]이 횡행하는 때를 당하여 어찌 옆에서 돌을 던지는 자가 없다고 하겠소. 그 형세로 보아서 반드시 망하고야 말 것이오."5

위에서 '집안의 싸움'이란 기호남인이 천주교를 수용하는 신서파(信西派)와 이를 배척하는 공서파(攻西派)로 분열되었음을 말한다. 기호남인 내의 분열은 숙종 말엽부터 기호남인 가운데 청남(淸南)을 표방하는 그룹이, 숙종 대에 한때 집권하였던 남인 허적(許積) 그룹을 청남(濁南)이라고 배척한 데에서 비롯된다. 하지만 정조 대에 들어와서는 천주교의 수용 여부를 둘러싸고 신서파와 공서파로 갈라졌다. 이런 분열에는 탁남과 청남 분기 이래의 갈등도 한 요인이 되었다고 여겨진다. 하지만 정조가 남인을 탕평정치의 한 그룹으로 상정하면서 이 남인 탕

---

4 앞의 책, 337쪽.
5 "午人薄福 同室之鬪 至此 當此黨議橫流之時 安知無傍伺而下石者乎 其勢必亡而後已" 與蔡台(丙午[1786]), 벽위편, 한국자유교양추진회, 1985, 27쪽.

평세력의 중심을 채제공(蔡濟恭)에 두고 새로이 남인 정치세력을 형성하는 가운데, 기호남인 내부의 일부 소외 그룹이 척사(斥邪, 천주교 공격)를 명분으로 결집하여, 기호남인이 공서파와 신서파로 분열된 것으로 여겨진다. 신서파라고 하여도 모두가 끝까지 천주교 신앙을 견지하였던 것은 아니다. 이미 신해교안과 주문모(周文謨) 신부 사건을 거치면서 관직에 집착하는 부류 즉 이승훈, 정약전, 정약용 등은 교회와 거리를 두거나 교회를 떠나게 되었다.

공서파는 홍낙안(洪樂安), 이기경(李基慶) 같은 무리로서 정조 대에 집요하게 신서파를 공격하였고, 신유교안(신유박해) 때에는 노론벽파(강경파)의 천주교 박해에 앞잡이 노릇을 하였다. 천주교 신앙은 단지 신앙의 문제에 그치는 것이 아니라 노론벽파가 기호남인을 공격하는 데에 정치적으로 이용되었다. 당시 주자학의 상하관계적 신분 질서 사회에서는 매우 좋은 공격 명분이었고, 기호남인 공서파 역시 자신들이 남인 내에서 주도권을 회복할 수 있게 하는 명분이었다. 이에 기호남인 공서파가 노론 강경파의 앞잡이가 되어 신서파를 공격하였다. 사실 신유교안 이후 기호남인 신서파들이 모두 숙청된 상황에서 기호남인 공서파들이 중앙 정계에서 약간의 발판을 얻게 되었다. 하지만 1806년 이후 정권이 노론 시파인 안동 김문 쪽으로 넘어감으로써 기호남인 공서파 역시 중앙 정계에서 발판을 상실하게 된 것으로 여겨진다.

안정복은 천주교 신앙 문제가 그 자체로서 끝나는 것이 아니고 매우 큰 정치적 탄압으로 확대될 것을 염려하였다. 이후 역사는 그의 예측대로 전개되어 갔다. 그는 천주교 교리에 비판적이었고 신서파 그룹에게 천주교를 떠나도록 적극 권유하였으나, 기호남인의 대동단결을 전제로 이 문제를 기호남인 전체를 위해 내부에서 조용하게 해결하고자 하였다. 또한 천주교와 관련된 인물들과 인연을 끊었으나 드러내어 기호남인 신서파를 공격하지는 않았다. 이 점에서 안정복은 다른 기호남인 공서파 인물들과는 차이가 있다.

이상과 같이 천주에 대한 절대적 믿음과 순종이 상하관계적인 주자학적 신분제 사회에서 군주와 부모에 대한 윤리와 어긋난다는 점, 보다 직접적으로는 조상 제사를 거부한다는 점 등이 탄압의 명분이 되었지만 천주교 박해의 보다 직접적인 이유는 반대 당파 내지 정파를 제거하려는 데에 있었다고 할 수 있겠다. 물론 조선이라는 신분제 사회에 천주교가 사상적으로 위협적 요소가 된다는 점도 작용하였다.

3. 지도층 구성과 교세 확장에 미친 영향

천주교에 대한 조선에서의 박해는 교인들을 몇 가지 길로 나눠지게 하였다. 첫째 끝까지 신앙을 버리지 않고 순교(殉敎)하거나 순교하지는 않았으나 끝까지 신앙을 지킨 사람들, 둘째는 일시 교회와 거리를 두고 배교(背敎)까지도 한 부류가 있다. 그러나 천주교를 떠난다고 공표하였다고 해도 내면적 신앙이 남아 있는 한 진정한 의미에서의 배교라고 볼 수 없다고 여겨진다. 이것은 다시 교회에 돌아왔느냐 여부와는 별개의 문제이다. 셋째는 진정한 의미의 배교를 생각해 볼 수 있다. 신앙을 완전히 버렸을 뿐 아니라 같은 교인을 고발한 사람들이 이에 해당된다고 할 수 있겠다.

최초의 천주교 박해인 1785년 을사추조적발 사건 때의 경우 첫 번째 부류에 속하는 대표적 인물로서 김범우(金範禹)를 들 수 있다. 그는 형조에 붙잡혀 가서도 "서학은 좋은 점이 있으며 그 잘못된 점은 모르겠습니다."라고 심문에 응하였다.6 그리고 충청도 동쪽 끝에 있는 단양읍으로 귀양 보냈으나 그곳에서 그는 계속하여 공공연하게 자기 종교를 신봉하며 큰 소리로 기도문을 외고, 자기 말을 듣고자 하는 모든 이들을 가르쳤다고 한다.7 그는 1786년 가을 유배지 단양에서 사망한 것으로 여겨지며 한국 천주교회의 첫 번째 순교자가 되었다.

이벽(李檗)의 경우 공개적으로 배교를 선언하지 않았고 부친의 엄청난 압박을 받는 가운데 번민하다가 전염병에 걸려 1785년 초가을 무렵에 사망하였다.8 이것을 순교로 보아야 할지 여부에 대하여는 신중을 요하지만 배교를 공식적으로 표명하지 않은 점에서는 끝까지 신앙을 지킨 것으로 보아야 할 것이다. 아울러 이벽의 영향으로 입교한 권일신(權日身)은 끝까지 지조를 지키고 유배길에서 죽었다. 따라서 그는 순교자라고 할 수 있겠다. 신해교안 때 죽은 윤지충(尹持忠), 권상연(權尙然)은 당연히 교회의 가르침을 천주의 가르침으로 알고, 이를 지

---

6 "範禹以爲 西學有好處 不知其非云"『사학징의』, 한국순교자현양위원회, 2001, 308쪽.

7 달레,『한국천주교회사』상, 318쪽. 김범우는 역관 집안 출신으로서 1784년 이벽(李檗)을 통해 천주교에 입교하였고 그의 영향으로 가족과 역관 친구들이 입교하였다.

8 「우인이덕조만사(友人李德操輓詞)」(1785년 7월 [추정],『여유당전서』시문집). "가을을 타고 홀연 날아갔다[乘秋忽飛去]"라는 구절로 보아 7월로 추정하였다. 이해 여름에 전염병이 유행하였다고 한다. 달레(『한국천주교회사』상, 321쪽)에서 "병오(1786)년 봄에…죽었다"한 것은 오류이다. 이덕조(李德操)는 이벽(李檗)을 가리킨다. 덕조(德操)는 이벽의 자이다. 「우인이덕조만사」의 배치 순서로 보아서 저술 시기를 1785년 가을(조성을,『여유당집의 문헌학적 연구』, 혜안, 2004, 57~58쪽)이라고 하였으나 "乘秋忽飛去"라는 구절로 보아서 좀 더 좁혀서 1785년 초가을 7월로 하는 것이 좋겠다. 이해 1785년 여름에 전염병이 있었기 때문이다.

키기 위해 죽었으므로 천주교회의 입장에서 당연히 순교자라고 할 수 있다.

두 번째 부류로 정약전(丁若銓), 정약용(丁若鏞) 형제 및 이승훈(李承薰)을 들 수 있다. 정약전 형제는 1785년 을사추조적발 당시 김범우 집의 집회에 참석한 것이 확실하다.9 그러나 이후 부친 정재원(丁載遠)의 감시 아래 교회 모임에 참석하기가 어려웠다고 생각된다. 다만 정약용은 정미년(1787) 무렵부터 다시 천주교에 적극 관심을 보여 이른바 정미반회(丁未泮會) 사건에 연루되게 되었다.10 정약전은 1786년 동생 정약종(丁若鍾)을 입교시켰다고 하는 기록이 있고 또 1787년 무렵 윤지충에게 천주교를 가르쳤다는 것으로 보아 1787년 무렵까지 신앙을 유지하고 있었다고 보인다.11 하지만 1787년 12월에 발단된 정미반회 사건 때에 당시 성균관 유생이었으면서도 전혀 연루되지 않았던 것으로 보아 정약전은 적어도 이때에는 천주교와 거리를 두고 있었던 것으로 여겨진다.12 정약용이 상제에 대한 믿음을 끝까지 갖고 있었던 것이 분명한 데 비하여, 정약전의 경우 흑산도에서도 상제에 대한 믿음을 여전히 갖고 있었는지 분명하게 밝힐 수 있는 자료는 발견되지 않고

---

9 집회는 대략 1784년 음력 12월 말(혹은 1785년 1월 초)에 시작되어 1785년 3월 중순 무렵까지 여러 차례 정기적으로 있었던 것으로 여겨진다. 정약용은 이 집회에 전부 참여한 것은 아니고 3월 중순경의 집회에 참석하였다가 적발된 것으로 보인다. 정약용과 초기 천주교회와의 관계는 다음의 논문 참조 요. 조성을,「정약용과 교안」,『한국실학연구』25, 2013. 이하 정약용의 천주교 관련 사항에 대하여도 이 논문 참조.

10 조성을, 위의 논문.

11 정약전에 대하여는 다음의 논문들이 참고된다. 주명준,「정약용 형제들의 천주교 신앙활동」,『전주사학』1, 1984; 조성을,「정약전과 서교」,『교회사연구』44, 2014.

12 조성을,「정약전과 서교」, 참조.

있다. 그러나 상제에 대한 핵심적 토대로 정약용의 주역사전(周易四箋)에 적극 찬동하는 것으로 보아 정약전 역시 끝까지 상제에 대한 믿음을 갖고 있었던 것으로 여겨진다. 다만 정약용과 정약전은 신유교안이라는 박해에서 살아남았으므로 순교자는 아니다.

한편 한국 천주교회에서 최초의 세례자인 이승훈은 부친 이동욱(李東郁)이 친척들을 모아 놓고 천주교 서적을 불태우고 천주교 관련 의기(儀器)를 다 부숴 버리는 가운데 마침내 공개적으로 배교를 표명하였다.[13] 이승훈은 이렇게 공개적으로 배교를 선언하였으면서도 천주교에 대한 미련과 관심을 버리지 못하고 교회의 현안을 북경 주교에게 묻는 중요한 문제에 간여하기도 하였다. 이리하여 그는 결국 1801년 신유교안 때 죽임을 당하였다. 그가 끝까지 상제에 대한 믿음을 갖고 있었던 것으로 여겨진다. 그러나 이승훈을 순교자로 볼 수 있는지 문제에 대하여는, 그가 1795년 예산 유배 시절 구체적으로 교회를 배척하는 행위를 하였으므로 신중한 태도를 가져야 할 것이다. 1795년 금정찰방으로 내려가 천주교도 효유 활동을 한 정약용의 경우도 배교자로 보아야 할지에 대하여 신중한 판단을 요한다. 문제는 금정에서의 정약용의 활동이 '내면적 배교'인가 하는 것이다.

세 번째 부류인 진정한 배교자가 얼마나 있었는지 문제이다. 겉으로 배교를 표명한 사람들은 있었으나 교회와 교인들을 팔아먹은 배교자는 한국 천주교회의 박해와 순교의 역사에서 많지 않다. 배교를 표

---

[13] "을사년[1784] 봄, 그의 아버지 종족을 모아 놓고 그 책을 모두 불사르고 아울러 여러 의기(儀器)를 다 부숴 버리자 그는 마침내 벽이(闢異)이단 배척의 글을 지어 격렬하게 비난하였다."(정조 15년 11월 8일, 기묘, 이승훈 공안)

명한 사람들 가운데 다수는 내면적으로는 천주에 대한 신앙을 계속 갖고 있었다. 절대적이고 인격적인 주재자에 대한 신앙을 한번 가졌던 사람이 이를 버리기는 매우 어렵다. 더욱이 한국 천주교회 초기 신자들 가운데 대부분은 처음부터 박해를 각오하고 입교하였다.

1784년 조선에서 천주교회가 창설될 때 양반 신분으로는 이승훈(李承薰), 이벽(李檗), 권일신(權日身), 정약전(丁若銓), 정약용(丁若鏞) 등이 참여하였다. 물론 창설 초기에도 중인 신분으로 김범우(金範禹), 최창현(崔昌顯), 최인길(崔仁吉) 등도 참여하였으므로 양반층만 참여했다고 하기는 어렵다. 하지만 한역(漢譯) 서학서를 통한 신앙의 형성 과정에 중인층의 간여는 없었다.14 따라서 한국 천주교회의 창설 단계에 중인층의 적극적 참여가 있었다고 하더라도 주도적 위치에 있었던 것은 양반층이었다고 할 수 있겠다.

양반 지도층 가운데에서도 중심 인물은 이승훈과 이벽이었다. 이승훈은 북경에서 1783년 겨울 동지사행(冬至使行)을 따라서 북경 천주교회를 방문하여 조선인으로서 최초로 세례를 받았으며 많은 천주교 관련 서적을 얻어 갖고 와서 이벽에게 전해 주었고, 이벽은 이를 집중적으로 연구한 이후 적극적으로 선교에 나서 대략 1784년 연말 무렵 조선에 천주교회가 창립되었다.

그러나 앞서 언급한 바와 같이 1784년 3월 을사추조적발 사건 직후 이승훈은 부친의 강권으로 배교를 선언하였다. 다만 이승훈은 1790년 가성직(假聖職) 제도의 합법성과 조상 제사 문제 등을 문의하는 서

---

14 이원순, 「조선 후기 중인층의 서학수용」, 『조선시대사논집』, 느티나무, 1993 104~105쪽.

한을 권일신과 논의하여 북경 주교에게 보냈다고 한다.[15] 이 결과 조상 제사를 거부하게 되어 1791년 신해교안(진산 사건)이 일어나게 되었다. 이승훈은 공식적으로 배교를 선언한 이후에도, 권일신이 북경에 서한을 보내는 문제를 협의하는 것으로 보아서 여전히 교회에서 중요한 역할을 하고 있었다고 보아야 할 것이다. 그가 교회 내에서 표면적으로 교회를 주도하는 인물로 나서기는 어려웠겠지만 교회는 여전히 그를 신임하고 있었기 때문에 중요한 일에 간여할 수 있었을 것이다. 따라서 적어도 그는 신해교안 이전까지는 교회 내의 지도자라고 할 수 있겠다.

신해교안 이전까지의 이승훈에 대하여 정약종은 다음과 같이 평가하였다.

> "이승훈은 이 몸에 비교해 볼 때 선각자가 된다. 그러므로 신해년 이전에는 선각자로 대접하였지만, 그를 신부로 알지는 않았다. 신해년 이후에는 승훈이 천주당에 전심하지 아니하므로 이 몸은 심복하지 않았다."[16]

이를 통하여 적어도 신해교안 이전까지는 이승훈이 교회의 지도자로 인정받고 있었음을 알 수 있다. 위에서 언급한 바와 같이 이벽은 부친의 강박을 받는 가운데 전염병에 걸려 1785년 7월 무렵 타계하였다. 따라서 이벽은 더 이상 교회의 지도적 역할을 할 수 없었다.

---

15 조광, 「신앙공동체 지도층의 형성」, 『조선 후기 천주교사 연구』, 고려대학교 민족문화연구소 출판부, 1988, 55쪽.
16 「사학죄인 이가환 등 추안」, 『추안급국안』, 아세아문화사, 71쪽.

정약용은 1784년 일찍이 이승훈으로부터 세례를 받았고 1787년 연말의 성균관 앞의 반촌(泮村)에서 있었던 정미반회(丁未泮會)에 참여하였다. 그러나 그는 과거(科擧)와 신앙 사이에서 갈등하였고 신앙을 버리지 않은 채, 과거와 출사의 길을 택하였으며 1791년 신해교안 단계까지 교인들의 구원을 위해 노력하였다. 그러나 그때까지 교인의 위치에 있었다고 하더라도 대과 급제 이후에는 지도적 위치에 있기는 어려웠을 것이다.[17] 정약전은 당시 성균관 유생이었으면서도 정미반회에 참여하지 않았던 것으로 보아 을사추조적발 사건 이후 점차 교회와 거리를 두고 있었던 것으로 생각된다. 과거와 출사에의 미련을 버리지 않은 정약전, 정약용 형제는 교회의 지도자가 되기 어려웠다. 사실 당시 유능한 양반층은 관직에 대한 미련과 모든 것을 버리고 천주교에 몰입하기가 쉽지 않았을 것이다.

이런 가운데 이벽의 공백을 메꾸어 준 것이 양근(楊根)의 권일신(權日身)이다. 그는 양반 출신이면서 적극적으로 교회의 지도자 역할을 하게 되었다.[18] 권일신은 박해의 예봉을 피하여 서울 및 양근 지역이 아

---

17 이 점은 이미 조광, 「신앙공동체 지도층의 형성」(앞의 책, 61쪽)에서 지적되었다.

18 이벽이 1794년 9월 양근[양주] 감산(鑒山)을 방문하여 열흘 머물렀고 이에 권일신이 입교하였다고 한다. 입교한 것은 교회 창설 직전이었다고 여겨진다. 그의 형이고 당시 소장 성호학파의 지도자였던 권철신(權哲身) 역시 입교하였다는 주장이 있으나 정약용은 이런 사실을 부인하였다. 설사 일시 입교하였다고 하더라도 권철신이 교회에서 적극적 역할을 한 증거는 찾을 수 없다. 한편 달레, 『한국천주교회사』 상에서는 "천주교회 창설자 세 사람 중에 홀로 남은 권일신"이라고 하여(331쪽) 권일신을 이벽, 이승훈과 더불어 한국 천주교회 창설자의 하나로 보고 있으나, 한국 천주교회의 창설자는 이벽, 이승훈 두 사람이라고 보는 것이 타당하다고 하겠다. 권일신은 창설 당시 구성원 가운데 하나였으나 그가 주도적 역할을 하게 된 것은 을사추조적발 사건 이후로 보아야 할 것이다.

닌 다른 곳에서 길을 찾고자 하여 자신의 제자 이존창(李存昌)을 충청도 내포(內浦) 지역으로 보내 선교하도록 하였다. 이존창은 원래 양반이 아니고 한미한 일반 농민이었다고 한다. 이렇게 1785년 을사추조적발 사건 이후 양반층 외에 일반 농민층에서 교회 지도자가 나타나게 된 점이 주목된다. 그리고 내포 지역에서의 선교는 양반층과 중인층 이외 신분의 사람들에게 신앙이 전파되는 계기가 되었다. 이존창은 사람들의 마음을 사로잡는 재주가 있어 내포 지방의 천주교인 숫자는 급증하였으며 양반층 외에 많은 농부, 노동자, 서민, 가난한 자들도 은혜를 받게 되었다.[19] 아울러 을사추조적발 사건 이후 전주(全州)와 그 주변 지역에서도 선교가 행해졌다. 전주의 유항검(柳恒儉)은 권일신을 통해 입교한 뒤 전주 지역으로 돌아가 활발하게 선교활동을 전개하였다. 이리하여 을사추조적발 사건 이후 선교 지역이 서울 및 인근에서 내포 지역과 전주 및 인근 지역으로 확대되었다.

을사추조적발 때까지 교회의 구성원은 대체로 남인 양반층 외에 중인층이 일부 있었으며 주도층은 양반이었다. 그러나 내포 지역에서 선교가 시작됨에 따라서 지도층과 교인의 구성에 변화가 있게 되었다. 일반 농민 지도자가 나타나게 되는 동시에 교인의 범위도 양반층과 중인층에 더하여 일반민으로까지 확장되었다. 역설적으로 을사추조적발 사건이라는 박해는 지도층과 교인의 확장, 지역적 분포의 확장에 기여하였다.

초기 한국 천주교회사를 1795년 주문모 신부 체포 미수 사건을 기

---

19 달레, 『한국천주교회사』 상, 321쪽.

준으로 전기와 후기로 구분하는 견해와[20] 1791년 신해교안을 분기로 보는 견해가 있다.[21] 하지만 필자의 생각으로는 지도층의 변화가 이미 1785년 을사추조적발 사건 이후에 시작된 것으로 보아야 하며, 1791년 신해교안이 또 하나의 분기이고, 1795년 주문모 신부 사건 이후가 또 다른 단계라고 여겨진다. 처음에는 양반층과 중인층에 국한되었던 것에 비하여 을사추조적발 사건 이후 교인 구성이 일반민으로까지 확대되었던 점과, 선교 지역이 서울 및 인근에서 내포 지역과 전주 및 인근 지역으로 확대된 점 등도 을사추조적발 사건을 첫 번째 교회의 변화로 볼 수 있는 근거라고 하겠다.

한편 서울 지역에서는 1785~1786년 사이에 선교가 일시적으로 조금 침체되었던 것으로 여겨진다. 그러나 내포 지역에서 교회의 발전은 다시 서울 지역에 자극을 주어 모임을 활성화시켰다고 여겨진다. 당분간 교회와 거리를 두고 있던 정약용과 이승훈이 다시 천주교 모임을 서울 성균관 앞의 반촌(泮村)에서 가졌다. 이것이 탐지되어 1787년 겨울에서 1788년 초에 걸쳐, 앞에서 언급한 정미반회 사건이 일어났으나 국왕의 관용 덕으로 박해가 발생하지는 않았다. 이후 정약용의 경우 과거를 통한 출사와 천주교 신앙 사이에서 계속 심적 갈등을 일으키지만 일단 신앙을 버리지는 않은 채 1789년 대과 급제를 통해 관직으로 나아갔다. 중형 정약전도 이어서 대과에 급제하였다. 그러나 1790년 입교한 중인 출신 최필공(崔必恭)은 적극적으로 선교에 참여하였다.[22]

---

20 이원순, 앞의 논문.
21 조광, 앞의 논문, 54~72쪽.
22 달레, 앞의 책, 331쪽.

다음으로 조선에서의 두 번째 천주교 박해인 1791년의 신해교안(辛亥敎案)은 조상 제사 거부라는 심각한 문제와 연관되는 것임에도 불구하고 사태가 크게 확산되지는 않았다.[23] 당시 국왕 정조와 남인 재상 채제공이 윤지충(尹持忠)과 권상연(權尙然)을 속히 사형에 처하고 당시 교회의 지도자인 권일신을 유배 보내는 선에서 일을 마무리 지었다. 신해교안에서 윤지충과 권상연의 순교를 보았던 교인들 가운데 교회에 남아 있는 사람들은 이 두 사람의 순교를 통해 신앙을 보다 굳건하게 하였을 것이다.

그러나 이 사건의 확산을 막기 위해 노력하였던 정약용과 교회에 다시 돌아왔던 이승훈 등 양반층은 신해교안을 계기로 다시 교회와 거리를 두게 되었다고 여겨진다. 신해교안은 다시 한번 일부 양반층이 교회에서 이탈하는 계기가 되었다고 할 수 있다. 이승훈과 정약용이 다시 교회에 거리를 두게 된 것에는 양반 관료로서 출세하고 싶다는 생각도 작용하였겠으나, 보다 중요한 것은 조상 제사를 금지하는 북경 교회의 공식적 입장에 불만을 가졌던 것이 한 요인으로 작용하였을 것이다. 정약용이 강진 유배 이후 경전 주석 작업 가운데 상례사전(喪禮四箋) 작업에 착수한 것은 이것을 짐작하게 한다. 상제(上帝)에 대한 믿음과 조상 제사가 양립 가능하다는 것이 그의 기본적 입장이었다.[24]

---

[23] 조선 천주교회의 조상 제사 거부 문제에 대하여는 다음의 논문이 참고된다. 최기복, 「조선조 천주교회의 제사금령과 다산의 조상 제사관」, 『한국교회사논문집』 2, 1985.

[24] 다만 1791년 신해교안 이후 1795년 여름 주문모(周文謨) 신부 체포 미수 사건이 일어날 때까지 정약용은 교회에 대하여 미련을 버리지 못하였던 것으로 여겨지며 이승훈은 적어도 주문모 신부 사건까지 일정 부분 교회와 연결 끈을 갖고 있어서 주문모 신부의 입국 사실을 사건이 터지기 전에 알고 있었던 것으로 여겨진다. 그러나 이 기간 동안 교회 내에서 정약용, 이승훈 두 사람의 적극적 역할은 보이지 않는다.

그러나 교회에 남은 교인들은 1791년 신해교안에도 불구하고 북경 교회의 지시에 충실히 따르고 신앙을 보다 공고히 하였다. 이리하여 중인 역관 집안 출신의 최창현, 최인길, 지황 등이 신부 영입을 위해 적극적인 역할을 하였다. 즉 이 기간 동안 교회 내에서 중인층의 지도적 역할이 더욱 강화되었다고 할 수 있겠다. 또 신해교안으로 권일신이 순교한 이후, 중인 최창현에 더하여 양반층 가운데에서는 정약종이 가장 중요한 역할을 맡게 되었으며[25] 황사영(黃嗣永) 역시 양반층 가운데 새롭게 지도자로 등장한 인물이다.[26] 중인층의 역할이 보다 강화된 점 및 정약종과 황사영 등이 새롭게 양반층 지도자로서 부상한 점 등이 신해교안이 가져온 변화라고 할 수 있겠다. 아울러 교회 내에 강완숙(姜完淑)과 같은 여성 지도자가 나온 점도 주목된다. 강완숙은 교회의 여회장으로서 여신도들을 관장하였을 뿐만 아니라 당시 교회의 일에 깊이 관여하였다.[27] 주문모(周文謨) 신부가 체포를 면한 이후 주 신부를 6년간이나 자기 집에 숨겨 주어 주 신부가 6년간 그곳을 중심으로 선교활동을 할 수 있게 하였다. 신해교안 이후 조선의 천주교에 대하여는 "민중종교 운동으로 전환되어 나간 것"이라는 평가가 있다.[28]

이어 1795년 봄의 주문모 신부 입국과 이해 여름 일어난 신부 체포 미수와 그에 따른 박해는 오히려 교세가 급격히 늘어나는 계기가 되었다. 1795년 당시 4천여 명이었던 교인 수가 몇 년 뒤에는 만여 명을 헤

---

25 조광 앞의 논문, 「신앙공동체 지도층의 특성」, 68쪽.
26 조광, 위의 논문, 69쪽.
27 조광, 앞의 논문, 71쪽.
28 조광, 앞의 논문, 82쪽.

아리게 되었다.29 이와 같이 주문모 신부 사건과 그에 따른 박해는 도리어 교세의 비약적 확장에 기여하였다.

1800년 6월(음력) 천주교에 대하여 비교적 관대한 정책을 취해 왔던 국왕 정조가 서거하자, 아직 왕세자가 어렸으므로 대왕대비 정순왕후가 수렴청정(섭정)하게 되었다. 대왕대비는 노론벽파(강경파)에 속하는 경주 김씨 출신이었다. 국왕의 장례가 끝나자 곧 천주교에 대한 박해 움직임이 시작되고 다음 해 신유년(1801) 초부터 본격적으로 박해, 신유교안(신유박해)이 시작되었다. 이것은 천주교를 멸절시킨다는 명분을 내세운 것이지만 정치적 반대파를 숙청한다는 의미를 동시에 갖고 있었다. 주로 기호남인이 박해의 대상이 되었지만 일부 노론 온건파 인물도 포함되어 있었고 기호남인 가운데 천주교와 관계없는 사람들도 탄압을 받았다.

순교자 가운데에는 정약종, 최창현, 이존창, 강완숙 같은 교회의 주요 지도자들이 포함되어 있었고 주문모 신부도 자수하여 스스로 순교의 길을 택하였다. 이해 겨울의 황사영 백서(黃嗣永帛書) 사건까지 신유교안에 포함시킨다면, 신유교안으로 인해 교회는 주문모 신부, 정약종, 최창현, 황사영 등의 주요 지도자들을 잃었으며 신유년의 마지막 날에도 여러 교인들이 처형되었다.30 한국 천주교회의 토대에는 이들 조선인 순교자들의 피와 더불어 중국인 주문모 신부의 피도 있다. 신유교안 과정에서 일반민 교인들도 많이 희생되어 한국 천주교회의 민

---

29 달레, 앞의 책, 『한국천주교회사』 상, 330~331쪽.
30 자세한 경과에 대하여는 달레, 『한국천주교회사』 상, 1980, 제2권 제3장(초기 천주교 지도자와 신유박해): 『한국천주교회사』 중(9쪽) 참조.

중적 성격은 보다 강화되었다. 이후 교회에서 일반민의 활동이 더욱 강화되었고 1839년 기해교안(기해박해) 때 순교한 정하상(丁夏祥) 같은 사람은 정약종의 아들로서 양반 출신이지만 신유교안 이후 그의 사회적 처지는 일반민과 다름없었다.

신유교안은 1801년 말로 박해가 끝나 1802년부터 교인들 사이에 점차 안정이 찾아왔다. 이에 뿔뿔이 흩어진 교인들이 다시 서로 연결을 추구하게 되었으며 성서(聖書)를 다시 읽고 주일과 축일의 의무를 지키기 시작하였으며[31] 교회 재건 운동이 추진되었다.[32] 1811년 말엽에는 북경의 천주교회와 다시 연락이 닿게 되었다.[33] 이때 교황에게 보낸 편지에서 조선 교인들은 "신입 교우의 수도 1만 명을 넘는다"고 하면서[34] 다시 신부를 파견하여 줄 것을 청하였다.[35] 이를 통해 신유교안이라는 커다란 박해에도 불구하고 교세가 엄청나게 늘어나고 있었음을 알 수 있다. 아니 신유교안이라는 커다란 박해가 오히려 교세를 엄청나게 늘어나게 하였다는 것이 더 맞겠다.

당시 프랑스혁명의 여파 등 여러 가지 사정으로 신부가 즉시 조선에 올 수는 없었으나, 1832년 조선교구가 설치되고 브뤼기에르 주교가 초대 교구장에 임명되었다.[36] 이것은 조선 천주교인들의 철저한 신앙과 열성적인 노력의 결과라고 해야 할 것이다. 마침내 프랑스인 모방 신부

---

31 달레, 앞의 책, 『한국천주교회사』 중, 12쪽.
32 위의 책, 17~18쪽.
33 위의 책, 18쪽 이하.
34 위의 책, 31쪽.
35 위의 책, 32~37쪽.
36 위의 책, 241쪽.

가 1836년 1월(양력) 조선으로 몰래 들어왔으며, 1837년 1월(양력) 샤스탕 신부도 조선에 들어왔고, 1837년 12월(양력)에는 조선교구장 앵베르 주교도 조선에 왔다.[37] 이렇게 신부들이 속속 조선에 도착하면서 조선 교회는 더욱 활기를 띠게 되었다.

그러나 기해년(1839) 다시 박해가 크게 일어나 조선인 교인인 외에 이해 8월 14일(음력) 앵베르 주교, 모방 신부, 샤스탕 신부도 한강변 새남터에서 순교하였다.[38] 한국 천주교회의 토대에는 당시 조선인 순교자들만이 아니라, 이들 프랑스인 세 신부들의 피도 있다고 하겠다. 세 신부들이 처형된 다음 날 정약종의 아들 정하상(丁夏祥)도 처형되었다. 정하상은 감옥에서 당당하게 천주교의 정당성을 주장하는 글을 당시 재상에게 올렸다.

달레는 이 기해옥사가 미친 영향에 대하여 "관장(官長), 고관, 양반, 선비, 상민, 포교, 형리 등이 모두 서울을 비롯하여 아주 멀리 떨어진 지방에서까지 천주교에 대한 이야기를 들었고, 모두가 그 교리를 약간은 알게 되었다. 천주의 말씀이 폭풍에 날려 사방으로 흩어졌으니, 얼마나 많은 사람들의 마음에 번식력 있는 씨앗이 싹이 터서 구원의 열매를 맺게 되겠는지 그 누가 말할 수 있겠는가."라고 하였다.[39] 기해교안은 신유교안과 마찬가지로 역설적으로 신앙의 확산에 기여하였다.

이와 같이 한국 초기 천주교회사에서 거듭된 박해와 순교는 역설적으로 살아남은 교인들 사이에 신앙공동체를 더욱 굳건하게, 동시에 교

---

37 앞의 책, 321~365쪽.
38 위의 책, 461~462쪽.
39 위의 책, 540쪽.

세의 급증을 초래하는 한편 지도층도 초기의 양반 중심에서 점차 중인층, 일반민, 여성으로 확대되었으며 지역적으로도 전국적으로 확산되었다. 이에 대해서 달레는 다음과 같이 언급하였다.

"박해자들의 극성도 천주교의 경우에는 그 원수들이 미리 내다보지 못한 결과를 낳는 것이었다. 윤음과 포고[박해]는 오히려 아무리 활발하고 열심한 전교로도 그렇게 할 수 없었을 만큼 더 빠르고, 더 보편적으로 온 나라의 아주 궁벽한 곳 구석에까지 복음을 알렸다. 천주교인들이 있는 지방에서는 죽음을 눈앞에 둔 순교자들의 용기가, 또 다른 고을에서는 귀양 간 이들의 인내가, 우상숭배와 물질생활에 깊이 빠진 이 나라 백성들에게 하나의 계시가 되었다. 관공서 문서에 여러 번 인증한 사실, 즉 지식과 덕행과 사회적 지위로 존경할 만한 사람들이 새로운 교리를 따르기 위해 모든 것을 희생한 사실, 이 자체가 웅변적인 호교인 것이다."[40]

이상과 같이 박해와 순교를 통해 교세가 점차 확장되고 지도층 가운데 일반민의 역할이 커져 가는 가운데, 교인들은 신앙을 더욱 굳건히 하는 한편, 한국 천주교회는 점차 민중적·평등 지향적 성격을 강화하여 갔다. 우리는 이것을 당시 입교하였던 교인들의 의식과 신앙을 통해 엿볼 수 있다.

---

40 달레, 『한국천주교회사』 상, 619쪽.

4. 교인의 의식과 신앙에 미친 영향

　박해와 순교가 교인들의 의식과 신앙에 미친 영향에 대하여 달레는 『한국천주교회사』 머리말에서 "사형 집행인들은 지치지 않고 고문을 하였고 천주교인들은 지치지 않고 죽었으며 하느님은 그의 순교자들에게 지치지 않게 하시고 끈기를 주셨다."라고 하였다.[41] 이와 같이 박해와 순교는 교인들에게 엄청난 고통을 안겨 주었지만, 역설적으로 다수의 조선 천주교인들에게는 자신들의 신앙을 고백하여 더욱 굳건하게 할 수 있는 기회였다. 『추안급국안(推案及鞠案)』, 『기해일기』 등 여러 순교 관련 기록을 살펴보면 이와 같은 사례가 많이 발견된다.

　먼저 대표적인 예로 신해교안 때 순교한 정약종(丁若鍾)을 살필 수 있다. 신유년(1801) 1월 11일 고향 마재(초천)에서 서울로 말을 타고 올라가는 도중에 그는 자신을 잡으러 오는 금부도사가 길에 스쳐 지나가자, 사람을 보내 자신을 잡으러 오는 것이냐고 묻고는 자신이 정약종이라고 말하고 잡혀갔다. 이것은 그가 자신의 의지로 순교를 택한 것이라고 볼 수 있겠다. 왜 이렇게 하였을까? 아마도 자신이 모든 책임을 지고 순교함으로써 다른 교인들의 피해를 막기 위한 것이었다고 할 수 있겠다.

　그리고 형장에 끌려가면서도 주변의 사람들에게 "우리들을 비웃지 마십시오. 사람이 세상에 태어나서 천주님을 위하여 죽는 것은 당연한 일일 따름입니다. 대심판 때, 우리가 흘린 눈물은 진정한 기쁨으로

41　달레, 『한국천주교회사』 중, 17쪽.

바뀐"다고 하였다.[42] 박해에 가장 올바르게 대응한 또 다른 예를 기해교안 때 순교한 박 루치아라는 한 여자 교인에게서 찾아볼 수 있다.

"박 루치아[朴喜順]는 궁녀라 (……) 捕將이 올려 왈 "(……) 네 어찌하여 사학(邪學)을 하느냐?" 답 왈 "사학을 하는 일은 없삽고 천주를 공경함은 사람마다 할 바이로소이다." 여러 가지 문목에 한결같이 배주(背主) 못하는 의리를 발기 대답하니, 또 "당(黨)을 대라." 하거늘 "천주 십계(十戒)에 살인을 엄금하였사온즉, 입으로 사람을 상하게 하는 말은 못하나이다."

포청에서 두 번 결박함을 받고 후에 형조로 보내니, 수삼 차 중형에 피가 흐르고 뼈가 드러나되 태연하여 요동치 아니하고 왈 "이제야 우리 은주(恩主), 우리 은모(恩母)의 만고만난을 호말(毫末)이나 생각하노라." 하며 추호도 어려워하는 형상이 없더라."[43]

이상과 같은 박 루치아와 정약종의 자세가 조선 정부의 박해와 이에 따른 순교에 대한 가장 올바른 대응이었다고 생각된다.

그러나 박해를 당하여 일시적으로 배교한 사례들도 있다. 이에 대하여 『기해일기』 총론에서 다음과 같이 언급하였다.

"혹 배교한 자가 있되, 죽을 때를 당하여는 다 설명하고 통회(痛悔)를 진절(眞切)히 발(發)하고 죽는지라. 그런고로 형역(形役)들도 죽이려 하면 "통회 예비하라."고 권한 후에 바야흐로 죽이고, 가로되 "입으로만 배교한 것이지, 마음은 배교하지 아니하였다." 하며, 종말까지 갇히었다 나온 교우의

---

42 하성래 역, 『황사영 백서』, 성·황석두루가서원, 1998, 53쪽.
43 현석문, 『기해일기』, 성·황석두루가서원, 1986, 56~57쪽.

말이 "배교하였던 이와 지어해동(至於孩童)들까지도[어린아이들까지도] 흔연히 죽는 모양을 보니, 족히 섭섭하지 않았다."라고 하더라."[44]

이를 통해 배교한 사람들이 대체로 내면적으로는 배교하지 않았음을 알 수 있다. 이런 사람들은 일시적으로 교회를 떠날 수는 있어도 대개는 교회에 돌아오는 경우가 많으며 배교하였던 경험 때문에 오히려 교회에 더 헌신적이었을 수 있다. 이들은 박해와 배교와 회개의 과정을 통해 신앙을 더욱 굳건히 할 수 있었다고 생각된다. 물론 극히 일부이기는 하지만 배교자 가운데 회개하지 않고 관헌의 앞잡이 노릇을 하면서 교회와 교인들을 팔아먹은 자도 있었다.

한편 일부 교인들 가운데, 박해를 벗어나 신앙의 자유를 얻는 문제를 외세에 의지하여 해결하려는 생각을 갖는 사람도 나타나게 되었다. 우리는 이와 같은 대표적 예를 황사영(黃嗣永)에게서 찾을 수 있다. 그는 북경의 주교에게 보내고자 한 황사영「백서」에서 다음과 같이 말하였다.

"만약 주님을 섬기는 중국과 서양의 여러 나라 사람들이 마음을 합하여 온 힘을 다하여 도모한다면 어찌 재앙을 복으로 바꿀 수 없겠으며, 이 손바닥만 한 땅을 구원해 살리지 못하겠습니까. …… 원컨대 주교 각하께서는 주님의 뜻을 받들어 행하시어 속히 구원해 주시기를 바랍니다.
…… [청나라가] 후세에 와서 일을 그르쳐 불행한 일이 있으면 응당 영고탑[청나라 발생지으로 돌아가게 될 것입니다. 그러나 그곳은 외지고 좁아

---

44 앞의 책, 16~17쪽.

서 있을 만한 곳이 못 됩니다. 조선은 영고탑에서 다만 강물 하나를 격해 있을 뿐으로 인가가 서로 바라보이고 부르면 서로 들리는데 그 땅이 사방 3천여 리입니다. …… 진실로 [청나라 천자로 하여금] 내복(內服: 직할지)이 될 것을 명하게 하여 그 옷을 갈아입게 하고 왕래를 터놓아 조선을 영고탑에 소속시켜 황조의 근본이 되는 땅을 넓히게 하십시오. 안주와 평양 사이에는 안무(按撫)하는 관청을 개설하고 왕에게 친히 명령하여 그 나라를 살피고 보호하게 하십시오. …… 또 들으니 조선의 왕은 나이가 어려서 왕비를 맞이하지 아니하였다 하니 만약 중국[청나라] 종실의 한 여자를 공주로 삼아 왕후가 되게 하면 지금의 왕은 부마가 될 것이고, 그 다음의 왕은 외손이 되므로 마땅히 황조(皇朝)에 충성을 다할 것이고, 또한 넉넉히 몽고를 견제할 수 있을 것입니다. …… 전선(戰船) 수백 척과 정병 5, 6만을 얻어 대포 등 날카로운 무기를 많이 싣고 겸하여 글 잘하고 사리에 밝은 중국 선비 서너 명을 데리고 바로 이 나라 해변에 이르러 국왕에게 "우리는 서양의 선교하는 배요, 자녀나 재물 때문에 온 것이 아니라 교황의 명령을 받아 이 지역의 생령을 구원하려는 것입니다. 귀국에서 한 사람의 선교사를 용납하여 기꺼이 받아들인다면 우리는 그 이상 더 많은 것을 요구하지 않을 것이며 한 방의 탄환이나 한 대의 화살도 쏘지 않고, 티끌 하나 풀 한 포기도 건드리지 않을 것이며 영원한 우호조약만 맺고 돌아갈 것이오. …… 왕은 한 사람의 선교사를 받아들여 온 나라에 내리는 벌을 면하고자 하십니까, 아니면 나라 전체를 잃더라도 한 사람을 받아들이지 아니하고자 하십니까? 어느 하나를 택하시기 바랍니다."라고 말하게 하십시오."[45]

이상과 같은 황사영의 주장은 두 가지로 요약된다. 하나는 조선을

---

45 앞의 책, 『황사영 백서』, 97~103쪽. 문맥이 자연스럽도록 번역을 일부 수정하였으며 [ ] 안에 보충 설명을 하였다.

청나라의 직할지로 만들어 선교의 자유를 얻게 하자는 것, 다른 하나는 서양에서 전선과 병력을 보내고 겸하여 글 잘하는 중국 선비 몇 명을 보내어 조선 왕을 설득하여 선교의 자유를 얻게 하자는 것이다. 첫 번째 방식은 원(元)나라 간섭기 시절 정동행성(征東行省)을 설치하여 고려의 내정(內政)에 간섭하고 고려의 왕을 원나라 황제의 부마로 하던 역사적 사실에서 시사를 받은 것이다. 그러나 그때에도 원나라는 고려를 내지에 복속시킨 것은 아니었다. 더욱이 원나라 간섭기에 고려는 많은 부당한 간섭과 과도한 공물에 시달렸는데 황사영은 그 사실을 간과하였다.

두 번째 서양의 선박을 청하여 오게 하여 선교의 자유를 얻자는 발상은 주문모 신부 체포 미수 사건 이후, 신유교안 전에 이미 교인들 사이에 있었으나 황사영 「백서」에서의 이 주장은 무력적 시위를 훨씬 더 강화하자는 것으로 볼 수 있겠다. 황사영은 신유교안 이후 언제 잡혀서 죽을지 모르는 상황에서 이런 두 가지 방안을 제시하였으므로 그 심정은 충분히 이해할 수 있다. 그러나 극단적 박해와 순교의 소용돌이 속에 있다고 하더라도 이런 자세가 천주교의 기본적 진리에 부합하는지, 그리고 신앙인으로서 박해와 순교에 대응하는 올바른 자세인지에 대하여는 신중하게 판단하여야 할 것이다. 그리고 황사영이 당시 국제 정세를 정확하게 읽었다고 생각되지 않는다.

한편 황사영보다는 온건하지만 외부의 힘으로 당시 조선 사회에 천주교 신앙을 가져오게 하려는 견해가 프랑스 쪽에도 있었다. 달레의 다음과 같은 언급을 통해서 알 수 있다.

"프랑스 자신이 그가 1866년에 겪은 실패의 굴욕을 씻기 위하여 개입을 하러 나선다면 더욱 좋을 것이다. 그 실패한 원정은 정부의 의도로는 불란서 선교사들의 살해자를 징벌하고 그런 야만 행위가 다시는 되풀이되지 못하도록 하려는 것이었음에 틀림없다. 그러나 실제에 있어서는 그것이 조선 교회를 완전히 파멸시키고 천주교인 수천 명의 학살을 빚어냈다. 조선으로 하여금 문명국가들과 조약을 맺게 하고, 또 일단 그런 조약을 맺은 다음에는 그것을 엄격하게 준수하게 만듦으로써, 이들 순교자의 형제와 자녀들에게 완전한 종교 자유를 확보하여 주는 것 이외에 그 재난을 보상할 방법이 또 어디에 있겠는가. 아마도 현재의 상황에서는 그런 원정은 거의 불가능한 것 같다. 그러나 프랑스는 죽지 않았고, 미래는 유리하게 변할 수 있으며, 미래는 하느님께 달려 있다."[46]

위에서 보면 달레는 병인양요(丙寅洋擾) 식으로 선교의 자유를 얻게 하는 것에 찬동하였고 당장에는 이것이 실행 가능하지 않지만 장래에는 가능할 수 있다는 견해를 갖고 있었음을 알 수 있다. 이것이 박해와 순교를 대하는 신앙인의 바른 자세인지 여부에 대하여 우리 한국인의 입장으로서는 좀 더 숙고와 고민이 필요하다.[47]

다음으로 박해와 순교가 새로운 철학을 형성하게 하였으나 그 핵심

---

46 달레, 『한국천주교회사』 상, 275쪽.
47 다만 19세기 교황청의 사정은 조선을 포함하여 동아시아 지역에 무력을 동원하여 선교와 신앙의 자유를 강제할 수 있는 상황이 아니었고 그럴 의향도 없었다고 여겨진다. 앞으로 진상을 좀 더 살펴보아야 하겠지만 병인양요는 교황청과는 관계없는 일이었다. 따라서 천주교 선교와 서양의 침략을 바로 동일시하는 것은 잘못이라고 여겨진다. 보다 큰 문제는 외세의 무력에 의지해 신앙의 자유를 얻으려는 생각을 가진 사람들이 우리 내부에 일부 있었다는 점이다. 천주교의 입장에서는 황사영을 순교자라고 하여야 하겠지만 앞으로 "이 땅에 천주교"가 보다 깊게 뿌리내리기 위해서는 이 문제에 대한 섬도 있는 고민과 성찰이 많이 필요하다고 생각된다. 천주교는 보편적이지만 우리의 천주교는 보편성에 더불어 한국적 특성을 동시에 가져야 한다고 여겨진다.

에 인격적 주재자로서의 상제(上帝)가 있는 사례가 있다. 정약용의 경우가 그러하다. 그는 공식적으로 배교를 두 차례 선언하였고 다른 교인들에게도 배교를 권유하였으며 교회에 다시 돌아왔다는 증거도 찾을 수 없다. 하지만 상제에 대한 믿음을 끝까지 버리지 않은 채, 자기 나름의 상제를 중심으로 한 철학체계를 형성하고 이에 토대하여 철저한 사회 개혁의 비전을 제시하는 『경세유표(經世遺表)』를 저술하였다.48

정약용의 철학은 주자학에서 태극(太極=理)을 중심에 놓고 인도(人道, 당위의 법칙)와 천도(天道, 존재의 법칙)를 무매개적으로 통합한 체계를 부인하고 일단 인도와 천도를 분리시키고 양자를 다시 인격적 주재자로서의 상제에 의하여 통합하였고 이를 『주역(周易)』 체계 속에서 설명하였다.49 이것은 천주교의 토미즘과 매우 유사한 형태를 띠고 있지만 토미즘이 기본적으로 중세 후기의 철학적 신학이었던 것에 비하여, 정약용의 경우 중세를 극복하는 철학이었다고 여겨진다. 이런 정약용을 천주교 내에서 포용할지 여부는 21세기 한국 천주교의 과제라

---

48 그가 타계하기 전에 천주교회로 돌아왔다고 하는 주장도 있다. 필자는 해배(解配) 이후 정약용의 행적을 면밀히 추적하였으나 아직 그런 증거를 찾을 수 없었다. 다만 해배 이후 한 단계 더 진전된 그의 철학체계 속에서 상제(上帝)는 여전히 핵심적 위치를 점하고 있다. 그 자신이 지은 자찬묘지명을 보아도 자신을 내려다보는 인격자 주재자로서의 상제를 의식하면서 철저하게 과거의 잘못을 반성하는 면모를 볼 수 있다. 그의 철학 연구는 크게 보아 『주역(周易)』과 『상서(尙書)』라는 유교 경전을 두 기둥으로 하는데 그는 『주역』에서 보이는 인간과 자연의 변화 및 상서에 나타나는 여러 정치 이념의 근저에 인격적 주재자로서 상제가 있는 것으로 보았다. 상제는 믿음만이 아니라 사회개혁=사회정의의 토대에 있는 것이다. 이상에 대하여는 조성을, 「정약용의 정치경제 개혁사상 연구」, 연세대 박사논문, 1992 참조.
49 조성을, 「정약용의 정치경제 개혁사상 연구」 가운데 "철학적 기초" 부분 참조 요.

고 생각된다.

조선에서의 천주교 박해는 한편으로 양반 지식인 교인으로 하여금 정부의 탄압에 대하여 자신의 정당성을 정연하게 정리하여 반박하는 이론적 모색을 하게 하였다. 이것을 대표하는 것이 기해교안(1839) 때 순교한 정하상의 「상재상서(上宰相書)」이다. 그는 「상재상서」에서 다음과 같이 언급하였다.

"(유교에는) 안연(공자 제자)의 네 가지 가르침 즉 사물(四勿)로 예(禮)가 아니면 보지 말며 예가 아니면 말하지 말고, 예가 아니면 듣지 말며 예가 아니면 행하지 말라(『논어』)와 『예기(禮記)』의 아홉 가지 가르침 즉 구사(九思)로 밝게 보고, 잘 듣고, 얼굴빛을 온화하게 하고, 태도를 공손하게 하고, 진실하게 말하고, 의심은 물어서 밝히고, 화가 날 때 부모에게 누가 되지 않을까 생각하고, 이익을 보면 의로운지 생각하라는 가르침이 있습니다. 하지만 모두 십계명(十誡命)에 비교하면 너무 부족합니다. 십계명 안에는 충성과 관용과 용서, 그리고 효도와 우애, 인애와 의리, 예의와 지혜가 모두 들어 있으니 조금도 부족한 것이 없습니다."[50]

천주교의 가르침이 윤리적으로 유교의 가르침보다 더 우월하다는 것을 당당하게 주장한 것이라 하겠다. 이런 자세는 정약종이나 박 루치아처럼 죽음에 이를 때까지 하늘에 대한 믿음을 유지하면서 같이 잡혀온 교인들을 격려하는 자세와 마찬가지로 가장 올바른 신앙인으로서의 자세라고 할 수 있으며 종래 보유론(補儒論)적 관점에서 한 걸

50　앞의 책,『상재상서』. "顔氏之四勿 戴記之九思 不足比方 忠恕孝悌仁義禮智 包括這裏 有何一毫不足處乎"

음 더 나아간 것이라 하겠다.

한편 박해는 교회 지도층 내에 양반층이 아닌 사회 계층 출신들의 진출과 활동을 활발하게 하였다. 따라서 이것은 교회 내에서 평등의식을 제고하였다고 하겠다. 이에 관련하여 달레는 "다블뤼 주교의 편지에 이런 말이 있습니다. '…… [양반들은] 자기들을 감히 대등하게 대하는 그 상사람들에 대하여 관용하는 잘못을 저지른다고 나를 탓하므로, 그들을 진정하는 데 힘이 드는 때도 가끔 있습니다.'"[51]라고 언급하였다. 이를 통해 일반 상민 출신 교인들이 양반층을 대수롭게 여기지 않게 되었음을 알 수 있다.

물론 처음부터 한국 천주교회는 평등 지향 의식을 갖고 있었다. 이벽, 이승훈 같은 소장 성호학파들의 사상은 애초에 정통주자학에 비하여 평등의식을 갖고 이런 성향에 기초하여 천주 앞에서 모든 인간을 평등하게 보는 천주교에 입교하게 되었기 때문이다. 아울러 교회 창설 당시에 김범우 같은 중인층을 참가시킨 것은 처음부터 한국 천주교회가 평등 지향성을 갖고 있었음을 말해 준다. 교세가 확장되고 양반층 출신이 아닌 교회 지도자들의 비중이 점차 확대되어 한국 천주교회의 활동이 '민중운동적(民衆運動的) 성격'을 갖게 됨에 따라 평등 지향적 성격이 보다 강화되어 갔다고 하겠다. 여기에는 위에서 언급한 외국 신부들의 신분을 중시하지 않는 태도도 작용하였을 것이다.

한편 교인들이 형장에 끌려와서도 자신의 신앙을 적극적으로 고백하고 당당하게 천주교의 가르침을 설명하는 자세는 교인 이외의 사람들에게 영향을 미치기도 하였다. 즉 이런 자세는 교인들을 취조하는

51　달레,『한국천주교회사』상, 177쪽.

형리들, 그리고 같이 갇혀 있는 일반 죄수들을 감화시켰다. 즉 박해와 순교는 교인이 아닌 사람들에게 가르침을 전할 수 있는 좋은 기회이기도 하였다. 『기해일기』에 다음과 같은 언급이 있다.

> "포졸과 형조 소속과 전옥구수(典獄拘囚, 일반 죄인)들이 다 성교(聖敎)의 도리 강론을 명백히 들은 후로 다 '옳다' 하여 칭찬하는 자도 많고, 옥졸들도 할 일 없이(어쩔 수 없이) 행형(行刑)하기는 하나, 극진히 아끼고 불쌍히 여기더라."[52]

5. 결어

조선에서의 '주체적인 천주교 수용'은 종교적으로 하느님의 은총이며 놀라운 기적이다. 하지만 우리 역사에서 볼 때에는 18세기 말 이후 신분제 해체가 진전되던 당시 조선 사회변동의 반영이며 조선 후기 내재적인 사상의 발전의 귀결점이었다. 이런 상황에서 일부 양반층 지식인들이 한역(漢譯) 서학 관련 서적을 보고 토론하는 과정에서 신앙의 단계에 도달하여 스스로 북경의 천주교회당에 가서 세례를 받고 돌아와 조선에 천주교회를 창설함으로써 이 땅에 천주교회가 시작되었다. 이것은 세계사적으로 유례가 없는 일이다. 교회를 창설한 양반 지식인들

---

[52] 앞의 책, 『기해일기』, 18~19쪽. 앞에서 살핀 박 루치아에게서 이런 점을 살필 수 있다. "추열(推閱)할 때마다 천주 도리를 강론하여 밝히며 인생의 시종을 자세히 말하니, 관원이 또 한 이(理)가 궁하고 말이 굴(掘)하여 다시 말이 없더라."(앞의 책, 『기해일기』, 57쪽).

은 천주교의 교리 속에서 평등사상을 발견한 것이 신앙으로 기울어지게 된 가장 큰 요인이다. 이들은 교회 창설 단계부터 양반이 아닌 중인층도 참여시켰다.

이런 조선에 수용된 천주교의 평등 지향적 성격은 당시 조선 사회의 상하관계적 신분제와 충돌을 일으킬 수밖에 없어 지배층의 의혹의 대상이 되었으며, 보다 직접적으로는 조상 제사 거부 문제가 박해를 위한 아주 좋은 구실이 되었다. 여기에 초기 조선 천주교회 지도층이 당시 노론 집권층과 대립적 위치에 있던 기호남인 출신이라는 정치적 요인이 개재하여 여러 차례 탄압이 일어났다.

교회 창설 직후부터 거듭된 박해와 이에 따른 순교는 오히려 믿음을 더 굳건하게 하도록 하고 교세를 더욱 확장하게 하였다. 아울러 교회 지도자층이 처음에는 양반 중심이었으나 점차 중인층, 일반민 출신의 지도자들이 늘어 가는 가운데 교회 내에서 평등의식은 더욱 진전되었으며 여성 지도자도 나타나게 되었다. 이런 가운데 한국 천주교의 민중운동적 성격은 점차 강화되어 갔다. "평등의식을 기초로 하여 민중운동적 성격"을 가진 것이 바로 한국 천주교회의 전통이며 성격이라고 할 수 있겠다. 이런 점에서 한국 천주교회는 출발 단계부터 조선적 중세사회(=중세 후기)를 뛰어넘으려 하였다.

엄혹한 박해를 당하면서도 다수의 교인들은 죽음에 이르기까지 신앙을 버리지 않았으며 동료들을 격려하기까지 하였다. 심지어는 어린 아이들까지도 죽음을 두려워하지 않았다. 그들은 박해에 대하여 천주교의 가르침이 옳음을 주장하였고 이들의 이런 자세는 오히려 관원들의 마음에 영향을 미치기도 하였다. 일부 배교자가 있었고, 끝까지 회개하지 않은 사람들도 있었으나 대다수는 다시 회개하고 교회로 돌아왔다. 이리하여 믿음은 더욱 굳건하게 되었고 교회의 세력은 더욱더 확대되었으며 선교 지역도 전국적으로 확대되어 갔다.

또 박해가 진행되는 와중에 천주교의 가르침이 옳다는 것을 정연히 글로 써서 제출한 경우도 있다. 주지하듯이 정하상의 「상재상서」가 그것이다. 이것은 박해의 과정에서 조선의 천주교회가 얼마나 성숙하게 대응할 수 있었는지를 잘 보여 주는 사례이다. 죽음 앞에서 끝까지 믿음을 버리지 않고 자신의 옳음을 당당하게 주장하며 심지어는 정연하게 글로써 항변하는 자세는 앞으로 21세기에 한국 천주교회로 하여금 더욱 발전하게 하는 초석이 될 것이다.

또 교회에 돌아왔는지 여부는 불분명하지만 하늘에 대한 신앙을 끝까지 굳건하게 유지하면서 새로운 철학을 정립하고 이에 토대하여 당시 사회의 철저한 개혁을 주장한 사람도 있다. 정약용이 바로 그런 예이다. 정약용과 같은 사람도 교회가 너그럽게 포용할 수 있어야 한다고 생각한다. 이승훈과 정약전의 경우도 교회에 돌아오지 않았으나 끝까지 상제에 대한 믿음을 가지고 있었다고 생각한다. 정약용은 물론 이승훈과 정약전 같은 이들까지 교회가 껴안아야 할 것으로 생각된다. 이러한 포용적 자세의 토대 위에서 설 때, 교회는 믿음을 더욱 굳건히 하고 외연을 넓힐 수 있으며, 동시에 21세기 이 땅에서 굳건하게 "사회 정의"를 실천하여 갈 수 있을 것이다. 특히 정약용의 총체적 국가 개혁 사상까지 존재하였던 그대로 받아들인다면 한국 천주교회가 초기부터 발전시켜 왔던 '민중운동적' 성격을 보다 강화할 수 있을 것이다.

다만 엄청난 박해와 순교를 목도하는 과정에서, 당시 조선 천주교회 내부에 '외세에 의존'하여 선교와 신앙의 자유를 얻고자 하는 생각을 갖는 사람도 나타났다. 주지하듯이 황사영이 대표적 예이다. 황사영이 천주교회의 보편적 입장에서 순교자인 것은 틀림없는 사실이지만 그의 외세 의존적 태도에 대하여는, 21세기 한반도 전체의 '통일 조국'에 뿌리를 내려야 하는 오늘날 한국 천주교회의 입장에서는 좀 더 신중한 판단이 필요하다고 생각된다.

참고문헌

1. 자료(資料)
- 이만채 편(김시준 역), 『벽위편』, 한국자유교양추진회, 1985.
- 현석문(하성래 역), 『기해일기』, 성·황석두루가서원, 1986.
- 황사영(김영수 역), 『황사영백서』, 성·황석두루가서원, 1998.
- 정하상(윤민구 역), 『상재상서』, 성·황석두루가서원, 1999.
- 조광 편(권내현 역), 『정조시대 천주교사 자료집』 1·2·3, 한국순교자현양위원회, 1999.
- 조광 편(변주승 역), 『신유박해 자료집』 1·2·3, 한국순교자현양위원회, 1999.
- 조광 역, 『사학징의』(1), 한국순교자현양위원회, 2001.

2. 저서(著書)
- 샤를르 달레(안응렬·최석우 역), 『한국천주교회사』 상·중·하, 한국교회사연구소, 1980.
- 하성래, 『천주가사 연구』, 성·황석두루가서원, 1985.
- 조광, 『조선 후기 천주교사 연구』, 고대 민족문화연구소, 1988.
- 이원순, 『조선시대사론집』, 느티나무, 1993.
- 차기진, 『조선 후기의 서학과 척사론 연구』, 한국교회사연구소, 2002.
- 김성태 외, 『한국천주교회사』(1), 한국교회사연구소, 2009.
- 조성을, 「정약용의 정치경제 개혁사상 연구」, 1992(연세대 박사논문).

3. 논문(論文)
- 주명준, 「정약용 형제들의 천주교 신앙활동」, 『전주사학』 1, 1984.
- 최기복, 「조선조 천주교회의 제사금령과 다산의 조상 제사관」, 『한국교회사논문집』 2, 1985.
- 서종태, 「녹암 권철신의 양명학 수용과 그 영향」, 『국사관논총』 34, 1992.
- 조성을, 「정약용과 교안」, 『한국실학연구』 25, 2013.
- 조성을, 「정약전과 서교」, 『교회사연구』 44, 한국교회사연구소, 2014.6.

* 본 원고의 내용은 한국 천주교회의 공식적 입장이 아니며 필자의 개인적 연구에 의거한 것임을 밝혀 둔다.(2016.6.13. 완료, 6.22 교정)

논평

최 선 혜 연구교수
가톨릭대학교(성신교정) 신학과

　한국순교복자성직수도회(Clerical Congregation of the Blessed Korean Martyrs)는 2012년 제1회 '순교의 신학적 고찰'이라는 주제로 심포지엄을 개최한 이래 다양한 학문적 관점에서 '순교'를 조망해 왔다. 이번 2016년 3회 심포지엄은 '순교의 교회사적 고찰'로 한국, 베트남, 일본, 그리고 중국 등의 천주교회사에서 '순교'가 갖는 특성에 접근하는 자리로 마련되었다. 국제 종교로 단일한 교단을 갖는 천주교의 특징을 염두에 두고 볼 때 동아시아 여러 나라의 그리스도교 수용과 박해를 비교·검토하는 작업은 천주교회사의 전체적 특징과 각 나라의 각별한 역사적 의미를 아울러 이해할 수 있는 좋은 기회일 것이다.

　박해와 순교를 돌려놓고는 한국 천주교회사를 이해할 수 없는 일이다. 신앙의 자유를 얻게 되어 박해가 종식된 뒤에도 교회 창설 이래 백여 년 동안 이어진 박해와 순교는 한국 천주교회의 안팎으로 일정한 영향을 미쳐 왔다. 그러므로 "한국 천주교 내에서 박해와 순교가 미친 영향"을 검토한 조성을 교수의 논문은 한국 천주교회사에서 박해와 순교가 갖는 역사적 의미를 접하는 좋은 기회였다. 이 글을 통해 조성을 교수는 본문 1장에서 박해와 순교가 일어난 원인을 지적하고, 2장에서 박해와 순교가 천주교회의 내외에 미친 영향을 지도층 구성의 변화와 교세 확장으로 함축하여 접근하였으며, 3장에서는 박해와 순교가 교인의 의식과 신앙에 미친 영향을 설명하였다. 이와 같은 조성을 교수의 논문에 대해 토론자로서의 책무를 위해 몇 가지 의견을 정리하여 말씀 드리고자 한다.

1. 한국 천주교회사가 갖는 순교의 의미

1) 신앙의 굳건화와 교세의 확장

조 교수의 '한국 천주교 내에서 박해와 순교가 미친 영향'은 서언과 결어에 잘 서술되어 있다. 서언에서 "순교와 박해는 천주교 신앙공동체의 결속과 신앙을 더욱 굳건하게 하였고 교세는 도리어 점차 확장되었다."고 하고, 결어에서도 "교회 창설 직후부터 거듭된 박해와 이에 따른 순교는 오히려 믿음을 더 굳건하게 하도록 하고 교세를 더욱 확장하게 하였다."고 하였다.

신유박해에 관한 것이지만 신유박해 순교자만이 아니라 한국 천주교회 초기 순교의 기록인 『순교는 믿음의 씨앗이 되고』[1]라는 표현이 단적으로 웅변하듯이 천주교회의 박해로 인한 순교는 믿음의 씨앗이며 밑거름이었다. 교회 창설 이래 '천주교에 대한 박해는 더욱더 치열한 양상'을 보였으며, '가혹하고 잔인했던' 박해였다. 박해가 일시적으로는 교회에 타격을 주었지만, 궁극적으로는 오히려 교회의 밑거름이 되었고 신자들의 순교는 믿음의 씨앗이 되어 조선 사회에 천주교는 더욱

---

[1] 김진소·윤민구·이원순·차기진·하성래, 『신유박해 순교자 전기집 - 순교는 믿음의 씨앗이 되고』, 한국교회사연구소, 2001.

퍼져 나갔다.[2] 박해자의 의도나 예상과는 전혀 다르게 박해 앞에 신자들은 순교로 신앙을 지켰으며, 교세는 더욱 확장되어 나갔다. 신앙의 자유를 갖게 된 뒤에도 순교자의 삶과 신앙은 한국 천주교회의 성장과 성숙의 토대가 되었을 뿐만 아니라, 국제적으로도 한국 천주교회의 가치와 의미를 높여 주는 주요 요인이었다.

2) 자기 정체성의 발견과 확신

조 교수는 "주체적인 천주교의 수용은 당시 조선 사회변동의 반영이며 조선 후기 내재적인 사상의 발전의 귀결점이었다."고 결론지으면서, 교인들은 "박해 앞에서 신앙을 버리지 않고 동료를 격려하고 천주교의 가르침이 옳음을 주장하였다"고 서술하였다.' 교인의 공동체에서는 '평등의식이 더욱 진전'되었고, '여성 지도자도 나타나게 되었다'고도 하였다. 또한 "천주교의 가르침이 옳다는 것을 정연히 글로 써서 제출한 경우도 있다."고 하였다.

이러한 서술에 잘 드러나 있는 것 같이 천주교를 수용하여 자신의 확고한 신앙으로 지켜 나가는 과정은 내면적인 변화와 확신이었다. 그것은 조선 후기 사람들이 새롭게 발견한 확고한 자신의 정체성이었다. 이 점에서 박해라는 외부의 충격에 맞서 죽음 앞에서도 흔들리지 않을 정도로 확신을 갖고 신앙을 지킬 수 있었던 내면적인 변화를 전근대사회 일반 백성들이 찾은 자기 정체성의 발견, 확신, 성장 등의 측면으로도 이해하면 어떨까 하는 생각이다. 그것이 근대사회로 나아가기 직전의 한국 천주교회사가 갖는 일정한 역사적 의미와도 연결될 수 있

---

2 서종태, 「신유박해의 배경과 의의」, 위의 책.

다고 본다.

3) 선교의 활성화와 영성의 회복

본 '순교 국제학술 심포지엄 취지'에 따르면 박해와 순교의 역사를 갖고 있는 아시아 여러 나라 중에(심포지엄 기획에서는 특별히 중국, 일본, 베트남, 그리고 한국) 한국과 베트남 교회는 적극적 선교활동을 통해 지역교회 복음화에 크게 기여하였다고 하였다. 하지만 일본과 중국 교회는 매우 낮은 복음화 과정을 보여 준다고 지적하였다. 그러므로 본 심포지엄을 통해 그리스도교 선교에 대하여 어떤 자세를 가져야 하는지를 살펴보고, '박해와 순교'라는 관점에서 출발하여 선교활동에 어떤 차이를 갖고 있었는지를 확인해 보고자 한다고 하였다.

이러한 문제를 이해하기 위해서는 외부로부터의 선교와 내면의 영성("영성적 승화")이 아우러진 동향에 대한 접근이 유용할 것이다. 박해기의 순교가 믿음을 더욱 굳게 해 주고 교세를 확장시켜 나간 결과를 가져왔다면, 그 이후의 박해와 순교는 선교와 영성의 활성화를 불러왔다. 박해기가 지나고 한국 사회는 근대사회로 접어들었다. 그 이후 여러 선교회가 한국에 진출해 왔으며 직접 간접적으로 선교활동과 지원이 이어졌다. 1909년 2월 미국 천주교회에 소개되어 비로소 영어권에 본격적으로 비추어진 한국 천주교회는 박해 뒤 "영성 회복"이 일어나고 있다는 내용이었다. 불과 삼십여 년 전까지만 해도 한국 정부에 의한 폭력적 박해(병인박해)로 수천 명의 신자들이 사라지는 끔찍한 박해가 있었는데, 한국 천주교회는 "영성 회복"이 일어나고 있다고 보도되었다. 한국인 신부들, 외국인 선교사들, 박해에서 살아남은 신자들과 더불어 한국 천주교회에는 매년 수천 건의 성인세례와 유아세례가 있으며, 수만 명의 신자가 증가한 기록이 있다고 하였다.

진리 탐구나 영적인 문제보다는 경제에 관심이 기울어져 있고 자신들의 종교가 강해 복음화에 다소 회의적인 일본에 비해 한국은 진리와 영적인 문제에 관심이 있는 진실한 사람들이라고 하였다. 씨앗을 뿌리면 열매를 거두는 일은 단지 시간문제일 뿐이라며 한국 선교를 강조하고 한국인의 영성을 높이 샀다. 그리고 늘 그 뿌리는 박해를 이겨낸 순교에서 찾았다. 한국 천주교회 순교의 열매·가치는 박해기에 이어 근현대 교회에도 선교와 영성의 활성화로 이어지고 있었던 것이다.

2. 몇 가지 의견

1) 용어 : 박해와 교안

이 글에서는 한국 천주교회사에서는 물론 한국사 일반에서도 '박해(迫害, Persecution)'로 규정한 역사적 사건을 '교안(敎案, religious disputes)'이라고 칭하였다. 잘 알려진 것처럼 교회에서 공식적으로 사용하는 용어로서만이 아니라, 사전적으로도 박해와 교안은 그 의미가 서로 전혀 다르다.

2) 시기

글의 제목은 "한국 천주교 내에서 박해와 순교가 미친 영향"인데, 내용에서 다루는 시기는 1784년에서 1839년까지로 하였다(2쪽). 제목에서 시기를 명시해 주는 것이 좋을 듯하며, 박해와 순교의 의미를 추적하는 작업에서 왜 1839년 기해박해까지만 다루었는지에 대한 설명이 있었으면 한다.

3) 을사추조적발 사건(1785)과 진산 사건(1791)

한국 천주교회사에서의 박해의 원인은 발표자가 지적한 것처럼 '유교와의 충돌, 조상 제사 거부, 당쟁으로 인한 정치적 갈등, 그리고 신분제 사회에 천주교가 사상적으로 위협적 요소'(4쪽)라는 점 등이 얽혀 있었다. 여러 원인은 시기적으로 또 박해에 따라 달랐으며, 병인박해까지 시기를 확대하면 원인은 더 복잡할 것이다.

그런데 2장 '박해 및 순교의 원인'에서 그 첫 번째 원인으로 '당시 조선의 유교적 명분 질서 (중략) 다시 말하면 유교의 삼강오륜적 질서에 천주교의 교리가 충돌한다고 조선의 지배층이 생각하였기 때문'(2쪽)을 지적하였다. 신해박해(1791)에서 이 사실이 확인된다 하여 윤지충의 공술을 제시하였다. 이어 '이런 첫 번째 충돌 요소 때문에 한국 천주교회는 창설 직후 1785년 3월 을사추조적발 사건으로 박해를 당하였다'고 하였다.

사건의 전후가 바뀌어 서술되어 있어 혼돈을 불러올 수 있을 뿐만 아니라, 다소 오해가 있다. 을사추조적발 사건(1785)은 형조(刑曹)의 금리(禁吏)들이 천주교인을 적발 체포한 사건으로, 김범우는 유배생활 1년 만에 고문의 여독으로 사망하여 한국 교회 최초의 순교자가 되었다. 그런데 형조의 관리들이 우연히 이들의 모임을 적발, 참여했던 사람들을 체포하고 천주교 서적과 성화상(聖畵像)들을 압수한 사건이었다. 그러므로 아직까지 알려진 내용만으로 을사추조적발 사건을 첫 번째 충돌 요소 때문에 당한 박해로 보기는 어려운 실정이다.

4) 덧붙이기

2016년은 병인박해가 시작된 해로부터 150주년이기도 하다. 한국 천주교회사에서 박해와 순교는 교회 창설 이래 박해기 내내 발생하였으며, 마지막 병인박해는 그 가혹함과 희생자 수에 있어서 유례를 찾아볼 수 없는 대박해였다. 그러므로 한국 천주교에서 박해와 순교를 접근하는 일은 이 전체의 시기를 망라하는 것이 보다 적절하다는 생각이다.

황사영에 대한 논의는 현재까지 이루어진 학계의 연구가 정리·소개되었으면 한다.

종합토론

강길준 신부 : 지금부터 종합토론을 시작하겠습니다. 종합토론은 장동하 신부님께서 사회를 맡아 진행해 주시겠으며 어제, 오늘 발표해 주신 신부님들과 교수님들을 모시고 종합토론을 진행하겠습니다. 종합토론을 맡아 진행해 주실 장동하 신부님과 강의해 주신 신부님들, 교수님들을 연단으로 모시겠습니다.

장동하 신부 : 안녕하십니까? 제가 잊어버리기 전에 먼저 감사 인사를 드려야죠. 심포지엄을 기획하고 만들어 주시고 또 진행하는데 총장 신부님을 비롯해서 우리 형제 수사님들, 또 신부님들 모두 고생하시고 적극적으로 이끌어 주셔서 정말로 감사드립니다. 아울러 저 뒤 작은 통역실에서 숨도 쉬기 힘든데 고생하시는 분들도 고맙습니다.

이틀 동안 이루어진 국제 심포지엄은 분명한 목적을 가지고 시작하였습니다. '박해와 순교는 교회사 안에서 어떤 관계가 있겠는가?'라는 주제에 대한 탐구였습니다. 저는 기조강연 때 '같으면서도 다르고, 다르면서도 같은 유사한 부분들을 우리가 생각해 볼 수 있다'라고 말씀을 드렸습니다. 정치적인, 정치권력에 의해 이루어진 박해 같은 경우에는 유사한 점들이 많았죠. 오늘 발표를 들으면서 이런 생각을 하게 되었습니다.

첫째는, 늘 저의 뇌리에 떠나지 않는 것이 '역사는 누구를 위한 역사이고, 무엇을 위한 역사인가?'라는 문제입니다. 동시에 '박해 혹은 순교는 누가 규정하는가?'입니다. '누가 박해라고 하고, 어떤 사람이 순교라고 하는가?'입니다. 그리고 그렇게 규정지었을 때, 이 기준을 가지고 '무엇을 위한 역사를 이루려고 하고, 누구를 위한 역사를 이루려고 하느냐?'입니다. 사실은 거기에는 분명히 어떤 목적성이 있다고 생각합니다. 역사적으로 정리된 용어라 할지라도, 그것은 역사가들이 정의를 내렸다는 것입니다. 그러면 '역사가들이 취한 이점은 무엇이고, 역사가는 누구를 대변하는 것인가?'입니다. 저도 역사를 공부하는 사람으로서 늘 괴롭히는 질문 중에 하나가 '누구를 위한 역사이고, 무엇을 위한 우리의 연구 과정인가?'입니다.

둘째는 아주 조심스러운 것입니다만 개인적으로, 무덤에 있는 사람을 꺼낼 때는 분명히 목적을 지니고 있습니다. 우리는 그것을 굉장히 조심해야 한다고 생각합니다. 역사 안에서 굉장히 많이 보아 왔고, 굉장히 잘못된 방향으로 설정되는 경우도 많이 있었습니다. 또 탄자렐라 교수님께서 말씀하셨지만, 어떤 경우에는 꺼내는 것을 지우려고 하는, 기억을 지운다고 하는 측면에서 접근하는 문제도 있기 때문입니다.

셋째는, 많은 사람들이 카(E. H. Carr)가 『역사란 무엇인가』에서 정의한 말을 많이 쓰지 않습니까? "역사는 과거와 현재의 대화이고 미래를 조망해 보는 것이다." 저는 개인적으로 이런 생각을 합니다. 이 질문 안에는 '한 사람으로서의 나, 나라고 하는 사람이 누구인가?, 무엇인가?'라고 하는 질문과 떼려야 뗄 수 없는 관계에 있다는 것입니다. 쉽게 그 부분을 질문으로 바꾸어 보면, '나는 어디에서 왔지?', '나는 지금 어디에 있지?', '나는 지금 어디로 가는지?'입니다. 우리는 부모님으로부터 구체적으로 이 세상에 오는 순간, 태어나는 그 순간부터 이미 역사적 존재로 숨을 쉬고 있죠. 그렇죠? 그래서 이 세 가지 질문이 서로 관련을 맺으면서 대화를 하고 있는 것은 아닌가라는 생각이 듭니다.

종합토론이라고 하면 우리가 목적한 연구들을 한 주제로 연결하여 결론을 맺어야 하는데, 모든 연구의 내용들이 조금씩 다르게 여기저기

산재되어 있어서 이것을 어떻게 모아야 좋을지 저 자신도 힘든 지경에 있습니다. 그래서 두 가지 물음으로 정리하여 함께 종합토론을 이끌어 보고 싶습니다.

하나는, '학문적인 입장에서 박해와 순교가 각 지역 교회의 교회사 안에서 즉, 한국·중국·일본 교회의 발전, 한걸음 나아가 복음화 과정에 과연 어떠한 영향을 주었는가?'라는 측면에서 각각 자유롭게 이야기를 해 주시면 좋겠습니다. 두 번째는 '신앙인 입장에서 내가 발표하고 연구한 것이 우리 교회에 혹은 복음화에 어떤 영향을 줄 수 있는가?'라고 하는 개인적인 답변을 주시면 조금 모아질 수 있지 않을까라는 생각이 듭니다. 괜찮으시겠습니까?

저는 가와무라 신조 신부님의 논문을 읽으면서, 141페이지에 나오는, '콘치리상노리야쿠'라고 하는 대목에서 가슴이 뭉클했습니다. 편하게 생각하실 수 있게 제가 좀 이야기를 하겠습니다. 거기에 대해서 제가 다 설명은 못하지만, 고해성사와 관련된 것으로, '부교쇼'에서 '에후미'를 행한 뒤 마을로 돌아와 자기 집 곳간에 처박혀 몇 백 번이고 이 '콘치리상노리야쿠'에 '오라쇼'를 눈물을 흘리며 반복했던 코로비 신자들, 이들이 잠복 기리스탄의 기원이었다라고 써 주신 부분이었습니다. 어찌 보면 순교자들은 신앙의 문제, 교회의 가르침과 관련하여 참되게 돌아가신 분들이라고 정의를 내리고 있는데, 한 인간 존재로서 어떻게 내가 살아가고 있는가라는 궁극적 질문 앞에 마주섰을 때, 우리는 이 질문으로부터 자유로운 사람은 아무도 없을 것 같습니다. 그 앞에 자유로운 사람은 아무도 없을 것 같습니다. 어제인가요? 마더 데레사 시성식이 있었습니다. 수녀님께서는 학교에서 나오셔서 돌아가실 때까지 그렇게 빈자의 성자로서 성녀로서 일을 하셨지만 그분께서는 깜깜한 어둠 속에서 한 번도 하느님의 현존을 느끼지 못하고 살았다고 솔직히 고백하십니다. 저는 이 이야기가 신부님이 주셨던 글에서 곳간에 처박혀 몇 백 번이고 눈물을 흘리며 '오라쇼'를 외쳤던 신자들의 모습과 오버랩이 되더라고요.

아까 말씀드렸었던 바와 같이 하나는 학문적인 측면과 다른 하나는 신앙인 측면에서 박해와 순교가 일본·중국·한국 교회와 사회에 미친 영향에 대해 말씀해 주시면 되겠습니다. '복음화에 어떤 원인이 되고 영향을 주었는가?'에 대해 말씀해 주시면 좋겠고. 두 번째 신앙 측면이라고 하는 것은 말씀을 하실 수 있으면 하시고, 하실 수 없으면 안 하셔도 좋겠습니다. 그런데 조성을 교수님은 조 교수님 입장에서 꼭 해주셔야 될 것 같아요. 자, 발표 순서대로 합시다. 우리 탄자렐라 교수님이 첫 테이프를 끊어 주시죠.

세르지오 탄자렐라 교수 : 첫 번째, 제가 말씀드리고 싶은 것은 방법론에 관한 건데요. 방법론에 대해서는 잘 진행되고 존중되었다고 생각합니다. 이 모임을 준비하신 분들 공덕인데요. 통역자를 포함해서 발표하신 분들이 아주 잘 준비하셨다고 생각이 됩니다. 역사적으로 현재 맥락 안에 아주 정확히 잘 들어맞는 것이었다고 생각합니다. 과거에나 지금이나 이러한 학문적인 방법을 존중하는 것은 당연한 일이나 명백한 일이 아니었습니다. 이탈리아에서는 별로 잘 이루어지지 않고 있습니다. 이것 때문에 저는 지금 굉장히 만족스럽습니다.

제가 두 번째 생각한 것은, 오늘 유럽에서 지리적으로 아주 멀리 떨어져 있는 지역에 대한 이야기를 들으면서 다음과 같은 생각을 하지 않을 수 없었습니다. 유럽 그리스도교에 있어서, 특별히 이탈리아에 있어서 발표하신 분들이 말씀하신 같은 시기에, 19세기에 문제는 권력자들이 행하는 박해가 아니었습니다. 오히려 어려운 문제는 박해라기보다는 권력과 밀접한 관계를 맺어갈 그런 위험이었습니다. 예를 들어서 한국에서 박해가 일어나고 있을 때에, 유럽에서는 1815년 이후에 교권 회복운동이 이루어지고 있었습니다. 특별히 그레고리오 16세에 의해서 이루어지고 있었습니다. 이탈리아에서는 로마문제라고 하는 사건이 일어나고 있었습니다. 다시 말해서, 교회가 그리고 교황이 세속 권력을 잃어버리게 되는 그런 사건입니다. 그리고 비오 9세 때 교황령이 끝나게 되는 그 사건이 있었던 시기입니다. 이것이 제가 두 가지 생각을 하게 된 것인데, 제가 조금 시간을 가져도 되나요?

오늘 발표를 들으면서 떠오른 일반적인 생각은, 결론으로 말씀을 드린다면, '순교는 그 결과로서 항상 평화의 토대가 된다.'는 것입니다. 교회일치운동, 에큐메니즘(Ecumenism)의 가장 참된 형태를 실현시킬 수 있다는 것입니다. 교황께서 계속해서 늘 말씀하시는 건데 신학자들이 열심히 토론하고 있는 동안에 예수 그리스도께서 돌아오실 거라고 합니다. 그러니까 예수님께서 다시 오시고 나서도 계속해서 신학자들은 토론하고 있을 거라고, 이것은 교황께서 하신 말씀입니다. 그런데 순교자들은 이미 그 모든 사람들보다 앞서가고 있습니다. 그들은 이미 사랑의 선물 즉, 죽기까지 끝까지 사랑한다고 하는 그 선물을 이미 실현했습니다. 그 인간적인 장애를 넘어서서 그 장애가 실재적인 장애이건 사람들이 일부러 만든 장애이건 간에 오늘 발표하신 내용과 발표하신 내용에 들어 있는 출처들, 원천들을 듣고 있으면서 저는 보편적인 토착화의 예를 보고 있는 것 같았습니다. 순교의 보편성을 주목할 수 있었습니다. 서로 다른 문화, 그리스도교 문화들을 포함해서요. 언어도 다르고 세계관도 다르고 살아가는 방식도 모두 다른데요. 바로 교회일치운동이 그 길, 순교가 교회일치운동의 길이라고 하는 것이 가장 특이한 결과일 것입니다. 아마도. 제가 유럽 출신이잖아요. 유럽만 우선 생각한다면, 본회퍼는 독일 사람이었고, 그는 개신교 목사님이었잖아요. 다른 분은 가톨릭이었고 또 다른 사람은 정교회 신자였습니다. 하지만 그들의 순교는 오로지 예수 그리스도, 똑같이 예수 그리스도를 위한 순교였습니다. 순교자들의 피는 이런 차이들을 모두 없앱니다. 어제 저에게 질문하셨던 것에 관해서 좀 더 말씀을 드린다면 그리스도인들 사이에 이루어지는 박해, 심지어는 가톨릭 신자들 사이에서 이루어지는 박해에 대해서 저에게 물으셨죠. 시간을 더 오래 거슬러 가야 한다는 것을 제가 잊고 미처 말씀을 못 드렸는데요. 그 과거로 거슬러 올라가서 콘스탄티누스 황제 그 모델, 그 모델까지 거슬러 올라가야 합니다. 특히 380년에 나왔던 칙령, 테오도시우스(Theodosius)의 칙령입니다. 그때는 누구나 그리스도교를 믿어야 한다고 강제되어 있었습니다. 그리스도 신자여야 한다는 것이지요. 거기에서 우리 역사가 완전히 뒤집어졌다고 볼 수 있겠습니다.

알렉산드리아의 여자 철학자에 대해서 한 가지만 말씀드리고 끝내겠습니다. 신자가 아니었는데 그 기억을 모두 없애버리고 싶어 했습니다. 그녀는 신자가 아니었기 때문에 죽었습니다. 그 당시에는 세상과 사회를 모두 그리스도교가 지배해야 한다고 생각했던 것이죠. 그건 하나의 착각일 뿐입니다. 그렇게 해서 유럽에서 많은 희생자들이 나왔고, 불관용의 많은 희생자들이 나왔습니다. 바로 그 똑같은 유럽이, 군사 정복을 통해서 식민지화할 때, 바로 이 불관용을 함께 수출했던 것입니다. 우크라이나의 한 가지 예만 들고 마치겠습니다. 레오폴리라고 하는 도시가 정복되기 전에, 주요 간선도로가 시내에 하나 있었는데요. 그 길에는 로마 전례를 행하는 가톨릭교회가 있었고, 비잔틴 전례를 하는 성당이 있었고, 아르메니아 전례를 하는 성당이 있었습니다. 그리고 정교회가 있었고, 유대인 시나고그(Synagogue) 회당이 있었습니다. 모두 사이좋게 함께 잘 지냈어요.

여기 와서 제가 이 발표를 들으면서 제가 배울 수 있었던 아주 가장 중요한 것 한 가지만 말씀해 드리겠습니다. 제가 돌아가서 저의 동료 교수들 하고 특별히 학생들에게 꼭 이걸 전달하고 싶은데요. 유럽이 전부가 아니라는 것, 우리가 듣고 배워야 하는 또 다른 세계가 있다는 것을 꼭 전달하고 싶습니다. 제가 학생들에게 늘 하는 말인데요. 차이, 다름을 받아들이는 법을 배워라. 그것은 위험이 아니라 선물이라는 것을 받아들여라. 그것이 바로 차이, 서로 다르다는 것입니다.

장동하 신부 : 감사합니다. 우리 모두 점심때는 스파게티를 먹읍시다.

가와무라 신조 신부 : 어제 제가 '콘치리상노리야쿠'라는 것을 설명했습니다. 즉, 말하자면 사제가 없는 경우에 고해성사를 대신할 수 있는 것을 말하는 것이었습니다. 이 '콘치리상노리야쿠'에서 가장 중요하다고 할 수 있는 것은, 바로 '하느님과 내가 연결되어 있다.'라는 의식이었습니다. 여기서 가장 중요한 것은 7대에 걸쳐서 그 조상들로부터 지금 자손들에게까지 이어져 내려왔다는 것입니다. 이번 심포지엄에 참석해서 듣게 되었는데요. 한국·중국·일본에 걸쳐 조상 숭배 문제가 굉장히 중요한 포인트가 되고 있다는 점을 발견했습니다. 이건 토착화의 문제인데요. 말하자면 그리스도교의 문화가 자기들의 문화와 어떻게 융

합될 수 있는지에 대한 문제입니다. 일본에서는 1500년대에 그리스도교 신자들이 신사를 부수거나, 절을 불태우거나 하는 일도 있었습니다. 그 뒤에, 예수회 선교사들이 순응이라는 것에 대해서 생각하게 되었습니다. 30년 후에 예수회가 중국에서 그 순응이라는 것에 결론을 얻게 되었습니다. 이것이 바로 그 유명한 중국의 '의례논쟁', '전례논쟁'이라는 것입니다. 예수회가 그런 순응을 하고 있을 때는 박해가 일어나지 않았습니다. 그 뒤에 이 조상 숭배라는 것을 종교적인 것이라고 판단해서 프랑스 선교사들과 다른 선교사들이 금지했습니다. 그 뒤에 중국에서 박해가 일어났습니다. 이와 같은 문제가 한국에서도 일어나지 않았을까 생각합니다. 그래서 결론적으로, 그러한 상황에서 순교자를 내지 않으려면 '그리스도교가 조금 더 신중하게 판단했어야 되지 않았는가.' 싶습니다. 이상입니다.

진방중 교수 : 저는 그저께 한국에 도착해서 신부님, 수사님들과 간단하게 이야기를 나눴습니다. 그때 제가 이렇게 말했습니다. 대만인으로서 제가 중국 교회 문제에 대한 발표를 하는 것은 좀 이상하다고 말했습니다. 저는 황 총원장님한테 이렇게 물어보고 싶습니다. '만약에 중국에서 이 문제에 대해 말할 수 있는 사람을 찾았다면 저에게 부탁했겠습니까?' 중국인 중에 여기에서 중국 교회 문제에 관해 이야기할 수 있는 사람이 마땅히 있습니다. 그런데 왜 중국인 가운데서 한 사람이 여기에 와서 중국 순교성인에 관한 문제를 이야기하지 않습니까? 그래서 제가 그들을 대신하여 하고 있을 뿐입니다.

어느 의미에서 보면 제가 좀 마음이 아픕니다. 그 슬픔은 저의 것이고 또 중국교회도 우리 교회입니다. 사실 저도 중화 교회의 일원이며 보편교회의 일원이라고 생각하고 있습니다. 그래서 한국이라는 곳에 오면 제 마음이 편하고, 시간이 갈수록 점점 더 편해지고 있습니다. 제가 여기서 말하고 싶은 것은 중국 교회에서 현재도 일어나고 있는 박해가 끝나기를 바라며, 그것은 빠르면 빠를수록 좋다는 것입니다. 그래서 여기 심포지엄도 지속적으로 계속할 수 있다면 좋겠습니다. 그리고 또 한 가지 희망은 나중에 중국 사람도 와서 참석할 수 있으면 좋겠습니다. 감사합니다.

조성을 교수 : 저는 다산 정약용을 연구하다가 다산과 천주교의 관계에 대해서 관심을 갖게 되었고, 그러면서 우리나라 초기 천주교회사에 대해서 조금 공부하게 됐습니다. 많은 논의가 다산이 배교했느냐 않았느냐, 천주교에 돌아왔느냐 않았느냐, 이런 식으로 접근해 왔습니다. 저는 '다산이 중간에 배교했느냐 않았느냐는 중요한 게 아니다. 또 천주교로 마지막에 돌아왔는지 여부도 중요한 문제는 아니다. 천주교가 다산의 사상 형성, 내면적인 신앙에 미친 영향이 뭐냐?' 이런 관점에서 접근해야 된다고 생각했습니다. 그래서 이런 관점에서 좀 냉정하게 생각하자 이렇게 생각을 해 왔습니다. 그 다음에 어제와 오늘 발표를 보면서 느낀 깨달음이 '아! 내가 시야가 굉장히 좁구나. 한국 천주교회사에만 조금 관심을 가졌고 그것을 동아시아적 관점에서 볼 줄을 몰랐다.'는 것이었습니다. 그래서 비교사적 관점에서 동아시아 지역에서의 천주교 수용과 박해, 순교 문제를 보면서 그 보편성과 특수성을 드러내야 된다는 생각을 이번 심포지엄을 계기로 갖게 되었습니다. 또 그런 가운데 우리가 겪은 엄청난 순교는 우리 민족이 좀 더 성숙하였더라면 "피할 수도 있었던" 비극이라는 생각도 좀 갖고서 접근하는 것이

필요하다고 생각합니다. 이런 자세는 앞으로 한국사회에서 종교, 이념의 갈등과 마찰을 줄이는 데 기여할 수 있을 것이라고 봅니다. 이상이 학문적인 것과 관련해서 제가 드릴 수 있는 말씀입니다.

그 다음에 신앙의 측면에서 말씀을 드리자면 저는 신앙인이 아닙니다. 신앙인은 아니지만, 그럼 무신론자냐, 무신론자도 아닙니다. 저는 회의론자입니다. 현재의 제 지적 수준과 감성적인 능력으로서는 신이 있다고 확신하지도 못하고, 없다고 확신하지도 못하고 있습니다. 저는 나름대로 핑곗거리를 만들었습니다. '신이 있느냐 없느냐가 중요한 문제가 아니다. 신을 믿는 사람이든 믿지 않는 사람이든 근본적으로 인간의 공동체를 잘 끌어가는 것에 합의하면 된다. 기독교에서 말하는 사랑이라든가 정의와 평화 같은 것이 자기 개인의 내면적 성숙과 사회적 실천을 통해서 수용되면, 그 사람이 굳이 신앙인이냐 아니냐를 물을 필요는 없다.'는 것이 제 입장입니다. 또한 이런 시각을 확장해 나간다면 '다종교·다문화 사회가 된 한국에서 불필요한 마찰을 줄일 수 있지 않을까?'라는 생각을 해 봤습니다. 답변이 됐는지 모르겠습니다.

장동하 신부 : 고맙습니다. 사실은 제가 두 가지 질문을 통해서 편하게 그동안 발표하신 분들이 다 하지 못한 내용들을 담아 보고 싶어서 사실 질문을 여러분에게 드렸습니다. 좋은 답변들 감사드립니다.

예수님께서도 당시에 그 누군가로부터 신성모독을 했다고 하고, 선동자가 됐다고 하면서 돌아가셨죠. 아까 제가 처음에 했었던 질문으로 다시 돌아가 보고 싶습니다. 누구는 박해라 부르고 누구는 순교라 부르는 문제입니다. 그냥 정답이 있는 게 아니라, 우리가 좀 깊이 생각을 해 봐야 할 부분이라고 생각합니다. 성찰을 해 보아야 합니다. 이러한 성찰을 통해 우리가 현재를 충일하게 살아갈 때, '한국 교회 안의 냉담자들을 참 신자라 할 것이냐 아니라고 할 것이냐?'라는 작은 물음으로부터, 조 교수님이 지금 이야기하셨던, "한 인간으로서 양심적으로 구체적으로 영성적 삶을 살면서 내 이웃과 가난한 사람에게 나의 먹을 것을 나눠 주는 것이 한 인간으로서 영성적 삶을 완성시키는 것이다"라고 바라보는 참 그리스도인에 대한 요청에 대해 교회는 시대와 소통의 길을 활짝 열어 갈 수 있을 것입니다.

이제 발표해 주신 분들의 이야기를 어느 정도 들었다고 생각합니다. 이틀 동안 참석하시면서 끙끙 참고 계신 분이 계시겠죠. 혹시 '나 이거 질문을 꼭 해야 되는데.', '이거는 꼭 알고 싶은데.' 어떤 측면에서든 누구에게든 질문을 갖고 계신 분은 질문해 주시지요

질문자-박애영 데레사 : 평신도인 박애영 데레사라고 합니다. 간단하게 질문 드리겠습니다. 중국 교회에서 2000년에 성인이 120분 탄생했다고 쓰셨잖아요? 근데 논평자이신 저희 신부님께서는 "중국 사제들이나 신자들이 순교자에 대해서 잘 모르고, 관심도 적은 것 같다."라고 말씀하셨는데, 120위 성인이 탄생하려면 시복시성 과정을 거쳐야 되고 그게 시간이 오래 걸리잖아요? 누군가가 사료를 수집하고 그 시복시성 운동을 전개했을 텐데, 대륙 천주교회인지, 아니면 홍콩이나 대만 쪽에서도 많이 관여를 했는지, 합동으로 일을 추진했는지 궁금합니다.

진방중 교수 : 120위 중국성인의 자료 수집에 있어서, 중요한 것들은 대부분 1949년 이전에 이루어졌습니다. 마지막 자료 확정작업은 1953년에 천진에서 완성되었고, 마지막 남았던 선교사들은 추방당했습니다.

그리고 거의 대부분은 1956년에서 57년도에 복자로 시복되었습니다. 그 후 이 문제가 정치문제화 되었습니다. 2000년의 시성식은 로마 교황청에서도 많은 사람들이 찬성하지 않았습니다. 왜냐하면 중국 정부의 반대를 두려워했기 때문입니다. 그 후에 상해교구의 김로현(金魯贤, 1916~2013) 주교님이 마테오 리치와 서광계(徐光启, 1562~1633)가 시성되기를 바랐습니다. 그렇지만 아직까지 실현되지 않았습니다. 이것이 바로 현실적인 박해의 존재라고 할 수 있습니다.

장동하 신부 : 저의 바람을 말씀드릴게요. 우리가 정말 힘을 합해서 교구들에서조차 하지 않는 큰일을 복자 수도회가 3회에 걸쳐서, 정말 전력투구해서 국제 심포지엄을 이렇게 개최하셨어요. 전 말로가 아니라 진짜 고맙다는 말씀을 다시 드립니다.

사실 우리 삶에서 만질 수 있는 것들, 보이는 것들보다도 어떤 면에 있어서는 만질 수도 없고, 볼 수도 없는 것들에 대한 기억이 우리 삶을 더 채우고 있는지도 모릅니다. 그런데 그것은, 그 기억들 혹은 삶의 발자취라고 불러 본다면, 그것을 이렇게 힘을 합해서 찾지 않으면 찾아내기가 참 어렵습니다. 역사가들은 그것을 사료라는 것을 통해서 그 기억들을 추적해 내고 밝혀내지요. 그런데 이렇게 지난하고 힘듭니다. 사실은 그래서 바람을 말씀드린다면 이제는 실제로 우리가 순교자들이 '어떻게 돌아가셨는가?'가 아니라, '그분들은 생을 어떻게 사셨을까?'를 이제 불러 일으켜야 하지 않을까라는 생각이 듭니다. 요구를 너무 많이 하는 것 같아서 죄송합니다만, 아마도 이미 계획을 다 잡고 계시리라고 생각합니다. 그래야만 건물이 세워질 것 같습니다. 제가 이즈음에 참 고맙게 생각하는 분이 칼 라너(Karl Rahner)인데요, 그가 쓴 아주 짤막한 글에 순교와 관련해서 시사하는 바가 많이 있는 것 같아서 몇 구절 읽어드리면서 이 종합토론을 마칠까 합니다. 칼 라너 신부님이 이렇게 이야기했습니다.

"자기를 변명하고 싶은데, 부당한 취급을 받았는데, 그럼에도 불구하고 침묵을 지킨 적이 있는가? 의무를 행하면 자기 자신을 참으로 거역하고 말살한다는 안타까움을 어찌할 수 없는데, 아무도 고마워하지 않는데, 현실에서 기막힌 바보짓을 하지 않고서는 도저히 할 수 없을 것 같은데, 그럼에도 불구하고 당신, 의무를 행한 적이 있는가? 아무런 감사도, 아무런 인정도 받지 못하면서, 게다가 내적인 만족마저 느끼지 못하면서, 그럼에도 불구하고 당신, 희생을 한 적이 있는가?"

저는 이틀 동안 우리가 찾고 만났었던 역사 속 순교자들이 이런 길을 걸어가셨던 분들이 아닐까 싶습니다. 일상에서 하루 한 시간 혹은 우리가 접하는 모든 만남을 이런 자세로 살아간다면, 아까 진 교수님이 "지금 너 죽을래? 그러면 못 죽는다."고 그랬지만 저도 못 죽거든요. 그러나 이것이 채워지면 저절로 완성되지 않을까라는 생각이 듭니다. 자, 모든 분들 다시 한 번 이틀 동안 수고하셨고, 고맙습니다. 이것으로 모든 토론을 마치도록 하겠습니다. 감사합니다.

강길준 신부 : 지금까지 토론해 주신 신부님, 교수님 모두 수고하셨습니다. 수고해 주신 모든 신부님들과 교수님들께 큰 박수 부탁드립니다.

예, 이상으로 '제3회 순교 국제 학술 심포지엄'의 모든 일정을 마치겠습니다. 발표와 논평을 해 주신 분들, 신부님들 수고 많이 하셨습니다. 그리고 심포지엄에 참석해 주신 모든 분들께 다시 한 번 감사의 말씀 드리겠습니다.